臺灣歷史與文化 研究輯刊

三 編

第 10 冊

臺灣民間祭祖習俗之研究
——以北部地區陳林二姓為例

葉 玟 芳 著

花木蘭文化出版社

國家圖書館出版品預行編目資料

臺灣民間祭祖習俗之研究——以北部地區陳林二姓為例／葉
玟芳 著 — 初版 — 新北市：花木蘭文化出版社，2013〔民
102〕
目 8+254 面：19×26 公分
（臺灣歷史與文化研究輯刊 三編：第 10 冊）
ISBN：978-986-322-472-3（精裝）
1. 祭祖　2. 家禮　3. 臺灣
733.08　　　　　　　　　　　　　　　　　　102017307

臺灣歷史與文化研究輯刊
三 編 第 十 冊　　　　　　　　ISBN：978-986-322-472-3

臺灣民間祭祖習俗之研究
——以北部地區陳林二姓爲例

作 者　葉玟芳
總 編 輯　杜潔祥
出 版　花木蘭文化出版社
發 行 所　花木蘭文化出版社
發 行 人　高小娟
聯絡地址　235 新北市中和區中安街七二號十三樓
　　　　　電話：02-2923-1455／傳眞：02-2923-1452
網 址　http://www.huamulan.tw 信箱 sut81518@gmail.com
印 刷　普羅文化出版廣告事業
初 版　2013 年 9 月
定 價　三編 18 冊（精裝）新臺幣 40,000 元

臺灣民間祭祖習俗之研究
——以北部地區陳林二姓爲例

葉玫芳　著

作者簡介

葉玟芳

2003 年國立台北大學財經法律系畢業

2007 年國立台北大學民俗藝術研究所畢業

愛好歷史、醉心文化，透過研究，熱情探索形塑社會風貌之因素。

提　　要

　　本文研究目的乃探討臺灣民間祭祖之禮儀與習俗，進而推及基於祖先信仰與崇拜，而產生的宗親組織與功能。由於祭祖習俗乃臺灣社會之普遍現象，故筆者藉由臺灣地區陳、林二大姓之祭祖情形與相關之組織，作為探討與舉例之對象。

　　本研究計分為六章，前半段探討臺灣民間祭祖習俗的由來，臺灣今日所見的傳統漢人祭祖習俗，主要為明清時期隨閩粵地區移民傳入，經歷日治時期以及今日工商業社會型態的變更，而呈現今日的面貌。有鑑於現今社會對於祭祖應持有的儀節，以及對於因為祖先崇拜而衍生的宗族組織與功能重要性缺乏了解管道。筆者藉由《文公家禮》之探討，重申祭祀祖先應有之儀節與意義。同時收錄《文公家禮》中與祭祖禮儀相關之規定於附錄供參。

　　後半段之研究著重於目前臺灣地區普遍設立存在之祭祀公業與宗親組織。過去由於祭祀公業產權的複雜性與相關法令配合不足，導致祭祀公業存在的價值難以彰顯，十分可惜，從祭祀公業之本質來看，其為義田與祭田制度之結合，乃傳統社會中實現報本反始精神與社會福利之濫觴。另外還有基於同宗同姓情誼而結合的宗親會組織，乃華人社會的重要特色之一，透過這類宗親會組織，不論文化或經濟交流可以擴及到全世界。故透過強調族產之功能、檢討祭祀公業相關法規，以及宗族組織之運作現況，以重申宗族組織存在之功能與重要性。

出版謝辭

　　回憶學生時代的學習生活，就像進入果園摘採前人辛苦種植的水果，顆顆多汁飽滿，即使遇有苦澀，下顆美味也在不遠之處，本書原始樣貌即為我的碩士論文，完成於 96 年 1 月，是那段美好學習時光的重要紀念。最初，研究本題之初衷，始於實踐自我的理想，渴望深入學習歷史文化，企圖累積知識、探索塑造社會風貌之可能因素，甚而參與未來世界的形成；學習過程中，尤為好奇文化觀念如何演化為法規內容，使其不僅僅引導人們的精神生活，甚至強化為一般社會通念，乃至賦予法律效果。這演化的過程以及可能推展的面向，為促使我研究及完成本書的核心概念。

　　時隔 7 年，承蒙花木蘭文化出版社青睞，有機會將拙著出版，深感喜悅。藉此機會，亦重新檢視歲月的流逝對於台灣民間祭祀祖先習俗又產生哪些新的刻痕。這當中，因為自己也經歷了更多婚喪儀節，於重溫傳統祭祖儀禮章節時，有關祭祀祖先所具備串連家族情感之功能性，也有了更真實的體會；然而變化最大者，莫過於法制上祭祀公業條例的立法通過，謹藉本書出版之際，將相關內容依據法規動態增減修正。法規的變化除了反應當代係屬法治社會的特性，也展現了現代社會之個人，力求精準掌握自身與家族權利的趨勢。或許有關祭祀公業整體的法制結構仍有更完備的境界可達，但這個條例的通過，已使因祭祖而產生的特殊習俗，演化為法律，從而透過法律強制力之規範，減少祭祀公業可能引發的產權紛爭，使得慎終追遠的美俗有機會更長遠的流傳，恰具時代意義。

　　回憶研究初衷，探索文化傳統如何影響社會，乃至形成規約，一直是引導我研究的重要概念，本書由碩士論文完成到編輯出版這一段過程，遇到祭祀公業條例之制定巧和見證這段發展，於我意義甚深，雖然各環節待更深入討論的題材仍然很多，但之於自我最初的研究構想而言，堪謂達成階段性目標，為此，由衷感念過程中所有協力、伴我成長之人！

謝　辭

　　本論文之完成，得力於許多人之幫助，首先衷心感謝恩師俞美霞教授對我悉心的指導與鼓勵，在跟隨老師學習的這段時光裡，讓我深深體會到學海無垠與研究的快樂；從文獻的探討、研究方向的選擇、觀念架構之建立，以迄本文之撰寫，吾師親切指導與啓迪，更對初稿逐字斧正，使得本論文得以順利完成。對於人生的規劃，亦受惠於恩師許多，師恩浩瀚，永銘五內。此外，承蒙口試老師林保堯教授、阮昌銳教授許多寶貴的建議與指正，使我在撰寫論文過程遇到的大小困難，得以順利突破。萬分感謝老師們不吝賜教，使我有所成長，自知還有許多不足，這段寶貴的學習經驗，將成爲我今後繼續努力的重要資源。

　　在田野調查時所遇到的各位伯伯、叔叔、阿姨們，感謝你們。因爲你們親切、熱情的協助，讓我學習到許多寶貴的人生經驗與智慧，不只是幫助了我的學業，也對我的人生觀念多所啓發，很遺憾可能沒有機會當面向各位訴說我的感謝，在此敬獻上我誠摯的祝福，希望大家的堅持與努力都能得到更多的重視與支持。也謝謝馨強、建宏，帶我到處拜訪作調查，讓我收集到許多珍貴的資料、親眼見識到多采多姿的民情風俗。這些實地見證的感動，不僅豐富了我的視野，更成爲我不斷想要更進一步學習的動力來源。眞的很謝謝大家的照顧與熱情相助。

　　還有研究所的學長姊、學弟妹以及同學們，感謝大家。求學過程當中能夠遇到志同道合的夥伴，一同追求理想的感覺眞的很棒，你們從不吝惜與我分享豐富的經驗與價值觀，各位的風趣與睿智，每每不經意間，讓我有所成長；因爲各位的愛護與照顧，使研究所的生活充實又愉快。尤其感謝於我如

　　兄長般的格溫學長，給我許多中肯寶貴的建議，使我在面對未來的選擇時，除了勇氣外，也可以擬定出更加詳實的步驟進行。在此亦誠摯地祝福學長早日學成、大放異彩。

　　感謝我身邊一路走來相互扶持的中山姊妹淘子菁、珮婷、貴雰……，法壘的好兄弟們馨強、建復、東寬、家偉、乃健、俊智、清堯、俊源、……，慈倫社的好夥伴明道、怡萱、一銘、玲君……等各位。謝謝你們，從法律系到民俗藝術研究所，看著我轉換跑道，給予我相當多支持與鼓勵，對於我天馬行空、糊塗的個性包容與提點。其實真的很想將各位好友均一一列出，逐一致謝於各位，但是有礙於名單數量驚人，只好簡短列舉，請各位多加包容。祝福大家都能朝著目標順利邁進。

　　另外，各位親愛的 612、107、110 室友們，謝謝你們，與你們共度的無數晨昏真的太精采了，一起高談闊論、一起張羅飲食、一起熬夜奮戰影集與報告，因爲你們，讓瑣碎的日常生活都變成了值得記憶的美好回憶，使住宿生活成爲我學生生活當中美妙有趣的一章，能遇見你們真的太幸運了。不管以後大家在哪個領域奮鬥，都衷心希望這份情誼可以延續到永遠。

　　藉此，我想要慎重地對我的家人、親友們表達我的感激，每次讀完書、作完報告，家人溫暖的問候，像是爲我充電般，使我活力十足地繼續努力。家人們對我的鼓勵與支持打氣，使我勇於面對不同的考驗；在論文資料蒐集過程中，也得到許多親友的協助，使我的論文可以順利進行。衷心地感謝各位。

　　要感謝的人真的很多，難以一一盡述，用我不豐富的言詞更是不容易充分傳述我的感謝之意，請諸位多加包涵，諸位真摯的情誼，我永遠銘記在心。很希望自己也沒有讓大家太失望。今後還請各位多多照顧。

　　最後，謹以本論文紀念我的爺爺，雖然請您參加我畢業典禮的願望永遠無法實現了，但是希望可以用這篇論文，展現我的努力，由衷地感謝您的教養之恩。懷念您。

葉玟芳　謹識

於臺北大學民俗藝術研究所

民國 96 年一月

目次

第一章　緒　論 ………………………………………………………… 1

　第一節　研究動機 …………………………………………………… 1

　　一、祭祖是中國文化的優良傳統 ……………………………… 1

　　二、社會型態轉變影響不同世代人對祭祖應
　　　　持的禮儀與觀念 …………………………………………… 2

　　三、祭祖禮儀在現代社會存在之必要 ………………………… 3

　第二節　研究目的 …………………………………………………… 4

　　一、敬天法祖精神之闡揚 ……………………………………… 4

　　二、傳統祭祀習俗之維持 ……………………………………… 5

　　三、祭田制度對台灣傳統社會的重要性 ……………………… 6

　　四、宗族組織在現今社會的功能 ……………………………… 7

　第三節　研究方法 …………………………………………………… 9

　　一、文獻資料分析法 …………………………………………… 9

　　二、田野調查法 ………………………………………………… 11

　第四節　研究範圍 …………………………………………………… 12

　　一、以台灣北部漢人為調查對象 ……………………………… 12

　　二、以陳林二姓祭祖現象為舉證代表 ………………………… 12

第二章　明清以降《家禮》對台灣祭祖習俗之影響
　　　　…………………………………………………………………… 17

　第一節　漢人社會與傳統祭祖思想 ……………………………… 17

　　　　一、萬物本乎天，人本乎祖之觀念⋯⋯⋯⋯⋯⋯⋯17

　　　　二、祭祖的意義與目的⋯⋯⋯⋯⋯⋯⋯⋯⋯⋯⋯⋯18

　　　　　　（一）祖考以配天之觀念⋯⋯⋯⋯⋯⋯⋯⋯⋯19

　　　　　　（二）孝道之表現⋯⋯⋯⋯⋯⋯⋯⋯⋯⋯⋯⋯19

　　　　　　（三）族群凝聚力之象徵——宗祠⋯⋯⋯⋯⋯20

　　　　三、藉由祭祖以祈福避禍⋯⋯⋯⋯⋯⋯⋯⋯⋯⋯⋯23

　　　　四、民間家禮普及之由來⋯⋯⋯⋯⋯⋯⋯⋯⋯⋯⋯24

　　第二節　朱子《文公家禮》對明清時期閩台地區的

　　　　　　影響⋯⋯⋯⋯⋯⋯⋯⋯⋯⋯⋯⋯⋯⋯⋯⋯⋯29

　　　　一、《文公家禮》對祭祖習俗之規定⋯⋯⋯⋯⋯⋯29

　　　　　　（一）朱子《文公家禮》之版本⋯⋯⋯⋯⋯⋯30

　　　　　　（二）《文公家禮》對祭祖禮儀之規劃⋯⋯⋯32

　　　　二、《文公家禮》在明清時期之變異⋯⋯⋯⋯⋯⋯39

　　　　　　（一）祭祀對象不以四世為限⋯⋯⋯⋯⋯⋯⋯40

　　　　　　（二）擴大祠堂為家廟⋯⋯⋯⋯⋯⋯⋯⋯⋯⋯43

　　　　　　（三）祭田制度的轉變⋯⋯⋯⋯⋯⋯⋯⋯⋯⋯44

　　　　三、家禮對陳林二姓之影響⋯⋯⋯⋯⋯⋯⋯⋯⋯⋯44

　　第三節　《文公家禮》對台灣的影響⋯⋯⋯⋯⋯⋯⋯46

　　　　一、文化層面——尊宗敬祖的特色⋯⋯⋯⋯⋯⋯⋯46

　　　　二、經濟與社會層面——祭田制度⋯⋯⋯⋯⋯⋯⋯46

第三章　傳統台灣漢人社會之祖先崇拜⋯⋯⋯⋯⋯⋯⋯⋯49

　　第一節　台灣漢人祭祖習俗承襲自明清閩粵社會

　　　　　　風俗⋯⋯⋯⋯⋯⋯⋯⋯⋯⋯⋯⋯⋯⋯⋯⋯⋯49

　　　　一、台灣漢人祖源⋯⋯⋯⋯⋯⋯⋯⋯⋯⋯⋯⋯⋯⋯49

　　　　二、台灣漢人追本溯源之習俗⋯⋯⋯⋯⋯⋯⋯⋯⋯52

　　　　　　（一）修訂族譜⋯⋯⋯⋯⋯⋯⋯⋯⋯⋯⋯⋯⋯52

　　　　　　（二）堂號、郡號⋯⋯⋯⋯⋯⋯⋯⋯⋯⋯⋯⋯54

　　　　　　（三）重男輕女的社會現象與養子制度⋯⋯⋯55

　　第二節　台灣漢人祭祖形式⋯⋯⋯⋯⋯⋯⋯⋯⋯⋯⋯60

　　　　一、家祭⋯⋯⋯⋯⋯⋯⋯⋯⋯⋯⋯⋯⋯⋯⋯⋯⋯⋯60

　　　　二、墓祭⋯⋯⋯⋯⋯⋯⋯⋯⋯⋯⋯⋯⋯⋯⋯⋯⋯⋯62

　　　　三、祠祭⋯⋯⋯⋯⋯⋯⋯⋯⋯⋯⋯⋯⋯⋯⋯⋯⋯⋯63

　　第三節　台灣民間祭祀團體型態分類⋯⋯⋯⋯⋯⋯⋯64

　　　一、依組織目的區分·······················64
　　　　（一）神明會··························64
　　　　（二）祖公會··························70
　　　　（三）祭祀公業························70
　　　　（四）父母會··························70
　　　　（五）共祭會··························71
　　　二、依成員關係分類······················71
　　　三、依祭祀對象分類······················72
　　第四節　台灣漢人祭祖之時節···············73
　　　一、歲時節日····························73
　　　　（一）春——清明節··················74
　　　　（二）夏——中元節··················74
　　　　（三）秋——中秋節、重陽節··········74
　　　　（四）冬——冬至····················75
　　　　（五）過年··························75
　　　二、生命禮俗····························76
　　　　（一）生育禮俗······················76
　　　　（二）冠笄之禮······················78
　　　　（三）婚禮··························78
　　　　（四）喪禮··························80
　　　　（五）先人的生日和忌日··············83
　　　三、祭祀儀節····························83
　　　　（一）一般家庭祭祖禮儀··············84
　　　　（二）宗親會祭祖儀節················85
　　　　（三）祭祀供品的準備················87
　　第五節　日治時代皇民化運動對傳統祭祖習俗
　　　　　　　的影響·······················88
　　　一、皇民化運動企圖改變台灣人之祖先信仰
　　　　　觀念·····························88
　　　二、新型法律制度對宗族社會的影響·······90
第四章　台灣的祭祀公業·····················93
　　第一節　族產制度沿革探討·················93
　　　一、義田制度··························94

（一）義田制度之由來 ……………………… 94
（二）義田制度之影響 ……………………… 96
二、祭田制度 ………………………………… 97
（一）祭田之種類 …………………………… 97
（二）祭田之演變 …………………………… 97
三、族產制度 ………………………………… 99
（一）籌建之方式 …………………………… 99
（二）族產的運用 …………………………… 100
（三）族產之作用與影響 …………………… 100
四、族產制度對台灣之影響 ……………… 102
第二節　台灣祭祀公業的種類 ……………… 104
一、鬮分式祭祀公業 ……………………… 105
二、合約式祭祀公業 ……………………… 107
三、捐設字祭祀公業 ……………………… 108
四、信託字祭祀公業 ……………………… 109
第三節　與祭祀公業相關之律令或習俗 …… 110
一、祭祀公業之命名 ……………………… 111
二、祭祀公業的派下權 …………………… 114
三、祭祀公業之管理人 …………………… 116
四、祭祀場所 ……………………………… 118
五、祭祀公業現行法 ……………………… 119
第五章　現今台灣祭祖組織概況 …………… 123
第一節　以同姓始祖為祭拜對象 …………… 123
一、陳德星堂陳氏大宗祠 ………………… 124
（一）創建沿革 …………………………… 124
（二）組織規模 …………………………… 127
（三）祭祖情形 …………………………… 129
二、全國林姓宗廟 ………………………… 137
（一）發展歷史 …………………………… 137
（二）組織規模 …………………………… 140
（三）祭祖情形 …………………………… 142
三、區域性之同姓宗親會——以林氏宗親會
為例 ……………………………………… 146

（一）概況說明 ……………………………… 146
（二）重要祭典與禮儀 ……………………… 146
四、今日北部陳林二姓祭祖之三獻禮受祭孔
　　儀節影響 …………………………………… 153
第二節　以唐山祖或開台祖爲主要祭祀對象者 … 154
一、財團法人林東山堂 ……………………… 154
二、士林陳穎川宗祠 ………………………… 155
三、北投陳錦隆號公業 ……………………… 156
第三節　家庭祭祖 ……………………………… 158
一、民間祭祀現況 …………………………… 158
（一）神主牌位 …………………………… 158
（二）家祭 ………………………………… 160
（三）墓祭 ………………………………… 160
（四）祠祭 ………………………………… 163
（五）供品的內容與意義 ………………… 164
（六）金銀紙、鞭炮 ……………………… 166
二、墓祭型態的轉變——靈骨塔的祭拜方式 · 166
第四節　陳林二姓宗親團體在現代社會的功能與
　　貢獻 ………………………………………… 173
一、端正社會風氣 …………………………… 173
二、興學勵學 ………………………………… 175
三、社會福利事業 …………………………… 177
四、政治經濟團體 …………………………… 177
五、海內外華人組織交流 …………………… 177

第六章　結　論 ………………………………… 179

參考書目 …………………………………………… 183
一、專書 ……………………………………… 183
二、期刊論文 ………………………………… 190
三、碩博士論文 ……………………………… 193

附錄一　《文公家禮儀節》八項祭祖儀節與祝文 · 195
一、主人晨謁之儀節 ………………………… 196
二、「出入必告」之儀節 …………………… 196
三、正旦多至及每月朔望祭祖儀節 ………… 197

四、俗節則獻以時食 ⋯⋯⋯⋯⋯⋯⋯⋯⋯⋯⋯ 201

五、有事則告之儀節與祝文 ⋯⋯⋯⋯⋯⋯⋯ 201

六、生子見廟 ⋯⋯⋯⋯⋯⋯⋯⋯⋯⋯⋯⋯⋯ 203

七、四時祭 ⋯⋯⋯⋯⋯⋯⋯⋯⋯⋯⋯⋯⋯⋯ 205

八、追贈 ⋯⋯⋯⋯⋯⋯⋯⋯⋯⋯⋯⋯⋯⋯⋯ 217

附錄二 台灣祭祀公業現行法規 ⋯⋯⋯⋯ 221

表目錄

表 1-1 民國 19、43、45、67、94 年台灣十大姓氏統計結果 ⋯⋯⋯⋯⋯⋯⋯⋯⋯⋯⋯⋯⋯⋯ 14

表 1-2 民國 94 年台灣各縣市十大姓氏人口比例表 ⋯ 15

表 2-1 《宋史・藝文志》中所記載與家訓、家禮 ⋯ 27

表 2-2 《戒子通錄》五卷至七卷收錄宋人戒子孫之家訓、家規 ⋯⋯⋯⋯⋯⋯⋯⋯⋯⋯⋯⋯ 28

表 2-3 祠堂祭器清單 ⋯⋯⋯⋯⋯⋯⋯⋯⋯⋯ 34

表 2-4 大宗小宗制 ⋯⋯⋯⋯⋯⋯⋯⋯⋯⋯⋯ 37

表 2-5 拜官祝文 ⋯⋯⋯⋯⋯⋯⋯⋯⋯⋯⋯⋯ 38

表 3-1 康熙二十二年台灣地區戶口、丁口數統計表 50

表 3-2 光緒二十年台灣地區丁口、戶口數統計表 ⋯ 50

表 5-1 台北市財團法人德星堂組織圖 ⋯⋯⋯⋯ 128

表 5-2 台北市財團法人德星堂組織職掌項目表 ⋯⋯ 128

表 5-3 財團法人陳德星堂陳氏大宗祠年節祭拜祖先日程一覽表 ⋯⋯⋯⋯⋯⋯⋯⋯⋯⋯ 129

表 5-4 民國 95 年春祭祝文 ⋯⋯⋯⋯⋯⋯⋯⋯ 134

表 5-5 陳氏祖訓 ⋯⋯⋯⋯⋯⋯⋯⋯⋯⋯⋯⋯ 135

表 5-6 財團法人全國林姓宗廟組織系統 ⋯⋯⋯ 140

表 5-7 財團法人全國林姓宗廟各會職掌內容說明 ⋯ 140

表 5-8 全國林姓宗親會祭祖大典請祖文 ⋯⋯⋯ 151

表 5-9 祭祖文 ⋯⋯⋯⋯⋯⋯⋯⋯⋯⋯⋯⋯⋯ 152

表 5-10 退座歸天文 ⋯⋯⋯⋯⋯⋯⋯⋯⋯⋯⋯ 152

表 5-11 奉送列祖退座歸天文 ⋯⋯⋯⋯⋯⋯⋯ 153

圖目錄

圖 1-1 台灣地區林姓宗親會體系 ⋯⋯⋯⋯⋯⋯ 8

圖 2-1 天子七廟示意圖 ⋯⋯⋯⋯⋯⋯⋯⋯⋯ 20

圖 2-2 清代・真容圖 ⋯⋯⋯⋯⋯⋯⋯⋯⋯⋯ 26

圖 2-3　祠堂三間制 ………………………………………… 33

圖 2-4　祠堂一間制 ………………………………………… 34

圖 2-5　家廟祭祀之圖 ……………………………………… 43

圖 3-1　郡號堂號關係圖 …………………………………… 55

圖 3-2　台灣古契書「過房書——富貴壽考」 …………… 57

圖 3-3　台灣古契書「繼承廖姓歸宗李姓合約書」 ……… 59

圖 3-4　台北市林安泰古厝（未遷建前之景像） ………… 61

圖 3-5　「台北市陳姓崇神會」之茶郊媽祖 ……………… 65

圖 3-6　台北市陳姓崇神會會員祭祖場景 ………………… 66

圖 3-7　日治時期三峽宰樞廟玄天上帝祭典 ……………… 67

圖 3-8　三峽宰樞廟內部景象 ……………………………… 68

圖 3-9　宰樞廟祭祀供品 …………………………………… 69

圖 3-10　宰樞廟內李姓先人神位 …………………………… 69

圖 3-11　昭和時期神官參與宰樞廟祭典留影 ……………… 88

圖 5-1　台北城古今對照地圖 ……………………………… 125

圖 5-2　德星堂平面結構圖 ………………………………… 126

圖 5-3　匾額「漢唐柱石」 ………………………………… 126

圖 5-4　德星堂正殿一景 …………………………………… 127

圖 5-5　正獻者、分獻者就位 ……………………………… 135

圖 5-6　讀祝者跪讀祝文 …………………………………… 135

圖 5-7　獻爵 ………………………………………………… 135

圖 5-8　宗長宣讀祖訓 ……………………………………… 135

圖 5-9　讀祝者捧祝詣燎所 ………………………………… 136

圖 5-10　正獻者隨引贊禮生引導至燎所望燎 ……………… 136

圖 5-11　西元 1910 年台北城景一隅 ……………………… 137

圖 5-12　林氏宗祠舊景 ……………………………………… 138

圖 5-13　民國 68 年，重建後之林氏宗廟全景 …………… 139

圖 5-14　全國林姓宗廟正殿之景 …………………………… 139

圖 5-15　林姓宗廟龕位一景 ………………………………… 141

圖 5-16　進主牌位 …………………………………………… 142

圖 5-17　林氏宗親會會員大會祭祖會場 …………………… 146

圖 5-18　主祭者迎祖 ………………………………………… 150

圖 5-19　主祭者行安香禮 …………………………………… 150

圖 5-20　主祭者獻財帛 ……………………………………… 150

圖 5-21　全體裔孫行三鞠躬禮 ……………………………… 151

圖 5-22　士林陳穎川宗祠正廳 ……………………………… 156

圖 5-23　祭祖用牲禮 ⋯⋯⋯⋯⋯⋯⋯⋯⋯⋯⋯⋯ 157

圖 5-24　閩籍神主牌位 ⋯⋯⋯⋯⋯⋯⋯⋯⋯⋯⋯ 159

圖 5-25　客籍神主牌位 ⋯⋯⋯⋯⋯⋯⋯⋯⋯⋯⋯ 159

圖 5-26　客籍墓室旁的暫時墓室 ⋯⋯⋯⋯⋯⋯⋯ 161

圖 5-27　福神 ⋯⋯⋯⋯⋯⋯⋯⋯⋯⋯⋯⋯⋯⋯⋯ 161

圖 5-28　龍神 ⋯⋯⋯⋯⋯⋯⋯⋯⋯⋯⋯⋯⋯⋯⋯ 162

圖 5-29　客俗祭畢灑黃紙 ⋯⋯⋯⋯⋯⋯⋯⋯⋯⋯ 162

圖 5-30　客家合族掃墓祭拜習俗 ⋯⋯⋯⋯⋯⋯⋯ 163

圖 5-31　新竹新埔地區林氏西河堂祠祭實景 ⋯⋯ 163

圖 5-32　祭祖用三牲 ⋯⋯⋯⋯⋯⋯⋯⋯⋯⋯⋯⋯ 164

圖 5-33　草粿 ⋯⋯⋯⋯⋯⋯⋯⋯⋯⋯⋯⋯⋯⋯⋯ 165

圖 5-34　丁仔粿與紅龜粿 ⋯⋯⋯⋯⋯⋯⋯⋯⋯⋯ 166

圖 5-35　刈金 ⋯⋯⋯⋯⋯⋯⋯⋯⋯⋯⋯⋯⋯⋯⋯ 166

圖 5-36　大銀小銀 ⋯⋯⋯⋯⋯⋯⋯⋯⋯⋯⋯⋯⋯ 166

圖 5-37　納骨堂 ⋯⋯⋯⋯⋯⋯⋯⋯⋯⋯⋯⋯⋯⋯ 167

圖 5-38　靈骨塔塔位 ⋯⋯⋯⋯⋯⋯⋯⋯⋯⋯⋯⋯ 168

圖 5-39　靈骨塔大廳供奉三寶佛 ⋯⋯⋯⋯⋯⋯⋯ 169

圖 5-40　進塔神主牌位 ⋯⋯⋯⋯⋯⋯⋯⋯⋯⋯⋯ 169

圖 5-41　靈骨塔祭祖會場 ⋯⋯⋯⋯⋯⋯⋯⋯⋯⋯ 170

圖 5-42　靈骨塔祭祖會場之神主牌位 ⋯⋯⋯⋯⋯ 170

圖 5-43　菜碗 ⋯⋯⋯⋯⋯⋯⋯⋯⋯⋯⋯⋯⋯⋯⋯ 171

圖 5-44　紙製金銀元寶 ⋯⋯⋯⋯⋯⋯⋯⋯⋯⋯⋯ 172

圖 5-45　紙製靈屋、車 ⋯⋯⋯⋯⋯⋯⋯⋯⋯⋯⋯ 172

圖 5-46　現代紙製財帛（電腦） ⋯⋯⋯⋯⋯⋯⋯ 172

圖 5-47　祭祖供品 ⋯⋯⋯⋯⋯⋯⋯⋯⋯⋯⋯⋯⋯ 172

圖 5-48　塔位事親 ⋯⋯⋯⋯⋯⋯⋯⋯⋯⋯⋯⋯⋯ 173

圖 5-49　林姓宗廟內「孝感動天」彩繪 ⋯⋯⋯⋯ 174

圖 5-50　林姓宗廟內「孟宗哭竹」彩繪 ⋯⋯⋯⋯ 174

圖 5-51　林姓宗廟內「董永賣身葬父」彩繪 ⋯⋯ 174

圖 5-52　表揚族中傑出人士 ⋯⋯⋯⋯⋯⋯⋯⋯⋯ 175

圖 5-53　宗祠內設私塾 ⋯⋯⋯⋯⋯⋯⋯⋯⋯⋯⋯ 176

第一章 緒 論

第一節 研究動機

一、祭祖是中國文化的優良傳統

近年來，台灣地區興起一股尋根的熱潮，許多國人前往大陸地區旅遊，行程目的就是回祖籍地祭祖，擁有許多海外華僑的大陸東南沿海地區，例如廣東省、廣西省、福建省一帶，許多縣市紛紛興建起祖廟，邀請海外華僑返鄉祭祖，除了這些區域性的祭祖，還有像陝西省的黃帝陵，也吸引數百萬遊客前往祭祀華人的共同始祖。中國種種精神文化當中，基於祖先崇拜而產生的祭祖儀式，可說是其中一項相當具有生命力的思想，綿延了數千年之久，而且十分普及，即使在今日的社會生活當中，它依然影響著我們。

以台灣漢人社會為例，依照傳統禮俗來看，每一個人，尤其是男丁，從出生到死亡，會經歷成長、結婚、生育這幾個階段，在每一個階段，都需要祭祖；或者說，透過祭祖儀式，一個人在各個人生階段，可以獲得了良好的銜接與轉換。而且不僅只如此，在歲時祭祀方面，例如春節、清明節、端午節、中秋節、冬至……，都要祭拜祖先，人的生活與祖先息息相關，可以說祭祖在漢人生活當中曾經扮演著非常重要的角色。

尤有甚者，祭祖現象，並不是僅只存在於個人或是家庭內。基於尊敬祖先而結合成的團體，並且藉由祭祖活動來強化族人之間向心力的組織，也是漢人社會的一大特色，這類組織有很多種，例如祭祀公業、宗親會等。在過

去，這一類的組織，發揮了相當的社會救助作用，從宋代范仲淹便提倡的義田制度開始，明清時期的社會，往往鳩集宗族的力量，提撥一部分的財產來照顧族中孤苦無依的族人；或是興辦家塾，讓族人有受教育的機會，從文獻上來看，移民來台之漢人，亦將這種制度傳播到台灣，如《淡水廳志》中記載：「林平侯，字向邦，號石潭，籍龍溪，隨父渡臺，居新莊。……置義田，設義學，以教養族人。」〔註1〕而現在，宗親會的組織方式和管理方式，配合當代法令也有一些改變，但是許多宗親會仍然保持鼓勵族親子女學習、發放敬老金等撫老育幼的工作，這些基於共同祖先而自發性產生的社會救助活動，都是漢人社會當中，珍貴的文化傳統。

二、社會型態轉變影響不同世代人對祭祖應持的禮儀與觀念

在筆者的觀察中，今日台灣地區之民眾，或許宗教信仰不盡相同，可是基於對一些理由，例如對死者的情感、擔心沒有受到祭拜的亡靈會作祟危害在世子孫、或是家庭教育的潛移默化等，每個家庭或多或少都保有祭祖之習慣，不過禮儀的執行上，則有日漸簡化之情形，傳統禮儀正在一點一滴地流失其完整面貌。流失的原因很多，不過其中一項因素就是傳承上的困難，以往用口耳代代相傳的禮儀教育，在工商業社會的今日，不論在時間或空間都面臨難以如法炮製的局面，許多家中子女離鄉背井到異鄉打拼，所以不便參與祭祖準備工作，因此就算有心慎重其事的準備，也有使力上的盲點，到後來便是心誠則靈的趨勢。其實不僅只祭祖這項儀式有此變化，越來越多傳統禮儀，例如婚禮、喪葬禮或冠禮……等，都有簡單化的現象，有些人認爲，過去禮俗過於複雜奢華，所以簡化也沒有什麼不好，但是這樣的說法，似乎忘記考量過去現在生活背景的差異，而僅就現代生活指標「效率因素」著眼，而一昧追求簡便滋生令人遺憾的結果，祭祖所隱含的孝順意涵日趨式微，越來越重視個人想法，家族群體對個人的重要性也相對的降低了。而流逝的過程當中，也尚未發展出其他足以替代家族功能的精神產物。

仔細思索，禮俗在這千百年之中，已經演變出種種足以滿足人生各階段需求的儀節了；從一個人出生到老死，都有禮儀從旁協助一個人適應社會生活，所以在過去，禮制的教育工作，是十分慎重的，做爲知識份子，所受的

〔註1〕 《淡水廳志·列傳·先正》，台灣文獻叢刊，第172種，卷九，頁269，臺北市：臺灣銀行經濟研究室，1963。

教育內容，就是以禮爲核心，使人的一言一行，都能更接近典範，藉由合宜的舉止，保障人人擁有安定的生活。這麼受到重視，而且經過千年歷練的儀節，難道沒有存在的價值或必要性嗎？一昧迎合簡便的現代生活，是否就是因時制宜，這實在是很值得檢討的地方，至少，過去祭祖時，長輩藉機向後輩解說先人種種豐功偉業，勸勉子孫努力向上的機會就變少了，失去了一個傳播良好經驗的家教場域，雖然說古時的生活情形和今日有天壤之別，但是許多前賢的人生經驗與高尚操守，仍是後輩千金難買的可貴資源。

　　在田野調查祭祖現象時，常常可以發現一種情形，就是不同世代之間，對於祭祖儀式認知上的差異。老一輩的人因爲從小接受家庭教育的薰陶，對於祭祖的儀式有比較多的執著，可是因爲年紀大，許多準備工作無法親力而爲，不得已之下而精簡準備內容，但是只要是老人家所主持的祭祖儀式，大致上還是可以看出一定的儀軌。而年輕的一輩因爲不了解或是沒有充分的時間，對於祭祖的準備，通常會比較隨意。但是這樣的落差，也導致老人們的憂慮，認爲年輕人不懂事，不懂得敬老尊賢，想教導又缺乏精力；更引發許多感慨，慨嘆自己臨終後沒有人祭拜。過去透過家庭教育來傳遞祭祖禮儀的管道，在今日受到了不少阻礙。

　　現代人獲得生活教育的另一大管道，就是教育體系，在古時候，學校教育內容中，禮樂教育是很重要的一環，子曰：「不學禮，無以立」〔註2〕，所謂的讀書人，即謂懂禮之人，習禮知禮守禮，一言一行都有禮爲依歸和節制，《禮記・曲禮上》有云：「道德仁義，非禮不成；教訓正俗，非禮不備；分爭辨訟，非禮不決；君臣上下、父子兄弟，非禮不定；宦學事師，非禮不親；班朝治軍，蒞官行法，非禮威嚴不行；禱祠祭祀供給鬼神，非禮不誠不莊。」〔註3〕，可是今日的教育，明顯缺乏這禮儀的知識，以國民基本教育的內容來看，有關祭祀的禮儀，提供十分有限，造成習禮管道貧乏。

三、祭祖禮儀在現代社會存在之必要

　　難道祭祖這樣的禮儀，真的該被自然淘汰嗎？筆者認爲並非如此，依觀察所得，現代人並不是不想祭祖，而是不知該怎麼做？或說不想盲目的做不知道意義的行爲？只要透過了解與適當的輔助，知道祭祖行爲所蘊含的美意

〔註2〕　《論語》，十三經注疏本，頁150，台北：藝文印書館，1985，十版。
〔註3〕　《禮記》，十三經注疏本，卷一，頁14，台北：藝文印書館，1985，十版。

時，許多人也都樂於從事之。而且透過種種禮的象徵儀式，人的精神世界可以獲得慰藉與保障，自調和神鬼關係獲得心靈上的安慰。再者，以祭祖活動爲根本的宗族團體，族人間愛屋及鳥的精神，發自民間自助互助的力量，往往比政府單位的社會救助更爲實際。有鑑於此，祭祖儀式與內涵依然具有珍貴的研究價值。

第二節　研究目的

　　祭祀祖先是台灣漢人之優良傳統習俗，透過祭祖的儀式和活動，除了可以傳遞敬天法祖、報本反始的人文思想外，受到《文公家禮》影響且於民間普遍存在的祠堂和祭田制度，配合宗親組織的運作，形成一種相輔相成之社會制度。藉由祠堂祭祖活動，可以凝聚族人血濃於水的相屬意識；而以永遠祭祀祖先之目的而設立的祭田，受到義田制度理想的擴充，除了祭祀用途外，還兼顧撫育族人之社會作用，中國政治上雖然缺乏社會福利、保險之制度，但是民間卻早已自發性的落實「老吾老以及人之老、幼吾幼以及人之幼」的精神，利用祭田這類族產，爲族人提供基本生活的關懷照顧，以台灣現今的狀況來講，就是祭祀公業存在的目的與作用；不僅如此，基於敬宗精神而延伸的還有宗親會這類組織，宗親會通常以地域作爲分類，以區、或縣市爲單位成立，乃至全國甚至全球性的組織，如同大宗小宗制般，層層相屬。這類宗親會組織，不需要血緣、族譜作爲親屬關係的證明，只要同姓即可加入，即可得到同姓族人的協助。這類結合民間力量的互助組織，影響甚至超越國界，民間有許多國際性宗親會往來交流的紀錄，值得深入研究。故筆者將於本論文中，透過下列四大方向詳加討論，並藉由陳林二姓的祭祖情形爲例，重申祭祖習俗對於今日社會之重要性：

一、敬天法祖精神之闡揚

　　《禮記・郊特牲》：「萬物本乎天，人本乎祖，此所以配上帝也。郊之祭也大報本反始也。」〔註4〕以孝道爲基礎的中國社會，是支持中國家庭組織健全的基本觀念之一，有完整安樂的家庭，社會風氣自然會改善，從民俗的角

〔註4〕《禮記》，十三經注疏本，卷二十六，頁500，台北：藝文印書館，1985，十版。

度來看，習俗是從習慣累積出來的，一昧講究過去，而無法配合現代生活的民俗，自然不容易為人所由衷投入，是故為了因應現代生活，了解現代人的需求，理解現代人在祭祖行為時的想要傳遞的思想，在古禮當中擷取精華並配合做調整，是必須的。

而對祖先的敬意，除了透過祭祖，表達飲水思源之敬意外，從中還可以衍伸為對同宗同族者愛屋及烏的意識，北宋范仲淹嘗謂「吾吳中宗族甚眾，於吾固有親疏。然以吾祖宗視之，則均是子孫，固無親疏也。吾安得不恤其饑寒哉？且自祖宗來，積德百餘年而始發於吾，得至大官，若獨享富貴而不恤宗族，異日何以見祖宗於地下，亦何以入家廟乎？」可知恤宗族亦是敬本尊源的重要表現手法，將祭祖的意義作更有意義的發揮。

二、傳統祭祀習俗之維持

在文獻資料整理研究的過程當中，發現關於祭祖儀式，有許多豐富的規範和深刻的意義，而禮俗不只是隱藏在深奧的古籍當中，乃是極具生活價值，民生之所需者；當代政府機關就有一些相關的建議或規定，從內政部民國八十年代訂定的國民禮儀規範，其對於食衣住行，以及冠婚喪祭之禮儀有提出若干建議，不過缺乏詳細的指引，也無法使不同籍貫的台灣漢人從中了解現代祭祖儀式該如何進行，故影響不大。

祭祖之三獻禮，如今正以一種專門知識被保存與推廣，以陳氏大宗祠德星堂春祭祭祖大典和全國林姓宗廟春祭儀式來看，每年祭祀除了宗親參與外，亦吸引許多外姓人士參觀、仿效。其他如孔廟與台北市民政局基於振興古禮之目的，提供了三獻禮之禮儀研習課程；或是舉辦祭祖典禮，邀請全民一同參與。筆者實際參與後，發現由於授課者以及參與祭祖儀式之禮生，均是祭孔大典之禮生，無論服裝或是儀式都與祭孔儀節相似。這類活動的舉辦，其實反應社會上對於祭祖之需求，足見一般人對於祭祖之重視，但是以祭孔之三獻禮作為祭祖之用，筆者則認為有必要重新考量。

竊思唯有透過適當的儀節，才能恰如其分的表達內心敬意，與明瞭祭祖的作用與內涵，故筆者追溯古禮，從文獻當中探索祭祖淵源，獲悉明清時期《文公家禮》曾對於民間祭祀習俗起了廣泛的影響，然而證諸現時社會，目前除了金門蔡家以外，幾乎已經完全看不到遵行《文公家禮》祭祖儀節之宗

族；有感於現今社會對於祭祖禮儀之需求，筆者透過文獻整理之方式，將《文公家禮》中有關每月朔望、俗節獻時食祭祖、四時祭之儀節與祝文等內容列於本論文之附錄一，希望可以作為現代人在祭祀祖先儀節之參考，使祭祖習俗的目的與內涵得以更完美的呈現。

三、祭田制度對台灣傳統社會的重要性

傳統的族產制度，在現今社會往往以祭祀公業或財團法人等名義登記，過去這類公業多擁有相當面積之土地，以耕種土地之收穫作為養育族人、提攜族中後進的主要資金，更重要的是，預留資金作為祭祀用途，目的為確保祭祀不墜、從而宗族福祚綿延不息。然而，今日工商業社會對土地利用的型態改變，興建地上建築物收取租息所得到的利潤甚於耕種收穫所得，故龐大的經濟利益造成宗族後人在運用上容易產生糾紛，甚至導致族親失和。針對祭祀公業的土地問題，過去內政部訂定「祭祀公業土地清理要點」、以及台灣省政府訂定「台灣省祭祀公業土地清理辦法」作為行政機關清理祭祀公業的法規依據，惟因法律位階不足，且祭祀公業法律問題複雜，如日治時代曾將祭祀公業視為習慣法人，光復後則否定祭祀公業法人資格等，導致祭祀公業之使用收益效能不彰，為改善此種弊病，以及促使台灣廣大的祭祀公業土地作更有效的利用，並兼顧祭祀公業的優良傳統，有識者倡議制定祭祀公業條例，經過多年討論，該條例於 96 年 12 月通過、97 年 7 月 1 日開始施行，此後祭祀公業的問題便有專門適用之法律，且祭祀公業的性質明確被定義為「法人」，以解決祭祀公業原為公同共有關係所生之土地登記、財產處分運用之困難問題。

按祭祀公業的制度與性質，除了透過更完善的立法提升外，筆者認為還要對祭祀公業的功能作更多的規劃。參考陳林二姓宗族團體的活動中發現，例如財團法人林東山堂對於族中殘疾或是年長人士，於設立章程中訂有補助條款、此外還發放敬老金與獎學金等，是類條款便是族產對於族人撫育功能的表現。但是從大範圍普遍觀察台灣整體祭祀公業之表現，很可惜的是，祭祀公業因為產權問題，而導致缺乏專門的管理，有沒落之趨勢，對於其社會服務功能無法作更好的發揮。筆者希望藉由重申古人對於族產之規劃與理想，除了利用朱熹祭田之制使祭祖之用永遠不虞匱乏外，還可以強化族產的

功能與作用，如《義田記》使族人「日有食，歲有衣，嫁娶婚葬，皆有贍」之理想，期使藉由祭祀公業的功能可以從落實宗族撫育族人之功能開始，使台灣民間的社會福利措施更加完備。

四、宗族組織在現今社會的功能

今日祭祖的方法，依團體大小之不同而有不同，來台的漢人在歷經數百年的生根繁衍，子孫眾多，分家是必然的結果，故各家各自祭拜血緣親近之祖先，形成以家庭為單位的祭祀團體；另有由同宗親屬結合成的祭祀團體，多以開台祖為祭祀核心；除了因血緣關係而成立的祭祀團體，基於同姓即是親的觀念而結合的組織，也變多了，這種藉由祭祀共同始祖的團體往往較為大型，其運作更需耗費心力，所牽涉的社經關係亦較為複雜。不論何種組織，筆者認為因從祭祖觀念而衍生出來的群體，參與之人，來自不同的家庭背景，仿若自成一個小社會，如果透過這樣的群眾力量，從中發揚祭祖的重要意義，也就是中國文化中最重要之「孝順」精神，用一傳十，十傳百，百傳千的角度去推演，必定有助於幫助社會向上；再者，以傳播經驗的角度去思索，透過不同宗親會的運作方式，交換更多的經營經驗，除了傳承文化，也可以藉由祭祖活動，活化宗親組織在今日社會的功用與價值。

要之，宗族組織配合家族繁衍，逐漸龐大而分散枝葉各自發展已不是唯一的選擇，利用「大宗小宗制」之觀念，將各小宗群眾結合，以團體的力量做更大的發揮，以台灣林氏宗親會的體系為例（圖 1-1），幾乎各縣市都有林姓宗親會組織，在地方上為林氏宗親服務，而全國林姓宗親會、甚至世界宗親會，則從更大的範圍考量，將區域與區域之間作聯繫，把宗親之間的互助交流層面，推及到全世界，出自於民間而產生的這股力量，令人感到敬佩。筆者認為透過宗親組織，可以將許多政治力尚無法達到之理想，有了新的實現管道，對於宗親會組織，政府應該投入更多關注，將有助於協助地方上乃至全國之建設。

圖 1-1　台灣地區林姓宗親會體系

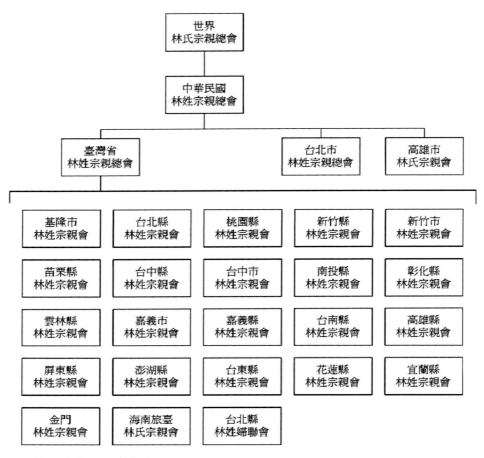

資料來源：筆者自繪。

是以筆者將針對宗族組織做進一步說明，華人社會普遍存在的宗親會組織，提醒族人不論身在何方都要飲水思源以外，基於愛屋及烏的精神，亦成爲推動社會發展的重要力量，除了從事公益事業，另外也成爲族人參政的最佳支援，各鄉鎮縣市的宗親會，幾乎都有輔選的經驗，從而也壯大了宗親會的影響力。由有甚者是世界姓宗親會的組織，民間這類國際性的組織很多，例如世界林姓宗親會、世界陳姓宗親會、世界黃姓宗親會……等，其會員遍布各國，年年都有各國的宗親會來台灣訪問祭祖，華人血濃於水，飲水思源的性格特徵，產生了跨越國界的族群交流。在大陸地區開放以前，全世界的華僑常來台灣祭祖，將台灣視爲中華文化的中心地，不過近幾年大陸地區也

陸續興起重建祖廟的風潮，並大力邀請海外華僑返鄉，台灣地區多數宗親會幾乎也都有前往原鄉祭祖的紀錄。華人因爲尊天敬祖而形成這樣國際性的文化交流，是世界上其他民族所罕見的，具有研究和大力推廣的價值。

第三節　研究方法

本文在資料採集分面，主要是利用文獻資料分析法及田野調查法。茲分述二者之運用方式於下：

一、文獻資料分析法

本研究在資料方面，凡以文字方式呈現者，主要有七種類型：

1. 典籍史料

筆者透過直接研讀史書上的記載來了解古禮中祭祖儀式之沿革。這部分的文獻資料，首自《儀禮》、《周禮》、《禮記》、《論語》、《孝經》、《詩經》查考祭祖的時間、方式、及應具備之態度；再利用《通典》、《通志》、《五禮通考》，就祭祖相關內容加以比較；而影響台灣漢人習慣最深的明清時期禮制，筆者主要參考《文公家禮儀節》、《清朝續文獻通考》及《國學備纂》的記載。

2. 學者相關研究著作

筆者除了直接利用典籍所載祭祖儀式作爲說明外，亦借重學者們對於古禮的研究心得，說明祭祖儀式所隱函的思想和意義、歷代祭祖儀式變動的背景因素以及宗族團體的社會作用。

3. 台灣地區方志

此部分資料，著重說明台灣地區於明清時期，北部漢人自原鄉遷移並將原鄉祭祖習俗帶來台灣北部地區之情形，如：《諸羅縣志》、《淡水廳志》、《台北縣志》、《苗栗縣志》、《三峽鎮志》、《新竹縣志》…等，亦爲筆者決定田野調查對象時的重要參考依據。

4. 日治時代學者之調查報告

主要參考資料有片岡巖《臺灣風俗誌》、鈴木清一郎《臺灣舊慣習俗信仰》、東方孝義《台灣習俗》、梶原通好《台灣農民的生活節俗》、張祖基《客家舊禮俗》、吳瀛濤《台灣民俗》。筆者希望從這些資料說明台灣漢人的祭祖儀式與今日祭祖禮俗之連貫性，並探討祭祀公業與宗親會之發展狀況。

5. 族譜與家族相關資料

這部分之資料來源，除藉由田野調查實際訪問收集而得外，亦大量利用台北市文獻委員會〔註5〕之收藏，該會收藏了豐富的台灣地區各姓氏之祖譜、成立章程與紀念刊物等資料，另外還會借重學術期刊《台灣源流》中之相關研究，筆者將引用這些資料說明台灣地區宗親會運作之情形與祭組習俗內容。以陳德星堂爲例，透過《台北市三級古蹟陳德星堂調查研究與修護計畫》、《德星堂陳氏大宗祠奉祀一百肆拾/重建九十週年紀念特刊》、《世界陳氏宗親總會成立週年紀念特刊》、《德星堂重建五十週年慶祝紀念特刊》這些資料之內容，可以掌握到陳德星堂宗祠組織概況、主要活動、運作方式與祭祖儀節，以及重溫珍貴的歷史鏡頭。

6. 當代國民禮儀規範

這部分之資料除了參考內政部於民國八十年代左右訂定的相關規範外，各縣市政府有相關之調查規定者，亦在筆者參考範圍，例如民國八十四年，台灣省立新竹社教館籌劃下編印之《台灣民間祭祀禮儀》。

7. 相關法令政策

目前民間所組成的宗族團體，依性質可分爲財團法人、社團法人、神明會或祭祀公會。這些團體組織性質差異，與其設立時依據之法律息息相關，筆者除了引用相關法律著作說明外，並參照日據時代以及現行法規分別解釋。

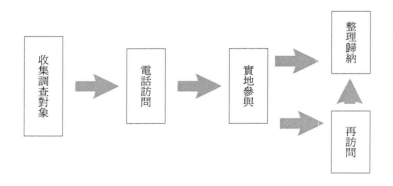

〔註5〕 地址：10352臺北市大同區承德路2段33號6、7樓

二、田野調查法

筆者實際參與祭祖活動並從中紀錄、拍攝祭祖過程、以及面對面訪談籌備祭祖活動者，來了解現代祭祖現象，調查之步驟依順序羅列：

1. 收集調查對象與連絡方式

分民家、祠堂以及宗親會為三大方向。祠堂與宗親會的資料主要透過所在縣市民政機關而獲取。

2. 電話聯繫

進行第一次口頭訪問，詢問主題是祭祀時間、地點、準備工作進行方式、參與祭祀之成員、可否允許筆者實地參加從旁紀錄。

3. 實地參與

約定之時間內前往，準備之工具有錄音筆、紀錄版、數位相機、以及單眼光學相機。結束後並詢問籌備者可否接受筆者的再訪問。

4. 田調資料整理

每次訪談結束，立即將資料作整理分類。

5. 再訪問

將整理好的資料，與祭祖儀式籌備者再確認。

6. 整理歸納

將田野調查之收穫，分類歸納說明於論文之中。

由於台灣傳統漢人祭祖習俗的淵源悠久，可上溯至先秦古禮，而且各朝代對祭祖觀念的轉變，使得祭祖禮儀不斷改變面貌，再加以台灣特殊之歷史因素，使得除了傳統中國祭祀觀念外，亦受到不少外來文化的影響，故筆者根據資料羅列題綱之後，以宏觀角度來觀察禮儀的沿革；接著就具體事項，以微觀之調查方法著手，兩相反覆比較，以獲心證。

同時還配合歷史溯源法，利用這種歷史比較方法，把多次調查的材料加以歷史的追溯和比較，來探索台灣漢人祭祖習俗及相關宗族族產制度的歷史變化。

以整篇論文之研究規劃來看：首先由文獻資料的整理與蒐集著手，再開始進行訪問，然後親身參與紀錄與拍攝祭祖情形，然後利用民俗學研究方法進行資料的分析與再收集、分析，爾後撰寫研究成果。

第四節　研究範圍

一、以台灣北部漢人爲調查對象

（一）以漢人爲調查主體

按台灣地區之族群結構，主要可以分爲明清時期遷移來台的漢人與更早來台之原住民族，這二大類族群均有祭祀祖先之習俗，本篇論文係以移民來台之漢人與其後代爲研究對象，原住民族的祭祖習俗因與本文研究目的不符，故不列入討論範圍。

漢人的祭祖行爲，先秦以前已有之，在周公制禮作樂後，成爲結合宗法與封建制度的禮儀規範，並成爲儒家思想的重要內容之一，並與政治體制結合，有階級、身分地位之分類，在歷代禮制中，都有專門詳細的規定，不容踰越，而且貫串其中的孝道思想，成爲漢人祭祖之重要內涵，而不僅止於祈求繁衍後代的生殖崇拜；漢人透過祭祖儀式，建立一種有階級的社會地位，從而引導各種身分的人該遵守的價值規範，爲理解漢人之祭祖行爲，必透過其歷史沿革時，藉由典籍制度之規定，以了解祭祖觀念的傳承脈絡。

（二）以北部爲調查範圍

在文獻資料的收集過程當中，筆者發現台灣地區不論南部或北部，祭祖行爲的相似度頗高，若以家庭爲單位，決定祭祖行爲的主要關鍵，在於祭祀家庭屬於閩籍或客籍，故以家庭或祠堂爲調查對象時，筆者著重於自遷移來台即居住在北部地區的漢人爲調查對象；若以從事祭祖組織來看，以宗親會和一般家庭相較，從祭祀對象到參與成員都不相同，造成差異之根本原因是組織成員不同，而非南北地域上的差異。

故筆者以台灣北部地區各縣市民政局登記成立之組織爲限，如登記設立於台北縣市之世界林氏宗親總會、台北市林姓宗親會、台北縣林姓宗親會、世界陳氏宗親總會、臺灣省陳氏宗親會、財團人全國林姓宗廟、林安泰古厝、財團法人陳氏大宗祠德星堂、陳氏宗祠時英堂、財團法人陳潁川宗祠；其他地區如桃園縣林姓宗親會、新竹縣林姓宗親會、苗栗縣林氏群才公傳下宗親會、新竹陳氏宗祠、祭祀公業陳四源等，爲筆者田野調查之對象。

二、以陳林二姓祭祖現象爲舉證代表

台灣地區姓氏種類繁多，以民國94年來看，全台灣即有1,989個姓氏，

但特別的是，台灣地區從過去到現在，都有人口姓氏集中在大姓之現象，從過去戶口普查紀錄和民國 94 年內政部對台灣地區人口姓氏人口之調查結果（表 1-1）來看，可以明顯看出姓氏集中於大姓之現象，依 94 年之調查結果，全國前十大姓依序為陳、林、黃、張、李、王、吳、劉、蔡、楊，合計人數為 11,947,278 人，占總人口數 52.63%，即其餘姓氏縱有 1,984 個姓氏之多，但卻僅佔人口 47.37%；從民國 19、43、45、67、94 年這五次之調查結果可以觀察到，人口姓氏集中於大姓之現象，除了是現況外，亦是台灣長期以來的社會現象。從十大姓之人口數排行上來比較，而陳林二姓人口所佔比例尤高，五次調查結果均居於前一、二名。可知「陳林半天下」，雖有誇大，但是卻一語道破台灣社會現象；復佐以表 1-2「十大姓在各縣市姓氏人口比例」做更進一步說明，不論在閩籍或客籍為主之縣市，陳林二姓都是各縣市所佔人口最多之姓氏。

綜合歷年的姓氏數量調查結果可以證明，在台灣陳林二姓人口為台灣大姓中的大姓，人口數最多，而且長期在台灣穩定成長，再從各縣市各姓人口分佈情形來看，陳林二姓人口平均分散在各縣市，而且也是各縣市屬一屬二之大姓，故以此二姓為調查主軸，足以代表台灣普遍祭祖之習俗。故筆者將以陳、林二姓為主要調查對象，按照祭祀團體之性質與規模，一一舉例說明。

此外，在說明某些帶有祭祖目的之神明會時，將以台北市陳姓崇神會作為說明重心，該會由大稻埕陳姓茶商所組成，以祭拜茶郊媽祖為目的，每年三月逢天上聖母誕辰紀念時，由於目前參與成員多為早期會員之子孫，故在該日亦會舉行祭祖儀式，祭拜已過世的會員。除了陳姓崇神會外，又如景美地區林氏集應廟。

根據景美集應廟 95 年之常務委員高朝國先生表示，該廟創建於清同治六年（西元 1867 年），供奉福建省泉州府安溪縣人的保護神，保儀尊王張巡和保儀大夫許遠，在四百年前，安溪人移民來台北，因為他們大部分都是茶農，所以選擇了文山這個廟涇的山丘地來種茶，同時帶來他們的鄉土保護神，保儀尊王、保儀大夫、清水祖師等神明。那時候的安溪人主要是高、張、林三大姓，隨著時間的進展，人口逐漸增加，開墾的土地從景美一直拓展到木柵、深坑、石碇……，當然供奉安溪鄉土神明的人也越來越多，因此就將集應廟拓展成三座，分別是現在景美市場內的高氏集應廟，武功國小附近的林氏集應廟，及木柵國中對面的張氏集應廟，為了感謝先民對於景美一帶的開發，

這三間廟宇亦附有祭祖之功能。

　　除了上述陳姓崇神會以及景美林氏集應廟外，筆者另外補充三峽宰樞廟作爲比較，該廟乃三峽地區李姓族人所建，祭拜玄天上帝而成立之神明會，派下七大房即爲建廟者李進興公之七大房後裔，除了作爲祭祀玄天上帝的場所外，亦具有李姓族人宗祠之性質，供奉李進興公像與神主牌位於廟內，爲了更加強調台灣神明會的祭祖現象，筆者特別收錄宰樞廟祭祖現象於本論文中，作爲參考。

表 1-1　　民國 19、43、45、67、94 年台灣十大姓氏統計結果

民國年	排名順序	19	43	45	67	94
姓　　量		193	737	1,027	1,694	1,989
前十大姓及其所佔調查人口數之百分比	一	陳 12.0	陳 11.0	陳 11.3	陳 10.9	陳 11.06
	二	林 11.5	林 8.1	林 8.5	林 8.2	林 8.28
	三	張 6.1	黃 6.3	黃 6.2	黃 6.1	黃 6.01
	四	王 5.6	張 5.1	張 5.3	張 5.4	張 5.26
	五	黃 5.4	李 4.9	李 5.1	李 5.2	李 5.11
	六	李 4.7	王 4.0	吳 4.1	王 4.2	王 4.12
	七	吳 4.0	吳 3.6	王 4.0	吳 3.9	吳 4.04
	八	蔡 3.5	蔡 3.0	劉 3.2	劉 3.2	劉 3.17
	九	劉 3.2	劉 2.0	蔡 2.9	蔡 2.9	蔡 2.91
	十	郭 3.1	楊 2.8	楊 2.6	楊 2.6	楊 2.66
百分比合計		59.1	51.8	53.2	52.5	52.63

資料來源：筆者根據楊緒賢《台灣區姓氏堂號考》與 94 年內政部公佈之資料重新整理製成。

　　根據楊緒賢《台灣區姓氏堂號考》文中之說明，民國 19、43 與 45 年這三次姓氏人口數量的統計數據，並非全台姓氏與人口數之統計結果，茲附錄其背景因素如下：

（1）日治時代以前，台灣居民姓氏未嘗有調查紀錄。

（2）民國 19 年，日人富田芳郎曾做抽樣調查，抽樣三萬一千零三戶，共得一百九十三姓。姓量不多，因係抽樣且有限，非一完整資料，僅供參考比對。

（3）民國 43 年，台灣省文獻委員會進行台灣人口姓氏調查，惜因桃園、雲林、高雄及臺東等四縣未能參與配合，故調查範圍僅當時台灣之十二縣、五市、一局（陽明山管理局）居民當中之 828,804 戶，共得 737 姓。姓量因各省同胞隨中央政府播遷來台、原住民改用漢姓與調查樣本戶數增加而大幅成長，不過遺漏之姓仍多。

（4）民國 57 年由國立台灣大學教授陳紹馨、美國哥倫比亞大學人類學系及遠東研究所教授傅瑞德合撰「台灣人口之姓氏分佈」，茲就民國 45 年戶口普查之口卡中，每四張抽樣一張調查統計，當時台灣人口總計為 9,308,199 人（不含無戶籍之服役軍人），抽樣結果得 1027 姓。

（5）民國 67 年，學者楊緒賢以民國 67 年 6 月 30 日之口卡資料爲準，分別逐張計算，彙編爲「台灣區各縣市分姓人口數統計表」，當時台灣區人口數共 16,951,904 人，得 1,694 姓。此係台灣有史以來，首次以全部戶籍資料所從事之調查統計。

（6）姓氏增加主要原因爲移入人口增加所致。

表 1-2　民國 94 年台灣各縣市十大姓氏人口比例表

縣市別	前 十 大 姓	占該縣市總人口數之百分比（％）
臺北縣	陳、林、李、黃、張、王、吳、劉、蔡、楊	53.27
宜蘭縣	林、陳、李、黃、張、吳、游、楊、王、簡	61.96
桃園縣	陳、黃、林、李、張、劉、吳、王、邱、徐	47.35
新竹縣	陳、林、張、黃、劉、彭、李、徐、曾、吳	48.55
苗栗縣	陳、林、黃、張、劉、李、吳、徐、邱、謝	51.96
臺中縣	陳、林、張、王、黃、李、劉、蔡、吳、楊	57.78

彰化縣	陳、林、黃、張、許、李、王、吳、楊、洪	53.07
南投縣	陳、林、張、黃、李、吳、劉、王、洪、廖	54.23
雲林縣	林、陳、吳、李、張、黃、廖、蔡、王、許	64.81
嘉義縣	陳、林、黃、蔡、張、李、吳、劉、王、許	54.81
臺南縣	陳、林、黃、王、李、吳、張、楊、蔡、郭	56.43
高雄縣	陳、林、黃、李、吳、王、張、劉、蔡、楊	53.15
屏東縣	陳、林、黃、李、張、吳、王、潘、蔡、劉	51.41
臺東縣	陳、林、李、黃、張、王、吳、楊、劉、潘	50.75
花蓮縣	陳、林、黃、張、李、吳、劉、王、楊、曾	51.14
澎湖縣	陳、許、洪、蔡、呂、吳、林、王、黃、李	57.48
基隆市	陳、林、張、李、黃、王、吳、劉、楊、許	51.10
新竹市	陳、林、黃、張、吳、李、楊、王、劉、蔡	49.83
臺中市	陳、林、張、黃、李、王、賴、劉、吳、廖	54.15
嘉義市	陳、林、黃、李、蔡、吳、張、王、劉、許	54.28
臺南市	陳、林、黃、吳、王、李、蔡、張、郭、鄭	56.38
臺北市	陳、林、張、李、黃、王、吳、劉、楊、蔡	51.45
高雄市	陳、林、黃、李、王、吳、張、蔡、楊、劉	52.80
金門縣	陳、李、黃、許、楊、蔡、林、王、洪、吳	64.52
連江縣	陳、林、曹、王、劉、張、李、黃、鄭、吳	77.48

資料來源：民國 94 年內政部民政局所發表之人口姓量統計分析資料。

　　表 1-2 為民國 94 年台灣地區各直轄市、縣（市）前十大姓人口占該縣市總人口數之百分比統計表，其中前十大姓氏是依照該姓在該縣市的統計人口數量，由多至少，從左至右依次排列，然後將這十姓的人口數加總，與該縣市總人口數作比例上的計算後呈現。

第二章　明清以降《家禮》對台灣祭祖習俗之影響

第一節　漢人社會與傳統祭祖思想

　　原始時期信仰與崇拜密切聯繫著，萬物有靈觀成為各種信仰崇拜的思想基礎，根據人類學家之研究指出，在原始時代的人類，基於萬物有靈觀與靈魂不滅的想法，對死去的亡靈戒慎恐懼，因而致力於祈求人間與鬼靈間的和睦相處，中國古代的祭祖行為即是以靈魂不死的觀念為前提發展出來的，認為人死了靈魂仍然存在，那個脫離身體的靈魂便叫「鬼」，祖先雖然離開家庭和群體，祖先鬼卻時常在人間來往，監視著子孫，照顧著子孫，必要時，會現出原來型態，或以夢的形式向子孫提出警告。而且人死後仍然與生前一樣有好惡，並且比活人更有能力，他們想要作的事便一定會做到。對此，只有給以祭祀，讓鬼有所歸宿，才不做惡鬼。

一、萬物本乎天，人本乎祖之觀念

　　在萬物有靈觀的思想基礎下，中國傳統社會發展出了極其發達的祖先崇拜，認為透過祭祀可以避免靈魂作祟，並藉由向祖先的靈魂表示虔敬、祈求庇祐於後代。而祖先所代表的意義當中，最重要的就是繁衍子孫，故祭祖最大的目的就是為了祈求氏族之繁衍，遠古時代生存並不是件容易的事，從生產嬰兒到撫育成年，時時刻刻都會面臨各種不同的生存危機，死亡率很高，

如何順利繁衍後代，維持生命之延續，成爲最重要的事情。從文字學的角度來看「祖」字，商代甲骨文、金文都是做「且」，即男性生殖器之象形。用男性生殖器作爲人類祖先的文字符號，恰好說明在古人的眼中，祖先的首要功績是繁衍了後代子孫，沒有祖先，就沒有後人，祖先孕育後代，即如同上天化育萬物般偉大，正因爲如此，祖先需要受到特別的崇拜。

對於每個家庭來說，死去的祖先即宛如是這個家的神明，袖保佑著家庭的生存、安寧和興旺。所以，封建家禮把祭祖作爲「人生第一要緊事」，依憑祖先的神威，維繫家庭的團結、和睦。

二、祭祖的意義與目的

中華文化有兩項重要基礎，其一是建立在敬天思想，重視報本反始；其二是基於祖先崇拜而建立家族制度，重視「慎終追遠」的倫理道德，這兩大思想相互爲用，成爲中國傳統文化豐富禮儀制度之由來。從遠古氏族社會即發軔之祖先崇拜現象，在遇到生活上的困境無法解決、也難以理解發生之原因時，人民會希望得到幫助，於是透過巫術等方式，演變出一套祭祀禮儀，期望經由祭祀，向神秘的亡靈表達人的善意與需求，進而得到祖先神力的幫助以使陽世生活順遂。而所有亡靈當中，祖先和自己是關係最密切的，所以祭拜自己的祖先，希望擁有神秘力量的祖先靈魂可以保佑後世。是以祖先崇拜與儀禮結合，人們相信通過各種祭祀手段，祖先的靈魂可以保護他的族系，維護族內的團結和利益。須知祖先崇拜在氏族社會末期已經出現，主要是崇拜氏族或部落的頭領、酋長等共同的祖先或古史傳說中的始祖神。在家庭分立之後，則崇拜與奉祀各自家庭、家族的祖先。家庭體制的確立使祖先崇拜分化爲許多小的個體，國家有宗廟，民間各有祖先堂，通過祭祖，強化族權的統治。〔註1〕

祭祀之重要性在經籍中早有記載，《春秋・左傳》云：「國之大事，唯祀與戎。」〔註2〕且《禮記・祭統》：「凡治人之道，莫急於禮。禮有五經，莫重於祭。夫祭者，非物自外至者也，自中出生於心也。心怵而奉之以禮，是故惟賢者能盡祭之義。」〔註3〕對一國而言，祭祀與戰爭同樣爲國家最重要的大

〔註1〕 參考張紫晨《中國民俗與民俗學》，台北：南天書局，1995，頁164。
〔註2〕 《春秋左傳正義・隱公》，十三經注疏本，卷三，頁58，台北：藝文印書館，1979，七版。
〔註3〕 《禮記・祭統》，十三經注疏本，卷四十九，頁830，台北：藝文印書館，1979，

事，毀宗廟即代表一國之覆亡，戰爭也可能導致一個國家的興替，不論祭祀與爭戰均攸關一國之存續與否，故為政者於祭祀莫不敢怠。

（一）祖考以配天之觀念

根據《禮記・郊特牲》：「萬物本乎天，人本乎祖，此所以配上帝也。郊之祭也，大報本反始也。」〔註4〕天乃萬物之所從出，大報本反始也，故祭天之最敬禮，即以祖考作為陪祀，故荀子嘗言：「禮有三本：天地者，生之本也。先祖者，類之本也。君師者，治之本也。無天地之惡生？無先祖之惡出？無君師惡治？三者偏亡焉無安人。故禮上事天，下事地，尊先祖而隆君師，是禮之三本也。」〔註5〕

（二）孝道之表現

報本反始之心即孝道之基本內涵，中國人素以孝為根本，許多文獻上都可以看到追思父母恩德之文字。以《詩經・小雅》為例：「蓼蓼者莪，匪莪伊蒿，哀哀父母，生我劬勞。蓼蓼者莪，匪莪伊蔚，哀哀父母，生我勞瘁。缾之罄矣，維罍之恥，鮮民之生，不如死之，久矣無父何怙，無母何恃，出則銜恤。，則靡至，父兮生我，母兮鞠我，拊我畜我，長我育我，顧我復我，出入腹我，欲報之德，昊天罔極。」〔註6〕

為什麼對祖先的尊敬要透過祭禮來表達呢？《禮記・檀弓》云：「祭祀之禮，主人自盡焉爾，豈知神之所饗？亦以主人有齊敬之心也。」〔註7〕又《禮記・郊特牲》：「腥肆爛胹祭，豈知神之所饗也，主人自盡其敬而已矣。」〔註8〕自盡其敬就是虔誠，可知祭禮一個讓祭祀者將自己至誠之心意表達出來的方式，透過儀節的安排，讓祭祀者毫無保留地將他孺慕之懷、報本之心一一表現出來。子曰：「生事之以禮，死葬之以禮、祭之以禮。」〔註9〕祭祖

七版。

〔註4〕　《禮記・郊特牲》，十三經注疏本，卷二十六，頁500，台北：藝文印書館，1979，七版。

〔註5〕　《荀子集解》，台北，藝文印書館，1994，初版。

〔註6〕　《詩經》，十三經注疏本，卷第十三，頁436，台北：藝文印書館，1960，再版。

〔註7〕　《禮記・檀弓》，十三經注疏本，卷九，頁169，台北：藝文印書館，1985，十版。

〔註8〕　《禮記・郊特牲》，十三經注疏本，卷二十六，頁508，台北：藝文印書館，1985，十版。

〔註9〕　《論語・為政第二》，十三經注疏本，頁16，台北：藝文印書館，1960，再版。

的本質完全是子孫對於祖先所應盡的一種義務，甚至可以不必去追問鬼神是否存在，最重要的是虔敬的心意。

（三）族群凝聚力之象徵——宗祠

周代將宗廟與宗法制結合在一起，《禮記・王制》：「天子七廟，三昭三穆與大祖之廟而七。諸侯五廟，二昭二穆與大祖之廟而五。大夫三廟，一昭一穆與大祖之廟而三。士一廟，庶人祭於寢。」〔註10〕《禮記》已明確規定，上至天子下至庶人，依身分的不同，昭穆制度會隨之變化，到士及庶人階級則無昭穆祭祀。就宗法廟制而言，能否立廟，或是被祭祀均有嚴格的規定，其政治身分決定了祭祖的規格。

宗廟的排列極為嚴格。始祖（即太祖）之廟居於正中，始祖以下，第二世居左，稱「昭」。第三世居右，稱「穆」。以下凡二世、四世、六世等偶數後代皆為昭，三世、五世、七世等奇數後代皆為穆。昭穆次序百世不亂。《周禮・春官・小宗伯》：「辨廟祧之昭穆。」〔註11〕鄭玄注：「自始祖之後，父曰昭，子曰穆。」如圖2-1。

圖2-1 天子七廟示意圖

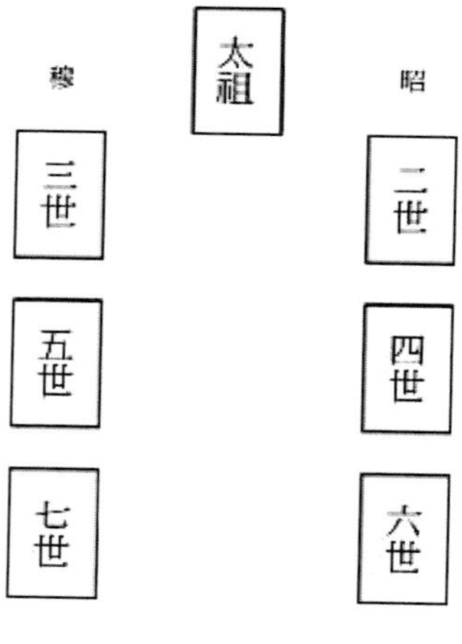

```
          穆        太祖        昭

         三世                  二世

         五世                  四世

         七世                  六世
```

天子七廟，按東漢末年鄭玄的理解，是始祖后稷一廟；文王、武王二廟，

〔註10〕 《周禮・小宗伯》，十三經注疏本，卷十九，頁290，台北：藝文印書館，1960，再版。

〔註11〕 《周禮・小宗伯》，十三經注疏本，卷十九，頁290，台北：藝文印書館，1985，十版。

這二廟也是高祖父以上遷主所藏之廟，又稱二祧；再加上父、祖、曾祖、高祖四親廟。〔註12〕

始祖之廟叫祖考廟。父親之廟叫考廟，又稱「禰廟」，祖父之廟叫王考廟，曾祖父之廟叫皇考廟，高祖父之廟叫顯考廟。高祖父以下四廟合稱「四親廟」。禮制規定，太祖之廟百世不遷，其餘各廟中的神主要依次上遷。隨著世代遞增，世係已遠的神主因「親盡」而移入祧廟，此為「毀廟」。進入祧廟的遠祖平時不予祭祀，要待每三年舉行一次祫祭時，才一起進行總祭。〔註13〕

按《禮記・王制》：「庶人祭於寢。」〔註14〕之記載，庶人只能在自己屋子的正室祭祀祖先，不能立廟。《鹽鐵論》中說明的更加清楚：「古者，庶人魚菽之祭，春秋脩其祖祠。士一廟，大夫三，以時有事于五祀，蓋無出門之祭。」〔註15〕庶人因政治身分的關係無法立廟祭祖，但是祠堂的設置補足了祭祖的缺憾。

在祭祖禮儀方面，根據秦照芬〈論殷周祭祖禮之異同〉之研究，殷商時已出現依先王廟號之日舉行五祀周祭現象，然而可以確定的是尚未形成定制，再加上定制外因祈求、禳被而祭先王先妣，則幾乎一整年都在祭祀，是故後人說殷人「尚鬼」。〔註16〕

到了周代，因為經驗的累積，人對於鬼神，已經有更理性的認識了，商代無鬼不祭的情形有了制度上的轉變。從周公制禮作樂可以發現，周代把禮分為吉、凶、軍、賓、嘉五禮，在吉禮當中詳細規範了祭祀應有的儀節，而且依照季節加以定制，依一年四季天時變化而施行宗廟時享禮，根據《禮記・祭統》記載：「凡祭有四時，春祭曰礿，夏祭曰禘，秋祭曰嘗，冬季曰烝。」〔註17〕祭祀的時間、內容、對象都有所規定，此外配合季節舉行的祭祀還有「臘祭」與「薦新」之祭等。從此以後，祭祀行為除了對神鬼的敬畏外，也

〔註12〕此前西漢劉歆提出另一種說法，其解釋周王室的宗廟，除了后稷廟（始祖之廟），文王和武王的廟稱為「世室」，未列入七廟之數，因而實際上是九廟。

〔註13〕參考楊志剛《中國禮儀制度研究》，上海：華東師範大學出版社，2000，頁338。

〔註14〕《禮記・王制》，十三經注疏本，卷十二，頁241，台北：藝文印書館，1985，十版。

〔註15〕王利器校注，《鹽鐵論校注》，卷六，頁351，北京：中華書局，1992，第一版。

〔註16〕參考秦照芬，〈論殷周祭祖禮之異同〉，《臺北市立師範學院學報》，2000年4月。

〔註17〕《禮記・祭統》，十三經注疏本，卷四十九，頁837，台北：藝文印書館，1985，十版。

具有政治身分之象徵。

先秦時，祭祀祖先要立「尸」，即通過卜筮來選擇一位代替祖先，坐在祖先座位上來接受祭品、享用祭品的活人。在宗廟祭祀中，「尸」是祖先神靈的象徵。例如《禮記‧郊特牲》說：「尸，神像也。」〔註18〕又《禮記‧坊記》云：「祭祀之有尸也，宗廟之有主也，示民有事也。」〔註19〕立「尸」的原因，按漢代大儒鄭玄的解釋，是因爲「孝子之祭，不見親之形象，心無所繫，立尸而主意焉。」〔註20〕在宗廟中，還設有「主」，也是象徵祖先神靈的，但他們所起的作用卻有差別。根據張鶴泉，《周代祭祀研究》之研究，在舉行宗廟祭祀的大典時，「主」是藏在宗廟中，而「尸」是在整個祭祀儀式中，象徵祖先神靈而活動。宗廟祭祀所用「尸」，都是出自同一家族，《禮記‧曲禮》曰：「禮曰：君子抱孫不抱子，此言孫可以爲王父尸。」〔註21〕又《儀禮‧特牲饋食禮第十五》云：「爲人子者，祭祀不爲尸。」〔註22〕此言尸由孫輩充任，漢人鄭玄說孫爲王父尸，「以孫與祖昭穆同也」，〔註23〕且祭男用男尸，祭女用女尸。男尸須符合同姓、嫡出等條件，女尸需是異姓者，通常由孫媳擔任。在祭祖過程中，便要向「尸」行九飯三獻等禮。周代祭祀用尸，是從原始宗教時期，遺留下來的習俗。在當時「鬼猶求食」的宗教意識支配下，需要在祭祀時，用人裝扮成祖先進行活動。雖然用尸是原始宗教的遺存，但是，卻滲入了周代社會的政治內容，成爲表現禮治的「尊尊」、「親親」內容的重要方式。〔註24〕

從祭祀物品來看，按周代禮制，大夫和士能行宗廟時祭禮儀。但是，因爲宗廟祭祀的等級差別，他們各自有祭祀祖先的專門禮儀。《儀禮》第十五、

〔註18〕 《禮記‧郊特牲》，十三經注疏本，卷二十六，頁508，台北：藝文印書館，1985，十版。

〔註19〕 《禮記‧坊記》，十三經注疏本，卷五十一（續一），頁867，台北：藝文印書館，1985，十版。

〔註20〕 《儀禮‧士虞禮第十四》，十三經注疏本，卷四十二，頁496，台北：藝文印書館，1985，十版。

〔註21〕 《禮記‧曲禮》，十三經注疏本，卷三，頁53，台北：藝文印書館，1985，十版。

〔註22〕 《儀禮‧特牲饋食禮第十五》，十三經注疏本，卷四十四，頁521，台北：藝文印書館，1985，十版。

〔註23〕 《禮記‧曲禮》，十三經注疏本，卷三，頁53，台北：藝文印書館，1985，十版。

〔註24〕 張鶴泉，《周代祭祀研究》，文津出版社，1993年5月，初版，頁158。

十六篇是《特牲饋食禮》和《少牢饋食禮》，這兩篇文字分別紀錄了不同階級之貴族如何在宗廟祭其祖禰。少牢〔註25〕饋食禮，就是「諸侯之卿大夫祭其祖禰於廟之禮。」而特牲饋食禮，則是「諸侯之士祭祖禰」的禮儀，因爲大夫和士的等級不同，少牢饋食禮和特牲饋食禮在具體的儀式上，存在著差別，如尸獻食、用鼎等方面，大夫多於士。但是，在祭祀禮儀的完成過程上來看，有多相似之處。因此，以特牲饋食禮爲例，說明大夫、士禮儀的特點。

特牲饋食禮的全部禮儀具有嚴整和完備的程序。從祭祀活動開始到結束，大致要經過（1）筮日、（2）筮尸、（3）宿尸、（4）宿賓、（5）陳鼎拜賓視濯、（6）視牲告朔、（7）尸入、（8）尸食九飯、（9）主人酳尸、（10）尸酢主人嘏、（11）主人獻眾賓、（12）佐食獻尸祝、（13）祝告利成尸出、（14）撤俎、（15）禮畢賓出等過程。所以這種禮儀表現出非常繁瑣的特點。在周代，等級制度加強的歷史條件下，這種繁瑣的儀式，正是表現奴隸主貴族宗廟之祭儀式莊重的需要。對於大夫和士來說，要實行這種繁瑣的儀式，沒有充分的經濟力量作爲保證，是決不能實現的。實際上，大夫的采邑和士的祿田，便成爲他們舉行這種宗廟之祭儀式的基礎。《禮記・王制》說：「大夫、士宗廟之祭，有田則祭，無田則薦。」〔註26〕《孟子・滕文公》說：「惟士無田，則亦不祭。牲殺器皿衣服不備，不敢以祭。」〔註27〕皆其證明。而無采邑的大夫和無祿田的士，只能採用儀式很簡單，「如朔祭」的薦禮，來表示對祖先的敬意。〔註28〕

三、藉由祭祖以祈福避禍

鬼的歸宿便是享受祭祀，在氏族社會中，人們認爲本氏族的成員死後仍屬於本氏族，因而屍體也就埋在氏族的勢力範圍內，如果對他們按時祭祀，他們不會見怪，也就不會作祟爲害人。有困難時可以請求鬼魂幫助，遇到氏族的大事也要告訴他們，甚至請他們作證、解疑。此時人與鬼魂的關係是友善的，人與鬼和諧相處。漢代許愼在《說文解字》當中，對「禮」字作了這

〔註25〕「少牢」，即一羊、一豕，即比「太牢」少一頭牛。士和庶人可用一豕。

〔註26〕《禮記・王制》，十三經注疏本，卷十二，頁245，台北：藝文印書館，1985，十版。

〔註27〕《孟子・滕文公》，十三經注疏本，卷第六上，頁109，台北：藝文印書館，1985，十版。

〔註28〕參考張鶴泉《周代祭祀研究》，台北：文津出版社，1993，頁155～160。

樣的說明：「禮，履也，所以事神以致福。」漢人的祖先崇拜除了原始巫術的遺留外，也混雜了儒教、道教、佛教的綜合思想，因而把生與死、因與果看做一回事。

祭祀的意義與作用，從《國語‧楚語下》觀射父與楚昭王的一段話可作為代表：

> 祀所以昭孝息民、撫國家、定百姓也，不可以已。夫民氣縱則底，
> 底則滯，滯久而不振，生乃不殖。其用不從，其生不殖，不可以
> 封。……天子徧祀羣神品物，諸侯祀天地、三辰及其土之山川，卿、
> 大夫祀其禮，士、庶人不過其祖。……國於是乎蒸嘗，家於是乎嘗
> 祀，百姓夫婦擇其令辰，奉其犧牲，敬其粢盛，絜其糞除，慎其采
> 服，禋其酒醴，帥其子姓，從其時享，虔其宗祝，道其順辭，以昭
> 祀其先祖，肅肅濟濟，如或臨之。於是乎合其州鄉朋友婚姻，比爾
> 兄弟親戚。於是乎弭其百苛，殄其讒慝，合其嘉好，結其親暱，億
> 其上下，以申固其姓。上所以交民虔也，下所以昭事上也。〔註29〕

四、民間家禮普及之由來

秦朝以降，在中原地區舉行祭禮時不再由「尸」來代替亡靈，而是改用木制的神主。各級官員大多可以建造家廟，士人和庶人則仍「祭於寢」。根據馮爾康《中國宗族社會》之研究，中國的宗族組織有逐漸民眾化的趨勢，使得民間祭祖習俗也隨之有了大幅度的調整。中國宗族組織最初民眾化時期是在漢至隋唐時期，這時期皇族實際地位下降，受分封之皇室宗族已不若周代以前的貴族享有政治實權，不能享有封地、管理民事，分封不行，大小宗法制失去作用，政治僅剩繼承權方面實施嫡長制，保存宗法的原意。對著皇族而言，其他世族、士族以下的宗族，都是民間宗族，可以蓋稱為「素族」，由於皇族地位降低，相對而言素族地位上升，這時候開始出現足以與皇室力量匹敵的世族宗族，這時的宗族不再為基本上是貴族的社會群體，有了一定的民眾性；同時由於世族勢力強大，皇族不便於干涉世族內部事務，使得世族擁有更多自主權。在這段時期，宗統與君統分離，即族權與君權分離，皇權為取得世族的支持，實施對士族出仕有利的九品中正制，為此修纂宗族譜牒，形成官修譜書的黃金時期，藉由譜牒的修訂，可以收攏族人，使宗族成員的

〔註29〕左丘明著，韋昭注，《國語》，台北：宏業，1980，頁567。

關係得以明確界定；同時爲了使宗族關係穩定，以訓育族中子弟爲主題的著作開始普遍，如《顏氏家訓》、《韋氏家傳》、《何顒使君家傳》、《明氏家訓》、《誡林》、《王氏江左世家傳》等，這些家儀、家禮之書，對於日常生活諸禮頗多約束。

由於世族力量的龐大，干預皇室的政治實權，故到了唐代，朝廷提出科舉取仕的途徑，企圖開啓一批新的官僚來源，以改變原本壟斷官僚來源的世族。該制造成原權貴世族逐漸沒落或優勢不再，原因係新的科舉制度拔擢文武官員，造成平民百姓只要考取功名，也有機會晉升貴族階級〔註 30〕，而科舉取試讓平民百姓也有機會進入官場，正所謂「十年寒窗無人問，一舉成名天下知」，平民也有機會在朝廷上出將入相，也因掌權者迅速興替，士大夫很少能世襲爵位，因而缺乏建造和維持家廟的經濟力量。〔註 31〕故自唐代開啓平民入仕之機會，民間與官方的隔閡逐漸縮短，肇始宋元時期民間宗族的興起。

在唐末安史之亂以後，北方許多士族南渡，人口遷移造成譜牒散失、宗族散佚，故至宋代政治社會環境穩定以後，宗族組織又重新開始發展，多以曾任官職的族人爲首，行敬宗、收族、睦族之行爲，尤以范仲淹所提出的義田制度聞名。由於收族之需，用以證明身分與血緣關係之譜牒再度受到重視，這個時期對於族譜的修訂，則以民間爲主，歐陽修與蘇東坡均曾對族譜修訂之方式提出過建議。

而宗族之精神象徵便是祭祀祖先。儘管到北宋時宋仁宗允許文武官員立家廟，但是史料上幾乎不見相關成效之記載。於是，庶人們在「影堂」中祭祖的方式，受到士大夫的關注。這些庶人在家中的正寢即正廳中懸掛祖先的遺像，並在遺像前舉行祭祀儀式，故而這些正廳便被稱做影堂。此時的士大夫就擇一廳堂專做影堂，無事時關閉，從而化繁爲簡，以影堂取代家廟（圖 2-2）。北宋司馬光在《家儀》中談論祭祖該有的儀節時，即是以影堂爲主要祭祀場所。

南宋以後，由於藉血緣關係以約束族眾已成爲迫切的需要，朱熹另闢蹊徑，改用「祠堂」作爲家族祭祀地點，並在《家禮》中確立祠堂之祭祀制度，

〔註 30〕參考馮爾康等著，《中國宗族社會》，浙江人民出版社，1994。
〔註 31〕此爲宋代義莊或祭田等制度迅速普及之背景因素，因爲宗族爲達到保族之理想，故產生有力者（如官僚或權貴人士），倡議建立族產制度（如義田或祭田等形式），以贍族、睦族、收族，最重要者還可以宗族力量支持或栽培族人在仕途上有所發展，以維持宗族之優勢。

對明清以後的宗族社會，尤其江南地區，造成深刻的影響，〔註32〕詳細內容
另述於後文。

圖2-2　清代・真容圖

圖說：迄今尚未發現古代影堂的圖畫，該幅畫為清代中期作品，
其內容描繪在已故的父親或祖父之生日，後裔在廳堂中掛
起先人之畫像，隨後在畫像前舉行祭祀儀式。近似明清以
前的影堂。

資料來源：《清俗紀聞》，大立出版社，頁505。

〔註32〕朱熹放棄家廟這一名稱，一方面因為「古之廟制不見於經」，還因士、庶人等
身分，無論是在周代還是當代，都不具備建造宗廟或家廟之資格，故以祠堂
為名，即可繞開障礙，建造祠堂，在祠堂中祭祀祖先。參考自費成康《中國
家族傳統禮儀》，上海社會科學院出版社，2003，頁7。

　　在討論朱熹《家禮》的規劃前，筆者先針對該書成立時代背景做一補充說明：宋代理學發達，儒者們在探討的過程中發現維繫中國的人倫體系最好的方式就是「禮」，因為藉由儀式可順利轉化連結各種關係；又為實踐「身修、家齊、國治、天下平」的大道，宋理學家除了強調自身的修養外，也將焦點著重在家族，如生與死、祖先與子孫、婚姻的結合、親子關係、家庭禮儀等，如何透過禮的實踐，使家族穩定，以致國治、天下平的廣大目標，便成為儒者們思考的重點；再者，因為范仲淹提倡義田制度，該制被視為保持家族永遠存續的重要方法，許多家族紛紛仿效范氏家族設立族產，並在族譜中聲明相關之規範；因此兩宋期間，許多儒者紛紛藉由制定家規、家訓、家禮來教導子孫實踐禮的方法，從《宋史‧藝文志》當中，可以看到許多相關著作（參考表2-1、2-2）。其中朱子制定之《家禮儀節》，在明清以後引起相當廣大的迴響，筆者將於第二節以下論述之。

表2-1　《宋史‧藝文志》中所記載與家訓、家禮

	書　名	卷　數	作　者
1	魏公家傳	三卷	范質
2	胡氏家傳錄	一卷	胡剛中
3	河南劉氏家傳		劉唐老
4	范祖禹家傳	八卷	范仲
5	古今家誡	二卷	孫景修
6	續家訓	八卷	董正工
7	韓忠獻公家傳	一卷	韓庚卿
8	談氏家傳	一卷	談鑰
9	李氏家傳	三卷	李復圭
10	韓琦家傳	十卷	韓正彥
11	章氏家傳	一卷	章邦傑
12	涑水家儀	一卷	司馬光
13	家範	十卷	司馬光
14	家禮	五卷	朱熹
15	北山家訓	一卷	不詳
16	誡子拾遺	十卷	柳玭
17	示兒編	一部	孫奕

18	家戒	一卷	黃訥
19	白氏家傳記	二二卷	不詳
20	童蒙訓	三卷	呂本中
21	蒙訓	四四卷	王應麟
22	弟子職女誡鄉約家儀鄉儀	一卷	張時舉
23	尊幼儀訓	一卷	李宗思
24	家說	十卷	項安世
25	石林家訓	一卷	葉夢得
26	戒子通錄	八卷	劉清之
27	放翁家訓	一卷	陸游著
28	袁氏家訓	三卷	袁采著
29	眞西山教子齋規	一卷	眞德秀
30	家訓筆錄	一卷	趙鼎著

資料來源：筆者整理自林春梅《宋代家禮、家訓的研究》，碩士論文，1991 年 8 月。

上表之第 26 項《戒子通錄》五卷至七卷，所收錄皆爲宋人戒子孫之家訓、家規，其作者及篇章次第如下：

表 2-2　《戒子通錄》五卷至七卷收錄宋人戒子孫之家訓、家規

	篇　　　名	作　　　者
1	范魯公戒從子孫	范質
2	皇考戒	柳開
3	戒子言	高瓊
4	戒子第言	王旦
5	家訓	楊億
6	唐質肅	唐介
7	晏元獻與兄書	晏殊
8	戒子孫	賈昌胡
9	杜正獻責弟書	杜衍
10	范文正	范仲淹
11	韓忠獻戒子姪詩	韓琦
12	歐陽文忠書示子	歐陽修
13	與子書	韓億
14	示子書	王禹偁
15	名二子說	蘇洵

16	庭戒	宋祁
17	胡翼之遺訓	胡瑗
18	邵康節戒子孫	邵雍
19	蘇丞相訊子孫詩	蘇頌
20	訓子孫文	司馬光
21	家庭談訓	梁燾
22	唐子滂	唐子滂
23	張太史	張耒
24	家戒	黃庭堅
25	張無盡	張商英
26	鄒忠公	鄒浩
27	唐既	唐既
28	關澮	關澮
29	戒子弟書	范純仁
30	江端友	江端友
31	陳師德	陳定
32	張忠獻遺令	張浚
33	胡文定	胡安國
34	送終禮	高閌
35	教子語	家頤
36	示子辭	何耕
37	童蒙訓	呂本中
38	辨志錄	呂祖謙

資料來源：筆者整理自林春梅《宋代家禮、家訓的研究》，碩士論文，1991 年 8 月。

第二節　朱子《文公家禮》對明清時期閩台地區的影響

一、《文公家禮》對祭祖習俗之規定

　　宋代儒學復興運動中，禮是其中一個重要項目，理學家皆重禮，朱熹 〔註33〕

〔註33〕朱熹（1130～1200），字元晦，又字仲晦，號晦庵，又號晦翁，諡文，世稱朱
　　　　文公。生於南宋高宗建炎四年，卒於寧宗慶元六年，享年七十一。朱子原籍

更是禮學大師，從表 2-1 之所統計之家禮、家訓著作，更可知朱熹製作家禮並非偶然，乃該時代之風氣。在其制定家禮之前，以司馬光《涑水家儀》、《家範》或二程所發表與禮相關之談論，最為受人重視，朱熹即相當留心，並在文章中提出他的見解：

1. 橫渠所制禮，多不本諸儀禮，有自杜撰處，如溫公卻是本諸儀禮，最為是古今之宜。

2. 二程與橫渠多是古禮，溫公則大概本禮儀，而參以今之可行者，要之溫公較穩，其中與古不甚遠，是人八分好。〔註34〕

3. 溫公之說亦適時宜，不必過泥古禮，即且從俗，亦無甚害，且從溫公之說，庶幾寡過。大抵今士大夫家，只當且以溫公之法為定，伊川考之未詳。〔註35〕

朱熹為學，大抵「窮理以致其知、反身以踐其實」而以居敬為主，對禮有深入的研究，故認為橫渠不免出之杜撰，二程不免泥古，推崇司馬溫公之說，因溫公的禮能做到適時宜，不泥古。按朱子《家禮・序文》所述，其上探《儀禮》以窮究古禮之源，並通以古今之宜，從司馬溫公《書儀》加以改革，並斟酌採用時人之意見，如昏禮亦參考二程之意見、祔遷則取橫渠等。

（一）朱子《文公家禮》之版本

據錢賓四先生之考證，朱熹自十七八歲起就有考訂家禮的企圖，〔註36〕如《朱子語類》言：

某自十四歲而孤，十六歲而免喪。是時祭祀，只依家中舊禮，禮文雖未備，卻甚齊整。先妣執祭事甚虔。及某年十七八，方考訂得諸家禮，禮文稍備。〔註37〕

安徽婺源，而生於福建，先僑寓崇安，晚年居建陽，後世稱其學曰閩學。一生研究領域涉及哲學、倫理、歷史、政治學、文字學、文學理論等等，其將《論語》、《孟子》、《大學》、《中庸》合稱為四書，對後世影響最大，成為學生啟蒙教育和科舉考試的必讀書，影響極大。學生將其言行編《朱子語類》一書，成為研究朱熹思想重要資料。

〔註34〕朱子這二則評論收錄於〔宋〕黎靖德編，《朱子語類》，卷八十四，台北：文津書局，1986。

〔註35〕收錄於《朱文公文集》，卷六十四，四部叢刊集部，明嘉靖本元書板，台灣商務印書館，1981。

〔註36〕錢穆，《朱子新學案》第四冊〈朱子之禮學〉，台北：三民總經銷，1971，頁171。

〔註37〕〔宋〕黎靖德編，《朱子語類》卷九十，〈禮七──祭〉，台北：文津書局，1986，

　　故朱子制訂之《家禮》，根據序文表示：「三代之際禮經備矣，然其存於今者，宮廬器服之制、出入起居之節，已不宜於世，世之君子雖或酌以古今之變，更爲一時之法，然亦或詳或略，無所折衷，至或遺其本而務其末，緩於實而急於文，自有志好禮之士，猶或不能舉其要而困於貧窶者，尤患其終不能有以及於禮也，熹之愚，蓋兩病焉，是以嘗獨究觀古今之籍，因其大體之不可變者，而少加損益於其間，以爲一家之書。」〔註38〕故其製作《家禮》係本於古人修身齊家之道、愼終追遠之心，目的使家庭日用常禮之禮文制度合宜完備，且因時制宜、不泥古。全書分爲五卷，卷一通禮、卷二冠禮、卷三婚禮、卷四喪禮、卷五祭禮。但遺憾的是，今日已難見宋版之《家禮》，後代對朱子《家禮》的了解，主要是藉由明代成化年間丘濬〔註39〕編輯考證而成之《文公家禮儀節》八卷，較諸原本尤廣用於世，以邱濬所編之《文公家禮儀節》來看，今日常見之版本有：

　　（1）明成化己亥（十五年、1479）刊本，馮善輯。
　　（2）明弘治庚戌（三年、1490）順德知縣吳廷舉刊嘉靖己亥（十八年、1539）修補本。
　　（3）明正德戊寅（十三年、1518）常州重刊本。
　　（4）明萬曆戊申（三十六年、1608）常州府推官錢時刊本。

　　這些版本按丘濬之編輯，分爲八卷：卷一通禮、卷二冠禮、卷三昏禮、卷四～卷六喪禮、卷七祭禮、卷八家禮雜儀。內容基本上幾乎完全相同。

　　須知今人對朱子家禮之認識，幾乎是藉由丘濬編輯之《文公家禮儀節》，然而根據丘濬之序文，可知其編輯時，亦考證參酌不少相關之禮儀規定，其使用資料時代跨先秦至明代〔註40〕，故今日所見之《文公家禮儀節》內容，並非僅對朱子之規定作集節，亦非全然宋代朱熹制定時之面貌，筆者認爲丘

　　　　頁2316。
〔註38〕《文公家禮儀節》，〔宋〕朱熹注，〔明〕邱濬編，序文，北京大學館藏明正德十三年常州府刻本影印。臺南縣柳營鄉：莊嚴文化，1997。
〔註39〕丘濬，生年不詳，卒於明弘治八年，官至禮部尚書兼文淵閣大學士。按其《文公家禮儀節》自序，該書完成於明成化十年。
〔註40〕筆者羅列丘濬所列之引用書目：《儀禮》、《儀禮註疏》、《儀禮經傳通解》、《禮記》、《禮記註疏》、《周禮》、《春秋左氏公羊傳》、《白虎通》、《漢書》、《開元禮》、《郭氏葬經》、《政和五禮》、《古今家祭禮》、《溫公書儀》、《韓魏公古今祭式》、《三家禮》、《呂汲公家祭儀》、《宋朝文鑑》、《程氏遺書》、《晁氏客語》、《文公大全集》、《楊氏附註》、《劉氏增註》、《應氏家禮辨》、《義門鄭氏家儀》、《御製孝慈錄》、《聖朝稽古定制》、《御製性理大全書》、《大明集禮》。

濬在詮釋朱子家禮時亦反映了若干明代祭祀狀況。

是以清代乾隆庚寅年後人重新刻印丘濬所編輯《文公家禮儀節》,將之命名為《邱公家禮儀節》,全書重新排版,基本上係以明代丘濬編撰之內容為主體,並參考明代民間實際祭拜情形,作補充說明,內容一樣分為八卷,不過改為卷一通禮、卷二冠禮、卷三昏禮、卷四〜卷七喪禮、卷八祭禮,將原本卷八之「家禮雜儀」,按前七卷相關之內容分散於其中。該版本一樣以丘濬為作者名,其刻版由寶敕樓所藏。

除此之外,受到儒學影響的韓國與日本,也有留下《文公家禮》一書,舉隅如下:

> (1)《家禮》八卷,日本慶安元年(1648),風月宗知刊本。
>
> (2)〔朝鮮〕芝山氏、金堉,《家禮考證》七卷,清順治三年(仁祖二十四年,1648),朝鮮閔應協刊本。
>
> (3)〔日〕室直清,《文公家禮通考》一卷。
>
> (4)〔朝鮮〕金長生,《家禮輯覽》,十卷、圖說一卷,清康熙二十四年(1685)朝鮮刊本。

根據盧仁淑《文公家禮及其對韓國禮學之影響》之研究,其認為文公《家禮》在中國所發生之影響,實未若韓國之深遠。當韓國李朝之時,士大夫始終謹守此書,奉為圭臬,在李朝時代還出現為數不少的《家禮》群書,如光海君時,沙溪金長生所著《家禮輯覽》,即為其中之經典之作。〔註41〕

筆者藉由比對明代弘治、正德、萬曆年間的三種版本,以及清代重編之《邱公家禮儀節》、〔日〕室直清著《文公家禮通考》,針對祭祀祖先之相關儀節作整理,並參考時人之相關研究作補充性說明於後文。

(二)《文公家禮》對祭祖禮儀之規劃

由於朱子撰寫《家禮》之目的,係為規範庶人行祭祀該有之禮儀,其內容從場所、時間、成員、儀節、陳設等均做了詳細的描寫,筆者根據其目的與作用整理條列如下:

1. 祭祀場所 —— 祠堂

作為中國傳統文化的特殊產物,祠堂至遲出現於漢代,並非始見於南宋。

〔註41〕盧仁淑《文公家禮及其對韓國禮學之影響》,師範大學國文研究所博士論文,1983,頁415。

例如《漢書・列傳・霍光》之記載：「光薨，上及皇太后親臨光喪。太中大夫任宣與侍御史五人持節護喪事。……諡曰宣成侯。發三河卒穿復土，起冢祠堂，置園邑三百家，長丞奉守如舊法。」〔註42〕《舊唐書・本紀・太宗下》：「十九年春二月庚戌，……贈殷比干爲太師，諡曰忠烈，命所司封墓，葺祠堂，春秋祠以少牢，上自爲文以祭之。」〔註43〕不過，直至南宋初期，祠堂或建於墓地，係用以紀念名宦、名賢，自朱熹以後則成爲家族之祭祀場所名稱，根據朱熹在《家禮》設計的制度，「君子將營宮室，先立祠堂於正寢之東。」按丘註：「正寢即廳堂也，凡屋之制不問何向背，但以前爲南、後爲北，左爲東、右爲西後做此」，〔註44〕這種祠堂稱爲「家祠」，以別後世更爲常見的由各家族建造的「宗祠」。

　　根據朱子之規定：「祠堂制三間或一間，正寢謂前堂也。」參考圖2-3與圖2-4。祠堂爲三間制時，外爲中門，中門外爲兩階三級，東曰阼階、西曰賓階，階下隨地廣狹以屋覆之，令可容家眾敘立；又爲遺書衣物祭器庫及神廚於其東繚以周垣別爲，門常加侷閉。

圖 2-3　祠堂三間制

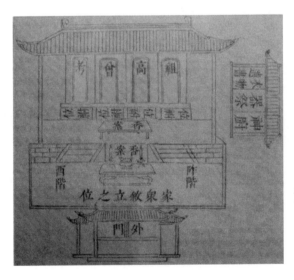

資料來源：《丘公家禮儀節》，
　　　　　〔明〕邱濬重編加
　　　　　註，卷一，乾隆庚寅
　　　　　年重修版。

〔註42〕《漢書》，二十五史，卷六十八，頁2948，台北：藝文印書館，1962。
〔註43〕《舊唐書》，二十五史，卷三，頁57，台北：藝文印書館，1962。
〔註44〕《丘公家禮儀節》，〔明〕邱濬重編加註，卷一，乾隆庚寅年重修版，頁123，台北：新文豐出版社，1996。

　　若家貧地狹則只為一間，不立廚庫，而東西壁下置立兩櫃：東藏祭器（表2-3），並曰「隨其合用之數，皆具貯而封鎖之，不得他用，不可貯者列於外門之內。」、西藏遺書衣服（圖2-4）。

表2-3　祠堂祭器清單

椅	桌子	牀	席	香爐	香盒
香匙	燭檠	茅沙盤	祝版	环珓	酒注
盞盤	盞	茶瓶	茶盞并托	椀	楪子
匙	筯	酒尊	玄酒尊	托盤	鹽盤并架
帨巾并架	火爐				

資料來源：《文公家禮儀節》，〔宋〕朱熹注，〔明〕邱濬編，卷一，北京大學館藏明正德13年常州府刻本影印。

圖2-4　祠堂一間制

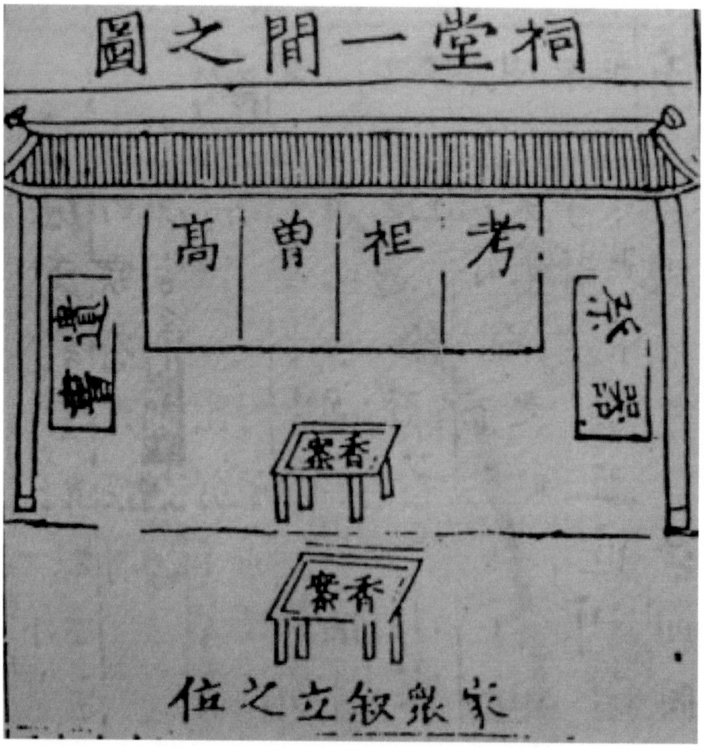

資料來源：《文公家禮儀節》，卷一，明弘治庚戌（三年、1490）
　　　　順德知縣吳廷舉刊嘉靖己亥（十八年、1539）修補本。

　　比較上面兩幅圖 2-3 祠堂三間制，與圖 2-4 祠堂一間制，須注意的是，比較左右圖之四龕列主位次，按朱子之規定，西爲上，由西而東，按高曾祖考四世順序安放，而左圖三間制的祠堂，係清代所刻畫，其祠堂內部格局如同朱子家禮之規定，但是神主列次按明代之普遍習俗，改爲依昭穆序列，高祖居中東第一龕、曾祖居中西第一龕、祖居近東壁一龕、禰居近西壁一龕。

　　朱熹認爲祠堂是一家一族之中心所在，命脈存續的象徵，故曰：「或有水火盜賊，則先救祠堂、遷神主遺書、次及祭器，然後及家財。」通禮餘註「凡祠堂所在之宅子孫世守之，不得分析。」〔註45〕

2. 祭祀對象──四世祖與旁親班祔

　　按朱熹之規劃，家祠可以是三間，以可以是一間，不論三間或一間，家祠之內，於北面隔爲四區，其內各設一龕，以奉高曾祖禰四代，龕中置藏著神主的神櫝、龕外垂布爲簾。在每個龕前各置一桌，或在四個龕前共置一桌，在家祠的東階（即阼階）和西階之間，設一香案，上置香爐、香盒等（圖 2-3 左）。

　　筆者在此要強調的是，根據朱子之規劃，祠堂神主位次由西到東依序排列高曾祖禰四世（參考圖 2-3 右圖），在明代出版的《文公家禮儀節》中可尚可見丘濬對之註解，云：「祠堂之內以近北一架爲四龕，大宗及繼高祖之小宗，則高祖居西、曾祖次之、祖次之、父次之；繼曾祖之小宗則不敢祭高祖，而虛其西龕一；祭祖之小宗則不敢祭曾祖而虛其西龕二；祭禰之小宗則不敢祭祖，而虛其西龕三。若大宗世數未滿，則亦虛其西龕如小宗之制。非嫡長子則不敢祭其父，若與嫡長子同居則可，而後其子孫爲立祠堂於私室，且隨所繼世數爲龕，俟其出而異居，乃備其制，若生而異居，則預於其地立齋以居，如祠堂之制，死則因以爲祠堂。」〔註46〕即小宗不可僭宗。

　　然位次安放之方式，在明代循昭穆之制，更爲「高祖居中東第一龕、曾祖居中西第一龕、祖居近東壁一龕、禰居近西壁一龕」。根據清代之《丘公家禮儀節》，其特對此改變做了一番說明：「按《大明會典・祠堂》圖下云：朱子祠堂神主位次以西爲上，自西遞列而東，豈不知左昭右穆之義哉，然朱子

〔註45〕《文公家禮儀節》，〔宋〕朱熹注，〔明〕邱濬編，卷一，北京大學館藏明正德十三年常州府刻本影印。臺南縣柳營鄉：莊嚴文化，1997。

〔註46〕《文公家禮儀節》，〔宋〕朱熹注，〔明〕邱濬編，卷一，北京大學館藏明正德十三年常州府刻本影印。臺南縣柳營鄉：莊嚴文化，1997。

明謂非古禮,特以其時宋太宗皆然,嘗欲獻議而未果。家禮之作□從前制,故我 聖祖大廟之制出自獨斷、不沿於舊,可謂酌古準今,得人心之正者矣。故今品官士庶祭祀遵用時制,奉高祖居廟中第一龕、曾祖而下則以次而列,故更列立位次於右。」〔註47〕

族中之旁親則班祔於祭,朱子曰:「伯叔祖父母祔於高祖、伯叔父母祔於曾祖、妻若兄弟若兄弟之妻祔於祖、子姪祔於父,皆西向上檜,並如正位而略小。(或不用檜列主於龕之兩旁,男左女右亦可,祔殤亦如之。)」丘註:「姪之父自自立祠堂則遷而從之。程子曰無服之殤不祭,下殤之祭終父母之身(八歲至十一歲下殤),中殤之祭終兄弟之身(十二歲至十五歲爲中殤),長殤之祭終兄弟之子之身(十五至十九爲長殤),成人而無後者其祭終兄弟之孫之身,此皆以義起者也。」

3. 大宗小宗制

按朱熹提出大小宗之別,有別於周代大宗小宗之制,根據《文公家禮儀節·宗法考證》:「大宗一小宗四,承大宗者身繼五宗,禰之次子身事四宗,有大宗則事五宗。」又云:「別子爲祖;別子者,爲諸侯適子之弟,別於正適也;爲祖者,別與後世爲始祖也。繼別爲宗:謂別子之適長子,繼別子與族人爲百世不遷之宗也。繼禰者爲小宗:爲別子之次子,以其長子繼已爲小宗,而其同父兄弟宗之也。有百世不遷之宗:宗其繼別子者足也是謂大宗。有五世則遷之大宗:大宗則一,小宗有四,有繼禰之小宗,則同父兄宗之,有繼祖之小宗,則同堂兄弟宗之,有繼曾祖之小宗,則再從兄弟宗之,有繼高祖之小宗,則三從兄弟宗之,至於四從則親屬盡絕,所謂五世則遷者也,是謂小宗。」〔註48〕 參考表2-4。

故同宗之族人,只有祭拜始祖之祠堂爲大宗祠堂,其餘皆爲小宗祠堂,然而小宗祠堂五世則遷之原則並未被詳實遵守,通常有功名之先人,或是遷移之祖,即獨立遷出建祠奉祀。

〔註47〕《丘公家禮儀節》,〔明〕邱濬重編加註,卷一,乾隆庚寅年重修版,頁124,台北:新文豐出版社,1996。

〔註48〕《文公家禮儀節》,〔宋〕朱熹注,〔明〕邱濬編,卷一,北京大學館藏明正德十三年常州府刻本影印。臺南縣柳營鄉:莊嚴文化,1997。

表 2-4　大宗小宗制

禰	祖	曾祖	高祖	始祖
所生	傳至	傳至	傳至	初有封爵者為始祖 始遷及
子為祭禰小宗	孫為祭祖小宗	曾孫為祭曾祖小宗	玄孫為祭高祖小宗	長子繼之
統親兄弟 主禰廟祭	統從兄弟 主祖廟祭	統再從兄弟 主曾祖廟祭	統三從兄弟 主高祖廟祭	世世　子孫 為大宗 統族人 主始祖墓祭
至玄孫	至曾孫	至其孫	至其子	百世不遷
五世則遷	五世則遷	五世則遷	五世則遷	

資料來源：《文公家禮儀節》，明弘治年間版本。筆者重製。

4. 依祭祀目的區分

按朱子《文公家禮儀節》敘述，祭祀祖先之禮儀，分為：（1）日常禮儀、（2）冠禮、（3）婚禮、（4）喪禮、（5）祭禮這五大類。隨祭祀主題不同而實施不同之儀節。利用各種祭祀儀式，向先人請安、報告族中大小事、祈福、以及向祖先表達感謝之意。

以日常禮儀來看：每日夙興「主人晨謁於大門之內」、凡出入必告於祠堂、每逢「正旦冬至及每月朔望」、遇「俗節則獻以時食」、家中大事如子孫中舉、譴子入學、應試即行告禮；生子之大事便行見廟之禮。

另外冠禮、婚禮、喪禮皆訂有詳細的儀節內容，由於祭祖係人與祖先之

溝通，故透過祠堂祭祖，向祖先報告家中成員狀況，所以行冠禮之目的除了向祖先秉告家中男子成年，亦有藉由該儀式，提醒成年人身爲家族成員該負擔之責任與義務。而婚禮當中最重要的就是「三日主人以婦見於祠堂」，該儀式透過向祖先報告，代表家族增添新成員，以及對這段關係之認可；喪禮則是亡者加入被祭祀先人行列的轉換儀式，透過一連串的儀式，引導亡者走向享祀者的行列。

祭禮之中，四時之祭最重要，遇時祭需先卜日已決定祭祀時間，祭祀前需齋戒三日，祭後還會行餕禮，由主人監分祭胙，分享親友，以示受祖先之福飲。

朱熹亦規定祭祀時，依祭祀主題宣讀祝文或告辭，按其祝版式之設計，「用木板一方長一尺高五吋，以紙書祝文黏於其上，臨祭置於酒注桌子上，讀畢置於案上香爐之左，祭畢則揭而焚之，留版。凡祭倣此。」基本上祝文也有一定格式，按明代《文公家禮儀節》之規定，祝文按時間、報告者、報告對象、報告內容之順序向祖先秉報，其基本格式如表 2-5 所示。

表 2-5　拜官祝文

```
維
年歲次　月朔　日孝玄孫（某）（官）（姓名）敢昭于
顯高祖考（某）（官）封（某）府君
顯高祖妣（某）（官）封（某）氏
顯曾祖考（某）（官）封（某）府君
顯曾祖妣（某）（官）封（某）氏
顯祖考（某）（官）封（某）府君
顯祖妣（某）（官）封（某）氏
顯考（某）（官）封（某）府君
顯妣（某）（處）（某）（官）封（某）氏
先授（某）訓獲霑祿位餘慶所及不勝感慕謹以酒果用伸虔告謹告　（某）以　年　月　日蒙恩
```

資料來源：《文公家禮儀節》，〔宋〕朱熹注，〔明〕邱濬編，卷一，京大學館藏明正德 13 年常州府刻本影印。

表2-5為拜官祝文，若遇官職貶降，則將「（某）（處）（某）（官）奉承　先訓獲霑祿位餘慶所及不勝感慕謹以酒果用伸虔告謹告」改云：「（某官）荒墜先訓惶恐無地謹以酒果用伸虔告謹告」。

此外報告者與報告對象，視其關係而稱謂，於皇高祖考、皇高祖妣自稱孝玄孫；於曾祖考妣自稱孝曾孫；於皇祖考妣自稱孝孫；於皇考妣自稱孝子。有關封諡則皆稱之，無則以生時行第稱號加於府君之上妣曰某氏夫人。又凡自稱非宗子，不言孝。丘濬另外加註一段文字說明明代之用法：「按家禮舊本於高曾祖考妣上，祖加皇字，今本改作故字，故字近俗，不如用顯字，蓋皇與顯皆明也，其義相通；又按無官者妣曰某氏夫人，蓋婦人稱夫人，猶男子之稱公也，今制二品方得封夫人，宜如俗稱孺人。」

5. 祭田制度

祭田之制始自朱子之倡導，其云「計見田每龕取其二十之一，以為祭田。」按照朱熹之規定，每龕設其祭田，以供祭祀之需，在五世親盡之後，則以為墓田。按其原意，祭已死之祖先之神主於祠堂內之龕，以其現有田之二十分之一為其祭田，祖先之親盡時，將神主自龕內撤去，同時並將其祭田變為墓田。依朱子之用語例所指之祭田，乃專指用於祭祀祠堂之田者，祭墓之田，僅呼為墓田，以示區隔。

朱熹提倡之祭田制度，原意係讓族人從事祭祖之需可以永遠自給自足，後代宗族將祭田制度與義田制度相結合，除了祭祀所需外，亦撥作撫育族人之相關用途，祭祖也成為凝聚族人相屬之意識之重要媒介。

二、《文公家禮》在明清時期之變異

祠乃祖宗神靈所依，墓乃祖宗體魄所藏，子孫思祖宗不可見，見所依所藏之處，即如見祖宗一樣。朱子家禮立祠堂以祭祀祖先之習慣，流傳到元代，根據《新校本元史・列傳》之記載，鄭文嗣（鄭大和）：

> 大和方正，不奉浮屠、老子教，冠昏喪葬，必稽朱熹家禮而行執。
> 親喪，哀甚，三年不御酒肉，子孫從化，皆孝謹。雖嘗仕宦，不敢
> 一毫有違家法。諸婦唯事女工，不使預家政。宗族里閭，皆懷之以
> 恩。家畜兩馬，一出，則一為之不食，人以為孝義所感。有家範三
> 卷，傳于世。〔註49〕

〔註49〕《元史・列傳・孝友》，二十五史，卷一百九十七，頁4452，台北：藝文印書

又以累世同居有名之浦江鄭氏家規之第一條載稱：「立祠堂一所，以奉先世神主，出入必告正，至朔當必參，俗節必薦時物，四時祭祀，其儀式竝尊文公家禮，然各用仲月，望日行事，事畢更行會拜之禮。」

其第五條所載之：「撥常稔之田一百五十畝（世遠逐增），別畜其租，專充祭祀之費，其田卷，印義門鄭氏祭田六字，字號步畝，亦當勒石祠堂之左，俾子孫永遠保守，有言質鬻者，以不孝論。」〔註50〕

即是，因文中謂其立祠堂一所，祭祀儀節如：出入必告正，至朔當必參，俗節必薦時物，四時祭祀等，其儀式遵從文公家禮之規定而執行，故祠堂之建立及祭田之設置，似仍係倣朱子之法。然根據「以奉先世神主」而非四世先主之差異，可以推測鄭氏祠堂所祭者，並非止於高祖，而爲先世，祭田亦非爲個別的而爲共同的。

（一）祭祀對象不以四世爲限

承上所述，從元代開始祠堂之祭祀對象，已未完全遵照朱熹所定之規定，非以祭祀高祖以下之神主爲限，而以先世，不計世數皆祭拜，此乃受宋代另一位學者程伊川之影響。

在朱熹更早之前，北宋程伊川對於祭祀對象已提出應祭祀始祖之看法，彼主張：「祭先之禮，不可得而推者，無可奈何，其可知者，無遠近多少，猶當盡祭之祖，又豈可不報，又豈可厭多，蓋根本在彼，雖遠豈得無報。」〔註51〕

程伊川祭始祖之說，在明代得到許多支持，對於四世以上之先祖加以祭祀，據明王圻考證，程伊川之祭始祖說，因夏言於明嘉靖十五年之上奏，經朝廷承認，凡天下臣民悉得祭始祖以下歷代之祖先，不過僅禁踰分立廟而已。夏言於上奏文中稱：「天下臣民，冬至日得祭始祖，臣按，宋儒程頤嘗修六禮大略，家必有廟，庶人立影堂，廟必有主，月朔必薦新，時祭用仲月，冬至祭始祖，立春祭先祖，至朱熹纂集家禮，則以爲始祖之祭近於逼上，乃刪去之，自是士庶家，無復有祭始祖者，臣愚以爲，三代而下，禮教衰，風俗敝，衣冠之族，尚忘報本，況匹庶乎？程頤爲是緣情而爲權宜，以設教，事逆而

館，1962。

〔註50〕有關鄭氏家規之內容，引自清水盛光《中國族產制度考》，中華文化出版事業委員會，1956，頁84。

〔註51〕《二程全書》，卷十七，遺書、伊川先生語第三，四部備要，子部，據江寧刻本影印，臺北市：臺灣中華，1966，臺一版。

意順者也。故曰，人家能存得此等事，雖幼者可使漸知禮義也。且禘五年一舉，其禮最大，此所謂冬至祭始祖者，乃一年一行，酌不過三，物不過魚黍羊豕，隨力所及，特時祭常禮等耳。禮不與禘同，朱熹以爲僭而廢之，亦過矣。爾者面奏前事，伏蒙聖諭，人皆有所本之祖，情無不同，此理當通於上下。惟禮樂名物不可僭，擬是爲有嫌，奈何不令人各得報本追遠邪？大哉皇言，至哉皇心，非以父母天下爲王道者，不及此也。伏望，皇上詔令，天下臣民，得如程子之議，冬至祭厥初生民之始祖，立春祭始祖以下高祖以上之先祖，皆設兩位於其席，但不許立廟以論分，庶皇上廣錫類之孝，臣下無禘祫之嫌，愚夫愚婦得盡追遠報本之誠矣。」〔註52〕

對於程子之祭始祖說，明清學者亦有所批評，認爲應祭祀之始祖須限制於始遷祖或始封爵者之意見頗爲盛行。如明方孝孺在《遜志齋集》中即表示：「立祠，祀始遷祖。」〔註53〕並謂「爲始遷祖之祠，以維繫族人之心。」〔註54〕

清之秦蕙田亦支持祭「始遷祖」之主張，其在《五禮通考‧吉禮》中指出：「按程子有始祖先祖之祭，朱子以其僭而廢之是也。竊嘗思之，古今異宜，其禮當以義起，程子所云厥初生民之祖者，理屬渺茫，於經無據，若今人家之始祖，其義與宗法之別子同者，故當祭也。何則，古之所謂始祖者，在諸侯則始封者也，在大夫則別子也，別子有三，後世封建不行，則爲有國之始祖者寡矣。然有大功勳至王公者，雖無土地，宜與古諸侯等，則其子孫宜奉爲始祖而祭之矣。又後世天下一家，仕宦遷徙，其有子孫繁衍而成族者，則始至之人，宜爲始遷之祖，與古別子之公子，自他國而來者無異，是亦宜奉爲祖而祭之矣。若崛起而爲公卿者，雖不可同於諸侯，亦宜與古之九命八命七命者等，其子孫奉爲始祖，亦與古人別子之義相合。」〔註55〕

程伊川所倡祭始祖即初生民之祖的主張，於經典無據，其所持之理亦至爲茫漠，如自祭始祖宜遵從經典之精神的理由言之，則將限制所謂始祖於因大功勳爵而登王公之地位者，因仕宦遷徙而成爲族祖者，以及崛起而爲公卿

〔註52〕原文出自〔明〕王圻撰《續文獻通考‧宗廟考‧大臣家廟》卷一百十五，四庫全書存目叢書，子部，類書類，據中國科學院圖書館藏明萬曆三十一年曹時聘等刻本影印，臺南縣柳營鄉：莊嚴文化，1995。

〔註53〕方孝孺《遜志齋集‧宗儀‧尊祖》，四部備要，集部，明別集，卷一，上海市：中華書局，據明刻版校刊，1936。

〔註54〕方孝孺《遜志齋集‧宗儀‧尊祖》，四部備要，集部，明別集，卷一，上海市：中華書局，據明刻版校刊，1936。

〔註55〕秦蕙田，《五禮通考‧吉禮》，卷一百九，桃園：聖環出版社，1994。

者之三種情形。

觀乎上述對程伊川始祖概念之批評，以始封爵者及始遷祖爲始祖而祭祀之習俗，業經發生於明代，在清代更爲普及。祭始遷祖俗之發生，其意義爲將祭祀轉爲宗族全體之事。換言之，始遷祖以下祖先之祭，乃使全族人集合之最重大機會之一。

明代永樂年間，政府推行文公家禮作爲禮儀之本，根據《明史》記載：「永樂中，頒文公家禮於天下，又定巡狩、監國及經筵日講之制。」〔註56〕在民間有許多官員亦推廣文公家禮之禮義教化，如《明史‧列傳‧循例》中記載：

> 丁積，字彥誠，寧都人。成化十四年進士。授新會知縣，至即師事邑人陳獻章。爲政以風化爲本，而主於愛民。中貴梁芳，邑人也，其弟長橫於鄉，責民逋過倍，復訴於積。積追券焚之，且收捕繫獄，由是權豪屏跡。申洪武禮制，參以朱子家禮，擇耆老誨導百姓。良家子墮業，聚廡下，使日誦小學書，親爲解說，風俗大變。〔註57〕

從《明史‧列傳‧儒林》亦可見相關紀錄：

> 劉觀，字崇觀，吉水人。正統四年成進士。方年少，忽引疾告歸。尋丁內艱，服除，終不出。杜門讀書，求聖賢之學。四方來問道者，坐席嘗不給。縣令劉成爲築書院於虎丘山，名曰「養中」。平居，飯脫粟，服澣衣，脩然自得。每日端坐一室，無惰容。或勸之仕，不應。又作勤、儉、恭、恕四箴，以教其家，取呂氏鄉約表著之，以教其鄉。冠婚喪祭，悉如朱子家禮。族有孤嫠不能自存者周之。或請著述，曰：「朱子及吳文正之言，尊信之足矣，復何言。」吳與弼，其鄰郡人也，極推重之。〔註58〕

又如潘府，字孔修，上虞人。成化末進士……。謁選，得長樂知縣，教民行朱子家禮。〔註59〕

這些記述可以看出之推崇，文公家禮對明代祭祀儀節起了相當大的指導作用，但是祭祀對象則受程子等人倡導，加祀始遷祖或受有封爵者，兩相結合，形成今日所見之常態，即祭祀對象不以四世爲限。

〔註56〕《明史‧志》，二十五史，卷四七，頁1224，臺北：藝文印書館，1962。
〔註57〕《明史‧列傳》，二十五史，卷二百八十一，頁7210，臺北：藝文印書館，1962。
〔註58〕《明史》，二十五史，卷二百八十二，頁7248，臺北：藝文印書館，1962。
〔註59〕《明史》，二十五史，卷二百八十二，頁7254，臺北：藝文印書館，1962。

（二）擴大祠堂為家廟

宋元期間所建立的祠堂，以朱熹設計為藍本，設祠於正寢之東。但是到了明清時期，家族規模普遍擴大，加以祭祀對象不限四世，原本的設計不足容納，而且因為祭祀對象的擴充，使得同時參與祭拜的族人眾多，原本的祠堂規劃不足以容納更多族眾之需要。因此開始出現將祠堂遷出居家之外，變成獨立、擴建之祠堂，或稱「家廟」。

根據劉黎明考察，其在著作《祠堂、靈牌、家譜》一書中指出「在明初，處州葉氏已因『祠堂在所居之東偏，規制淺陋，無以展其孝思』，而卜地於城東三十里，『築先祠一區，奉之如禮』。」〔註60〕按其見解，將祠堂改建為家廟之風氣，從明初便開始發展；更隨著明清社會型態宗族制度之發達，以祠堂作為族人之精神象徵等理由，明清以後的祠堂，不僅普及，而且規模越來越大。

如清人顧炎武在《華陰王氏宗祠記》中記祠堂的發展過程時說：「宗子法，至宋程朱諸子，卓然有見於遺經，而金元之代，有志者多求其說於南方，以授學者。及乎有明之初，風俗淳厚，而愛宗敬長之道達諸天下，其能以宗法訓其家人而立廟以祀……往往而有。」從這段文字可知，祠堂從朱熹倡議建立於寢東，隨愛宗敬長之道而普遍於民間，從祠堂之隔局更逐漸發展出家廟之型態，如圖2-5所示，即為族長率家眾於家廟祭祀之場景，家廟中不再以四世為限，即不為高曾祖考四世分別設龕，家廟中祭拜所有的祖先。

圖2-5　家廟祭祀之圖

資料來源：《清紀俗聞》，大立出版社，頁496。

〔註60〕劉黎明《祠堂、靈牌、家譜》，四川人民出版社，1993，頁16。

（三）祭田制度的轉變

建祠堂祭祖，並附設祭田之風起於朱子。惟朱子之說，祠堂僅止於高祖，因此祭田之所有者亦不超過玄孫之範圍，然後世在施行該制時，已有所改變，認爲祭田雖附設於祠堂，但是具有族之共有物的性質。換言之，即指祭田之所有者，自玄孫擴展於全族全體。該制度的轉變關鍵在於，祠堂的祭祀對象，不再以四世爲限，而兼以從事始祖之祭的緣故。

所以後世之祭田，用於宗祠之祭的形式乃遵守朱子之祭田說，而在內容上卻受程伊川祭始祖說之影響，於供始祖祭用之同時，亦成爲族之共有財產。從此種轉變可以看出，報本追遠的人倫思想，在民間普及之程度。而且明清以後，義田制度亦廣泛成爲宗族社會的基礎制度之一，其撫育族中孤寡、照顧族人所需之理念，與祭祀祖先之目的（如祈求族群繁衍等）相合，亦爲宗族所吸收，設有祭田之宗族，於除去祭祀之用尚有餘時，便轉作撫育族人之用途，此舉亦更加強化了祭田對於族人之作用，故從明清以來，得到良好的發展。

根據朱熹對祭田與祠堂之規定，如「計見田每龕取其二十之一，以爲祭田。」祠堂祭祀對象以高曾祖考爲限，大宗小宗五世則遷等原則影響下，宗族成員間有明世系關聯之必要，故許多家族紛紛考訂族譜，制定族規，並於族規中，參考文公家禮訂定祭祀與祭田管理等相關辦法。

從修訂族譜，可明族中世系關聯，而行族規可以使宗族成員各守本分，避免事端，最重要的是行祭祖之儀敬宗，又可以達到敦睦族親、加強族親相屬意識，加強族人間同舟共濟之凝聚力，以收保族之成效。

三、家禮對陳林二姓之影響

《文公家禮》對於明清時期的影響十分普遍，以陳林二姓來觀察，從文獻上可以發現一些相關紀錄。以林氏爲例，最早之記載見於南宋時期莆田林氏家族，根據宋濂《莆田林氏重建先祠記》當中記載，莆田林氏自南宋時，已依照朱子《家禮》來興建祠堂，並設置祭田以供祭祀之需。但是到明初時期，因爲宗族人口逐漸擴張，按朱子原本對祠堂設立於正寢之東的規劃，無法滿足其需求，遂擴建祠堂，其文曰「患祠之規制卑狹，不足以交神明，而即故宅之基建屋三楹間，蔽以外門。」〔註61〕這段文字反映了當時民間對於

〔註61〕劉黎明《祠堂、靈牌、家譜》，四川人民出版社，1993，頁15。

祭祀空間不足所作之調整，將祠堂另建於正寢之外，成為獨立的建築。

　　而《文公家禮》對於陳氏族人亦起了不少作用，以《廈門志》之記載為例：

> 陳應清，字仰蘇，號冰壺。世居海澄，從父遷居廈城。海澄有陳氏大宗祠，僅存基址；應清承父志倡新之，置祀田。父病，醫言糞苦當愈；應清嘗糞甘，痛絕，禱天祈代。及父卒百日，鬚髮盡白。丁母憂，哀毀如之。喪祭，式遵文公家禮；卜葬後，朔望詣墓奉茶，三十餘年無間。又畫「二瞻圖」，以寄孺慕。友愛諸弟。終其身，事師林為章如父；皓首龐眉，追隨杖履。時稱盛事。家無餘資，而親友急難，必極力為之經理。時時以濟人利物為心，物論比之陳太邱云。子廷梅，淡水都司；殉海賊蔡牽難。自有傳（凌翰、林焜熿采）。〔註62〕

　　該段文字明確載記陳應清行喪祭禮儀，係恪遵《文公家禮》。除此之外，若以祭田制度之影響來觀察，可蒐集到的文獻紀錄更為豐富，例如：

> 陳邁質，號同泰。先世自漳南山，徙同安嘉禾店前鄉。坐族解戶株累，遷長泰；繼復還同安，故有「同泰」之號。六歲而孤，依祖姑適吳者。久之，吳意怠，即自傮居，負傭、樵採、貿易以供母；仰取俯給，家稍起，及娶妻虞氏，與約曰：『吾出營甘毳資，汝謹事姑，俾行無後憂、居無闕事』。於是近走閩清、遠走廣湖，率移月始歸；歸而洗腆奉母極歡。母歿，盡哀禮，葬之長泰。比闈後，居同邑學宮旁。嘉禾宗人以事赴邑者，館之；來就試者，加厚。有貸者；不取息；貧者焚其券。復置田若干畝，以充先祀；族有祭田自邁質始。邑令趙學仕予冠帶賓之；曰：『老農安能從大夫遊』？辭不赴。與妻虞氏皆年近九十，猶及見其子孫登科。子台衡、孫一經，俱萬曆間舉人（節錄「遜菴全集」）。〔註63〕

> 陳迪元，鄉飲賓；店前鄉人。少時，即能佐父母事祖母。母病久，得奇疾，髮生蝨不可爬搔；迪元以己髮引出之。居父母喪，克盡哀禮。季妹孀而貧，收養之以長其子。弟死，撫其孀孤如之。又建祖

〔註62〕周凱，《廈門志》，臺灣文獻叢刊，第95種，卷十二，頁513，臺北市：臺灣銀行經濟研究室，1961。

〔註63〕周凱，《廈門志》，臺灣文獻叢刊，第95種，卷十二，頁507～508，臺北市：臺灣銀行經濟研究室，1961。

廟，修遠代祖墳，置祭田；周族戚之不足者。其篤於內可紀者如此。

乾隆十五年，後塘橋倒塌；迪元捐資重建。又修築茂後橋，鋪平沿

海險徑，鄉人亦賴焉（「縣志」）。〔註64〕

依上述二則「置祭田」、「建祖廟」等內容來看，可知陳邁質與陳迪元有受到《家禮》之影響。這並非個別之現象，乃是明清時期民間普遍之情形，故當移民來到台灣以後，亦將這些風俗傳播至台灣。

第三節　《文公家禮》對台灣的影響

在明清社會起了廣大作用的文公家禮，隨著移民來台，亦將其制度觀念引進台灣，筆者認爲，影響台灣最爲廣泛的便是朱熹倡立祠堂祭祖、與設置祭田之制度，該二者相輔相成，基於祭祀之需，而設立祭田，使祖先得享香祀，另一方面，因爲祭田制度，除了祭祀功能之外的撫育族人功能，也可使子孫共享祖先福蔭，從而更加強化對祖先感激之心意，更加虔誠於祭祖之儀。

一、文化層面──尊宗敬祖的特色

在中國傳統文化裡，基於萬物本乎天、人本乎祖的觀念，人們對於祖先的崇敬與眷戀情感深厚，而且離鄉背井之先民，對於不能循禮像祖先祭拜，內心更是感到惶恐不安，故除了定期返鄉祭祖外，也漸漸在台建立祠堂，落地生根。以開台始祖爲對象，建立小宗祠堂，作爲祭祖之場所。

除此之外，作爲初開發的新天地，台灣社會開發之迅速，除了與先民的刻苦勞作有關外，另外與盛行於明清的宗族制度有關，基於同宗同源的血緣親近感，在缺乏政治力規劃建設之初期台灣，族人便是透過宗族制度，組織起開發時所需的群眾力量，建立以同宗始祖爲祭拜對象的大宗祠堂，如陳氏大宗祠德星堂、全國林姓宗廟，透過祭祖來提醒後人飲水思源，並從而凝聚強化族人血濃於水的族親之情。

二、經濟與社會層面──祭田制度

台灣漢人隨著開發之程度愈深，對這塊土地的情感亦逐漸深厚，使得心

〔註64〕周凱，《廈門志》，臺灣文獻叢刊，第95種，卷十二，頁509，臺北市：臺灣
銀行經濟研究室，1961。

態上逐漸轉化為以台灣為家鄉，在原鄉祭祖習俗之引導下，基於感謝開台先人之功勞，台灣漢人將原鄉祭祀祖先的制度移轉入台，建立祠堂，而且對於祭田之設置更為用心，除了使享祀者得以永享祭祀之目的外，祭田收益不僅供作祭祀花費，亦收納范仲淹對義田制度的理想，兼具照育族人的之重要資產，例如抽撥祭田收入以為撫育族中孤寡、或是提撥經費，於祠堂設立私塾，供族人子弟前來學習等。與族人的生活關係更為密切，可以說祀田制度實為漢人落實敬天法祖思想之重要基礎制度。

整體而言，朱子家禮最大的影響，在於其提倡建立祠堂與設置祭田之制度。由於朱熹對於設立祠堂之提倡，使得象徵報本反始的祭祖儀式得於合適之場所進行，從而成為家族之重心，代表著孝道倫理精神的發揚，雖然民間並未全然依循朱熹之規定，將祭祀對象以四世為限，但從中也可觀察到民間對於祖先的崇敬，即使親已遠去，仍恭敬以待；而朱熹之祭田制度更對後代起了相當大之作用，作為族產之使用，除了確保祖先可以永遠受到祭祀外，對於族人的生活，也起了幫助，一直到現在台灣社會，仍普遍存在的祭祀公業，便是從祭田制度發展而來。

而朱熹主張祭祀祖先該有之儀節，隨民間祭祀情形，或有所改變及調整，今日台灣社會，許多儀節已式微淡化乃至不復可見，但是為台灣地區目前仍可常見之早晚行上香禮、初一十五、歲時節慶、家有子學業有成、生子或家中有人出遠門時應行祭祀祖先之觀念，即屬文公家禮之教化結果。不過按照今日所見之儀節已與文公家禮有相當大的差異，舉例如下：

1. 祭祖前啟櫝出主、與祭祀完畢後入主之程序完全省略，今日祠堂或是家中佛堂，均將神主牌位固定放置於供桌或神龕內，故不需出主或是入主。

2. 在《文公家禮》中，降神、上香、酹酒於茅沙盤之儀式簡化，，以上香「呼請」方式來迎請祖先降臨祭祀現場。

3. 三獻禮之儀節雖然仍有保存，但是十分簡單、迅速，不若家禮中層層敬獻之儀般慎重。

4. 主婦點茶之儀式消失。今日大型祠堂祭祖場合，幾乎全由男性從事祭祖之禮，婦女除了事前的準備外，於祭祀過程中參與有限。

從明清時期的文獻紀錄上，還可以看到遵從《文公家禮》儀節之紀錄，而今日不復見之關鍵因素，可能是受到日治時代皇民化政策的影響而有所改

變，因爲皇民化運動之目的係爲了切斷台灣與中國之聯繫，故對於象徵二者緊密關聯的祭祀活動遂被加以限制，而改爲推廣祭祀「天照大神」，但是台灣人祭祖觀念之濃厚，是不容輕易以外力干預而徹底消失的，而是加以權變，將儀式簡化，以續行祭祖之實質目的。

筆者認爲儀式隨時代或需要而有所調整，乃必然之現象，但是有些祭祀目的與意義則該保留，例如《文公家禮》中由主人進酒、主婦點茶之禮儀，象徵著夫婦關係之於家庭重要，乃是《禮記‧昏義》當中對於「合二姓之好，上以事宗廟，而下以繼後世」之重要表現，該項儀節之省略，則難以傳遞夫妻同心協力作育後人之內涵。

爲了使祭祖之意義與目的更爲人所重視與理解，筆者特將《文公家禮》七項祭祀儀節：主人晨謁、出入必告、正旦冬至即每月朔望祭祖儀節、俗節獻時食祭祖、有事則告、生子見廟、四時之祭，併同祝文內容附錄於本論文最後，供有心人士作爲參考之用；另外由於民間祠堂或族譜上，常見「追贈」先人官爵名稱之字樣，故筆者亦將《文公家禮》對於「追贈」之儀節與祝文，併同收錄，以供借鏡。

第三章 傳統台灣漢人社會之祖先崇拜

第一節 台灣漢人祭祖習俗承襲自明清閩粵社會風俗

一、台灣漢人祖源

　　明代以前，移民來台的漢人數量不多，屬於少眾，亦缺乏史料了解他們當時在台灣的生活型態及發展規模。今日台灣漢人，根據官方統計資料及族譜紀錄，絕大多數是於明清兩代自閩粵二省渡台漢人之後裔，尤以閩南、粵東為主。根據學者吳密察從有清一代官方的丁數統計結果（表 3-1、3-2），移民人口在這段時期大幅增加，而且在台灣割讓給日本之前，全島已經大致開發完畢，漢人足跡遍佈全台。

　　根據清代官方之戶口統計，男子十六曰丁、女曰口，未成丁亦曰口。由於官方統計戶口之目的在於徵稅，故不納丁稅之婦孺，客戶單丁都不在計算之列，而且必定另有不少逃避繳稅之隱匿丁口，所以當時來台漢人的實際數據應該更高。從丁口數來看，比較表 3-1 康熙二十二年（西元 1683）當時臺灣的戶數、丁口的數目與表 3-2 光緒二十年（西元 1894）台灣之戶數、丁口數的數目，可知在康熙到光緒這兩百多年之間，台灣總人口數自 33,640 人成長到 2,545,731 人，人口成長了七十五倍之多，台灣各地人口都有顯見的成長，開發地區也不斷由南往北擴展，至日治時代前夕，台灣北中南各地平原丘陵地區，幾乎已經完全為漢人所開發。

表 3-1　康熙二十二年台灣地區戶口、丁口數統計表

康 熙 二 十 二 年（西 元 1683）		
區　域	戶　數	口　數
台灣府	12,727	16,820
臺灣縣	7,846	9,125
鳳山縣	2,445	3,496
諸羅縣	2,436	4,199
合計	25,454	33,640

資料來源：吳密察，〈唐山過海的故事——台灣通史〉，中國歷代經典寶庫，台北：時報文化出版企業股份有限公司，2000，四版二刷，頁108。

表 3-2　光緒二十年台灣地區丁口、戶口數統計表

光 緒 二 十 年（西 元 1894）		
區　域	戶　數	口　數
臺北府小計	131,059	767,031
淡水縣	63,407	407,754
新竹縣	30,873	156,953
宜蘭縣	21,464	114,095
基隆縣	15,315	88,229
臺灣府小計	149,878	622,242
臺灣縣	41,720	213,405
彰化縣	58,178	261,482
雲林縣	29,575	110,649
苗栗縣	16,814	71,092
埔里社廳	3,591	15,614
臺南府小計	225,570	1,100,543
安平縣	48,119	196,153
嘉義縣	91,212	423,615
鳳山縣	73,719	393,456
恆春縣	3,575	19,779
澎湖廳	8,945	67,540

臺東州小計	998	5,915
南鄉	178	730
新鄉	430	2,779
奉鄉	163	1,140
蓮鄉	179	1,096
廣鄉	48	170
合計	507,505	2,545,731

資料來源：吳密察，〈唐山過海的故事——台灣通史〉，中國歷代經典寶庫，台北：時
　　　　　報文化出版企業股份有限公司，2000，四版二刷，頁 109～110。

連橫在《台灣通史》中也有這樣一段記述：

> 臺灣之人，中國之人也，而又閩粵之族也。閩居近海，粵宅山陬，
> 所處不同，而風俗亦異，故閩之人多進取，而粵之人重保存。[註1]

　　台灣漢人來自閩粵地區，可以說是定見了，近年來有許多學者更致力於
研究台灣各姓與大陸地區福建、兩廣地區的祖源關係，以孫英龍〈福建東山
一些鄉村祠堂姓氏移民台灣史實〉[註2] 一文為例，從其研究得知單從福建省
東山縣一縣，各鄉村的各姓宗祠就可以發現許多台灣先民的血脈來源，而移
居台灣的宗族後裔也有回家鄉認祖先的事實。例如銅陵鎮，建立於明洪武二
十一年（1387 年），在歷史上人才輩出，有黃道周、陳璸、陳士奇等人。這裡
雖為雜姓聚集之地，但以陳姓人口為多數。根據《銅山南嶼陳氏族譜》記載：
清代，有十二世陳載物諱益，字謙伯，移居台灣，乾隆戊午（1738）葬台灣
下淡水濃加。十六世陳元興、陳有李、陳水平、陳瑞榮、十七世陳津、十八
世陳文江、先後移居澎湖。陳延銓於台灣任教諭，卒於台灣。[註3]

　　銅山陳氏崇祀始祖開漳聖王陳元光，後裔分有南嶼陳、南澳陳、東坑陳、
後出陳、溪南陳、錦湖陳等六大派，派系不同，但都屬於陳元光後裔，咸以
南嶼陳建的「陳氏家廟」為宗祠，家廟已有三百六十多年歷史。85 年南澳派
二十世孫陳錦泉（定居澎湖）攜子陳弘仁回銅陵尋根訪祖，並編撰《銅山陳
氏澎湖衍派族譜》，作為兩地認祖的證據。

〔註1〕　連橫，《台灣通史》，臺灣文獻叢刊，第 128 種，卷二十三，頁 597，臺北市：
　　　　臺灣銀行經濟研究室，1962。
〔註2〕　孫英龍，〈福建東山一些鄉村祠堂姓氏移民臺灣史實〉，《臺灣源流》，2003 年
　　　　12 月，第 25 期，頁 57～77。
〔註3〕　同註解 2，頁 59。

二、台灣漢人追本溯源之習俗

　　從民族形成的五大因素來看：血統、生活、語言文字、宗教及風俗習慣，血統爲生命傳衍之先天關係，後四者則是後天創造之文化型態。台灣漢人極大部分是在這四百年間自大陸地區（福建兩廣地區爲主）遷移來台，早期台灣爲海上荒陬，蠻烟瘴癘，生活環境異常艱苦，和原住民族的生活方式亦有所衝突，難以相容，閩粵移民披荊斬棘，從事拓墾，爲便於守望相助，克服障礙，每多群聚而居；群居社會需要秩序來維持，是故漢人把原鄉的生活型態，禮儀教化全面移植來台，形成台人社會風俗的主要結構，隨時代遷移，除了豐富了地方特色，但是根本的思想傳統依然深植於民間，除了血統上的存續，也將傳統中華文化特質落實在這塊土地，就愼終追遠而言，祀祖爲漢人固有良俗，在台灣尤盛，重要的表現方式有下列四點：

1. 於神主和墓碑上銘刻祖籍或郡望堂號。此爲漢人懷念故土及追維祖德之傳統習性。
2. 早期移民渡臺之初，多未帶族譜同行，待在台發展穩定後，多返回祖籍抄錄及修繕祖塋、趨宗祠謁祖爲念，清嘉慶以後，此風尤盛，至今不衰。
3. 在台灣發展穩固後之諸姓家族，爲表示尊祖敬宗及垂訓後代子孫之意，在台灣各地建立祠堂或家廟（許多家廟或宗祠建築，因爲成立年代久遠，子孫亦致力保存，成爲各地文化遺產）。
4. 收養族子或螟蛉子以傳宗接代、承續香火。

　　從這些表現觀察，筆者認爲修訂族譜、銘刻堂號及收養這三項風俗尤其值得討論。其雖非台灣獨有，但卻可以說是台灣移墾社會爲實踐中國敬本尊源的文化傳統，特別努力所產生之現象，至有關祠堂家廟之相關研究，則併於後文詳述。

（一）修訂族譜

　　台灣幾乎各姓都有族譜的資料，修訂族譜的風氣十分盛行，管見以爲，主要因素係台灣早期漢人多單身渡海來台，爾後在台成家立業，但是基於落葉歸根的心態，以及受到傳統宗族社會之觀念支配，神不歆非族，認爲死後要入宗祠，與祖先同在，接受後人香火供奉，靈魂才會安祥。而早年來台者，多因在原鄉生活不易，所以抱著冒險、開創新天地的心態前來台灣，當中有人可能攜帶原鄉族譜，但是在開墾的動盪社會中，保存並不容易，更多的是

隻身前來，待在台發展略有規模，本人或其第二、三代再返鄉抄錄祖譜，把來台開拓者編爲開台始祖，視宗族已在台開枝散葉，形成新世系。爲此，來台者，莫不詳加註名世系，以待日後歸故里，驗明正身用；該等行爲所寓意之內涵，即今日之成就，非靠一己之力而有所成，乃是祖上積德庇蔭，當鄭芝龍叱吒於海上，也不忘爲鄭氏家族編族譜，雖然在歷史上他是一位爭議性的人物，可是在追本溯源上卻不敢馬虎，其在序文有這樣一段話期勉子孫：

> 聞之浴河於源、循膚至髮，蓋言本也。人不從本起見，雖做好事，
> 猶爲名使。夫好事，有勝於忠孝者乎？忠孝之理，本之性植。親生
> 之、君成之、祖宗培養之，千百年炯現光氣於宇宙之間銷歇不得，
> 本在故也。人未有生而忘成之所自，則未有生而忘生之所自者也。

〔註4〕

族譜在中國宗族社會當中，扮演了一個十分重要的角色。正所謂國有史，地方有志，族姓有譜；宗有族譜，猶國之有史也。體例雖各不同，於繼承民族優良傳統，爲用則一。祖譜乃溯一姓之本源，紀一族之世系，載一方之治亂，記一人之名諱、配偶、嗣續、居徙、出身、經歷、生卒、墓葬等是族譜特具之通例。存祖譜可以聯情，其所臚列者，上歷高曾祖父、下逮孫玄；並不是僅以誌不忘，更是爲了聯繫宗族親情；藉由族譜紀錄，了解祖先開基之辛苦，提醒子孫守成不易，莫徒務近功，毀壞祖業。故編撰族譜是族內一等一的大事，不可有一紊，亦不可有一漏；紊一則棼，漏一則無以存愛。

然而編輯祖譜的工程時分浩大，因世代傳承，派系繁衍有別，需從宗親關係比較合對，若非懷抱著誠懇的心意難以完成。即使因爲時間攸遠，許多資料或許經歷數百載而淪於無徵而莫可考，但是作譜之法仍需謹守登必信、疑則闕之原則，遷強附會甚是不妥。正因族譜之編纂如此艱鉅，從台灣各姓均致力於族譜的修訂，可以看出台灣人對於族譜的重視，在日據時代以前，族譜就像台灣人的戶口名簿一樣，紀錄了族中人的生卒年月日與親屬關係，是傳統祭祀公業確定派下各房的重要資料，其重要性在祭祀公業部份還會另外討論到。

但是台灣光復以後，族譜考究之嚴謹程度略有鬆動，甚有附會各姓聖賢，強加牽連之現象，雖有提醒後人效法聖賢德行之美意，但作爲一族之歷史紀

〔註4〕《鄭氏關係文書》，台灣文獻叢刊，第69種，附錄〈石井本宗族譜〉，頁23。
　　　臺北市：臺灣銀行經濟研究室，1960。

錄，則不免失去其公信力。

（二）堂號、郡號

重視堂號郡號與重視族譜的理由十分相近，都含有敬本尊源的考量。而何謂堂號、郡號？據學者楊緒賢之研究：堂號，部分以郡號為名，所謂郡號，除郡名以外，間亦攬有諸侯國名，或府、州、縣名者。郡係秦漢時期行政區域之建置。漢行郡國察舉，魏用九品中正，晉制郡公郡伯，均以郡中豪門著姓，做選官用人標準，傳襲日久，族大勢盛。故以各該姓氏發祥地郡名為郡號；又某一姓氏如自發祥地遷至他郡，其後傳衍，浸成該郡之望族巨室，即謂此姓氏望出該郡。上述發祥地與望出之郡，有合稱為郡望者。但亦有將發祥地混稱望出者。

北魏孝文帝時（471～499），以鮮卑族入主中原，行漢化，令胡人皆改漢姓，獎勵漢胡通婚，留居北方之中原士族，撰譜錄，記所承以自貴，標郡號，明所出以別異族。北齊時（550～577），凡為一方鄉黨眾人所仰望推許者，皆自標地望為郡姓，於是「望以別族」，流風所及，隋、唐之際，趨於鼎盛。而族人世居本郡，年久族眾，因故遷徙流離，每冠郡號於姓氏之上，蓋亦無非永誌世系，以示不忘本源之至意。準此，以郡號為名之堂號可區分為：以發祥地為根據之總堂號，及以望出郡為基準之分堂號，二者可統稱為「郡望堂號」，亦即「郡號」。然若干姓氏，同以一郡號為其總堂號或分堂號，亦有若干姓氏有二個以上之分堂號。

此外，各姓氏之支派間，亦有因先世之德望、功業、科第、文學，或取義祥瑞，或取義訓勉後人向上，以別於其他支派，而自所創立之堂號；故此等堂號，係同一郡望之下，同一支派近親間宗族之標誌，其涵蓋面自遠比包舉全族之郡號為狹，此謂之「自立堂號」，亦即狹義之「堂號」。〔註5〕

綜前，堂號不全屬郡號，而今日台灣地區所見「堂號」，絕大多數均屬郡號。因此，有謂「堂號或稱郡號」，目前多數場合，實符實際，而所有堂號，亦不外乎上述之三類，參見圖3-1。

要之，郡號為各姓氏早期祖宗發祥之地，即係氏族根源之標記，因此以郡號為名之堂號可區分為總堂號及分堂號，前者係指某姓氏之發祥地，後者係指某姓氏之望出地。以台灣地區來看，筆者根據族譜整理出陳氏常見之郡

〔註5〕 楊緒賢，《台灣區姓氏堂號考》，臺北市，臺灣省文獻委員會，1997，再版，頁115～117。

號有：潁川、汝南、下邳、廣陵、東海、堂號有：德星、德聚、繩武；而林氏林氏常見之郡號有：西河、南安，堂號：忠孝、林本、問禮、永澤、崇本、善慶、九龍等。

圖 3-1　郡號堂號關係圖

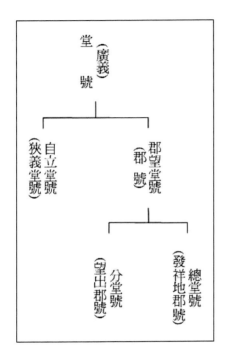

資料來源：楊緒賢，《台灣區姓氏堂號考》，臺北市，臺灣省文獻委員會，1997，再版，頁 117。

（三）重男輕女的社會現象與養子制度

中國傳統的家族觀念由男子為血緣承續之脈絡，故重視男子，如家中無男子繼承傳承香火，沒有後人祭拜祖先，一般社會觀念認為是不孝的表現，正所謂「不孝有三無後為大」，所以產生重男輕女的現象，以家中男丁眾多為興旺的象徵。養子的產生，源於中國古代以男子為繼承父祖祭祀者而產生的制度。由於「神不歆非族」、「非其鬼不祭」，祭祀父祖者，必為男系血統，故養子必由同宗男子中選立。但中國南方多盛行抱養異姓養子之風，閩粵漢人移居台灣，舊俗也隨之引入，而且更為盛行。〔註6〕

〔註6〕　《廈門志‧風俗記》，卷十五，頁652中記載：閩人多養子，即有子者，亦必抱養數子。長則令其販洋賺錢者，則多置妻妾以羈縻之，與親子無異；分析產業，雖胞姪不能爭，亦不言。其父母既賣後，即不相認。或藉多子以為強

　　就養子的發生原因而言，乞嗣者主要基於傳宗接代的觀念，不得不以同宗過房，或異姓「螟蛉」繼承「香火」；在贈嗣一方，或體恤乞嗣者無後，或因家貧而將親生骨肉出嗣他人。

　　若就繼嗣方式而言，養子型態又可分爲收養與買賣兩種。前者多只收少許「乳哺銀」，以爲補償贈嗣者（女性）懷胎及襁褓中辛苦乳養的代價。至於鬻（賣）子以爲異姓養子者，一般隨養子年齡的增長，乞嗣者所支付的「身價銀」（即乞嗣者支付生家的乳哺銀）越多。但若成爲養子即繼承養家的財產，即毋需另付金錢。

　　傳統台灣社會對於家族與宗族的觀念，皆深受諸國大陸文化的影響，在「傳子傳孫」、「傳男不傳女」的宗祧（俗名「香火」）觀念下，爲避免「絕嗣」、「倒房」而愧對列祖列宗，流行「立嗣」。以同姓宗親之男子爲嗣，係其中最傳統的立嗣方法；類此收養、立繼方式，即所謂「繼嗣」，漳泉移民俗稱爲「繼房」、「過房子」、「繼房子」等。而過房方式，正常情形均由乞嗣者與贈嗣者雙方立下「繼房書字」，以爲存照，而此類「繼房書字」，尚包括：過房書字、過房嗣字、過房男字、過繼書約字、過房子、甘願過房子、繼房子、出嗣字、繼嗣字、過繼嗣字、過繼承嗣字等，依其內容，書寫不一。〔註7〕參考圖 3-2。

　　鬻子契字內容大致應包括：

（1）立字人與養親的姓名、住所

（2）生養父母的意見（若生父母已去世，則由尊長立字）

（3）養子的姓名、年齡、出生年月日，及排行

（4）成爲養子的理由

（5）身價銀（或乳哺銀）數目與授受理由

（6）註名與生家絕緣字樣

（7）立契年月日

　　房。積習相沿，恬不爲怪。福建漳、泉地區養子風氣盛行，一般平民百姓既不以抱養他人之子爲怪，參閱陳支平《五百年來福建的家族與社會》，頁 155～157 之研究，造成福建地區養子風息流行的原因，與當地重視男子血緣嗣系、經濟貧困、壯大家族勢力等因素有關。早期台灣移民多爲福建漳、泉之人，漳、泉地區收養之習俗，隨移民傳來台灣後更爲普便。

〔註7〕洪麗完，《台灣社會生活文書專輯》，台北市，中央研究院台灣史研究所籌備處，2002，頁 78。

（8）立字人、在場證人（知見）及中介者的署名

以上，足見鬮子契字的訂立，主要目的在於表明養子一經賣斷，與親生父母、親族間的血緣關係，包括日後對生（祖）父母的扶養及服喪義務、財產的繼承權利等，乃完全斷絕，立契爲證。〔註8〕

圖3-2　台灣古契書「過房書──富貴壽考」

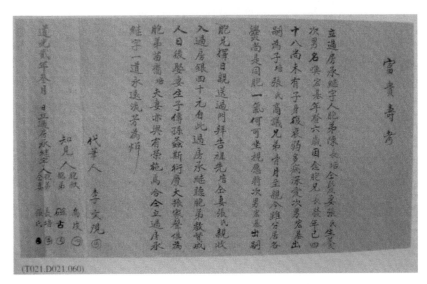

資料來源：洪麗完，《台灣社會生活文書專輯》，編號 T021.D021.060

台灣開墾之初，亡命之徒充斥，在弱肉強食的移墾社會裡，一則急難需相扶持，二則拓墾荒地，也需眾多勞力，社會上乃盛行多子多孫的風氣。而台地早期因清朝海禁政策，故多單身男子渡台，宗族少聚居，男多女寡，婚配不易，因此，爲傳宗接代，遂收養異姓養子（螟蛉子）〔註9〕以承香祀。撰寫於康熙五十六年（1717）之《諸羅縣志》卷八〈風俗志〉有這樣一段記載：

> 自襁褓而育之者，曰螟蛉。臺俗八、九歲至十五、六歲，皆購爲已子。更有年未衰而不娶，忽援壯夫爲子，授之室而承其祀。有父無母，悖義傷倫，抑又甚矣。古人無子，必擇同姓之親者而繼之；今

〔註8〕 同註解7，頁476。

〔註9〕 所謂螟蛉子，就是買外姓人之子爲子，這種養子就叫作「螟蛉子」。「螟蛉」二字典故出自《詩經・小雅・小苑》篇中的「螟蛉有子，螺蠃負之，教誨爾子，式穀似之。」螺蠃是土蜂，土蜂背來螟蛉，把它裝進空樹中，七天就可以孵化成幼蟲，土蜂對牠愛護備至，視同親生骨肉，也就是別人的兒子當作自己的兒子來養，到今天台灣還盛行這種風俗。

以非我族類之人承祀，他日能歆之乎？其始，皆由姤婦不容置媵或妾，有子而不以爲子；故有生女而潛易、詐孕而假產，其夫或明知而隱忍遷就。又有婦言是聽，舍兄弟同姓之子，而必取諸異姓者；然未若此地之並螟蛉而亦非也。〔註10〕

還有夫死無後者，其婦收養螟蛉子來爲夫家傳宗接代。在台灣方志中，這些記載多可從〈貞婦〉、〈節婦〉、〈烈女〉等傳中查得蛛絲馬跡，主要是其不因夫死而變節，爲夫守貞，撫養遺腹子或過房子、收養養子，替夫傳承香火之事蹟，爲當代佳話。例如《彰化節孝冊‧節婦謝蔡氏傳》：「節婦楊黃氏，鹿港街黃廷珍之女。……夫故，……不幸嗣子幼夭，又螟蛉以傳夫禋祀，其婦儀洵可法也。」〔註11〕《彰化節孝冊‧節婦楊黃氏傳》：「節婦楊蔡氏，……不幸夫積勞病故，尚乏兒子，爰撫螟蛉，以延祖宗禋祀。」〔註12〕

鑑於台灣早期是移墾社會，收養螟蛉子以保身後煙祀不墜，所以螟蛉子在台灣的家庭中佔據重要的地位，很多甚至繼承家產，並准其奉祀先祖，《臺風雜記》云：

臺俗之最美者，莫若於一家團欒之風。家有兄弟數人，則均分財產，住居一屋；不啻招螟蛉之誹，又有幹枝相衛護之義。是以眷族繁衍，多者六、七十人，少者十五、六人。或耕耘田野、或販賣物品、或傭作他家、或羈旅貯金，營營栖栖，與歲月相移。若夫兄弟構別屋離居者，名曰分房，任其所望；唯除去祖宗祠堂金，餘則均分之，毫無紛擾反目之態。豈可不言美風乎？〔註13〕

清代台灣社會因爲移墾社會環境特殊，造成收養螟蛉子之風氣，然歷經清治二百餘年的社會發展，直到日治時期，尤其日治中末期，社會風氣仍流行「鬻子」以爲異姓養子之風，甚至戰後此風未減。

另外，性質極類似養子的「招婿」，即女兒或養女的贅婿、贅夫，其被招贅後與女方終身同居或一定期限內，往女方家居住，一般多不改女方的姓氏，

〔註10〕周鍾瑄，《諸羅縣志‧風俗志》，台灣文獻叢刊第141號，卷八，頁148，台北：台灣銀行經濟研究室，1962。
〔註11〕吳德功，《彰化節孝冊》，臺灣文獻叢刊，第108種，頁40，臺北市：臺灣銀行經濟研究室，1961。
〔註12〕洪麗完，《台灣社會生活文書專輯》，台北市，中央研究院台灣史研究所籌備處，2002，頁45。
〔註13〕左倉孫三，《臺風雜記》，臺灣文獻叢刊，第107種，頁50，臺北市：臺灣銀行經濟研究室，1961。

且所生子嗣由夫妻共分（指繼承夫或妻姓而言）。其與養子改從養父之姓，且所生子女皆承養父的姓氏有所不同。但若以養子的主要任務在於繼承養家的祭祀活動而言，招婿應歸爲養子的一種。〔註 14〕換言之，台灣的養子應合括同宗過房、異姓螟蛉、以及贅婿、贅夫在內。

　　在中國傳統的宇宙觀中，人有靈魂，一旦死去，靈魂便移居陰間，而生前無法完成的願望或死後始發現之事實，其子孫仍應代爲處理，認祖歸宗這件大事，即使死後也不能等閒事之，所以在台灣古契書還可以看到即使當事人以死亡，但是仍以認祖歸宗爲目的，向政府提出改姓申請的例子（圖 3-4）。其內容係聲請人廖阿昂指其亡父廖桂興在世被日人造籍誤登（以廖家贅婿爲子）爲「李」姓子嗣，雖然當事人早已亡故，其子嗣仍向李姓族長與行政單位要求改回本姓李。〔註 15〕（圖 3-3）

圖 3-3　台灣古契書「繼承廖姓歸宗李姓合約書」

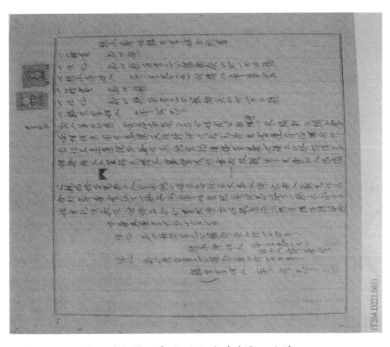

資料來源：洪麗完，《台灣社會生活文書專輯》，編號 T264.D221.061

〔註 14〕 在傳統台灣社會中，雖以被招贅爲恥辱，招贅之風仍然存在，因爲台灣係父權社
　　　　 會，在男尊女卑的社會觀念裡，女子無繼承與祭祀的權利，故需招贅以承香火。
〔註 15〕 洪麗完，《台灣社會生活文書專輯》，台北市，中央研究院台灣史研究所籌備
　　　　 處，2002，頁 422～427。

第二節　台灣漢人祭祖形式

　　台灣漢人祭祖形式，依祭祀場所之不同可以分爲家祭、墓祭和祠祭三種類型，分別說明如下：

一、家　祭

　　來自福建與兩廣地區的移民，經過數代開發，不僅化荒野爲良田，還將中國傳統的祭祀文化帶入台灣，家族祭祀即是傳統文化中重要的一支。早期的台灣移民社會，隨著移民人數的增加，經過數代繁衍，傳統的家族制度在台灣日益形成。移民的後裔在台灣建立起了一套完整祭祖儀觀。也落實在住宅設計上，從傳統建築的規劃加以觀察可得若干心得：

　　中國傳統的建築，雖受地理環境、材料技術等客觀因素影響，各地建築風格不同，但是遵守倫常的觀念，和追求天人合一的完美形象，卻不分南北或貧富，咸屬一致。台灣古老住宅秉此傳統，維持了千百年的中國住宅基本型態。在平面上，是由三合院或四合院，或無數組的合院延伸組織而成。每一組合院均有內庭，稱爲天井，這種內庭與合院的組合，是使中國人在生活上達到天人合一，和諧平衡境界的精神展現。

　　台灣典型的閩南式三合院，不論是簡單的合院或多重合院的豪宅，在最基本格式上，都是「一條龍」式建築演變而來。所謂「一條龍」建築是指三開間的房屋，屋頂前後兩坡落水，入口設於中間。依使用機能區分，居中的位置即爲堂屋（閩南方言稱爲正身）。堂屋左右各有廂房，（多半是家族裏年長者或輩分最高者的臥室）。若人口眾多，即在堂屋兩旁向前加蓋廂房，使房子成凹字形，即爲基本三合院。這類加蓋廂房又稱爲「護龍」，依需要可再向兩側不斷擴建，具有多條護龍時，近正身者稱爲內護龍，簡稱內護，依次擴展的稱爲外護或外外護。〔註16〕這些護龍的使用是依家族輩分長幼分配，輩份越低者，其居住的護龍屋頂也愈低下，因此中國傳統建築中，唯有堂屋的屋頂最高。以台北市林安泰古厝爲例，參考圖3-4，其爲閩南傳統建築代表，自大門進入過天井，即爲供奉歷代祖先神主牌位之正廳，照片中屋頂最高之屋舍即正廳之所在。

〔註16〕參考李乾朗，《台灣古建築圖解事典》，遠流出版社，2003，頁67、76。

圖 3-4　台北市林安泰古厝（未遷建前之景像）

資料來源：方光后、黃惠鶯編，《台灣風物誌》，1979。

　　以空間功能來看，堂內供奉祖先牌位及神像，平時接待訪客及舉行喜慶喪弔儀禮均在此處，堂屋可說是整個住宅的精神中心。中央的空間稱為「正廳」、「公廳」、「神明廳」或「公媽廳」，祖先牌位及神明雕像即奉置於此；正廳左邊第一間為家長的居室，稱「左室」，第二間為廚房，由家長之妻子管理；正廳右側的房間，為家中長輩的居室，稱「閑間」，若無長輩，則擺置雜務，作為儲藏室；至於廂房，閩籍先民稱為「護龍」，客籍先民稱為「橫屋」，為晚輩之居室，依左尊右卑、內尊外卑之秩序分配房間；晚輩若成年娶妻後，則將其中央之一間改為客廳，稱為「私廳」，以別於正房的「公廳」，私廳不得供奉祖先牌位或神明雕像，以防一家變成兩主。當家庭結構改變時，大都只調整廳堂，家中成員依據新的倫常輩分重新調整住處，如家長退隱後即移居閑間，長子改住左室，而長媳則負責掌廚。這種居住設計，可以調和家庭成員，三合院內各組成單位居住的房間都對著院子，使住在房屋內的各成員每天離開房間即有接觸機會，互相照應；經常在正廳裡談論事務，且因每個月數次（如每月初一、十五，歲時節慶等）的祭祀祖先、神明而共同在一起，藉著祭祀，彼此因而產生生命共同體的精神。正廳在在台灣先民的心中，也

因此變成既嚴肅而又崇高的地方，看望著合院內每一個家庭成員的生活起居，注意他們有無循規蹈矩、嚴守禮儀。〔註17〕

從祭祀習俗來看，閩台的家祭活動一脈相承，十分相似，傳統的家祭形式有定時祭和非定時祭之分，所謂的定時祭，往往是選定近親祖先的生日和忌日之時舉行，同時也十分注意傳統節慶時對祖先的祭拜。有關祭拜情形請參考本章第四節之說明。

二、墓　祭

墓祭，即在墳墓上對祖先進行祭祀。大約在其秦漢以後，墓祭之風盛行，祭祀時間也逐漸固定在每年寒食節前後。到了唐代開元年間，玄宗下召全國，讓百姓於寒食節上墳祭祖。從次以後，墓祭活動在民間中，日益沿襲成風。〔註18〕

漢人移民來台，也將原鄉習俗帶來台灣，《苑裏志·風俗考》有記載：「三月三日曰三月節；惟前籍同安者有度此節，別縣人無有也。清明日，則士女持紙錢、備牲醴以祭先塋，曰掃墓。」〔註19〕掃墓就是墓祭。

根據祭祀對象的差別，可以分爲近祖祭與遠祖祭兩種；而按照祭祀形式的不同，則又有家庭式墓祭和家族式墓祭之分。家庭式的墓祭，是一種以近祖爲祭祀對象，以家庭爲單位的墓祭活動。這種祭祀的儀式簡單，主要是由一些血緣較親近的族人參加。在祭祀時，只要供三牲、燒紙錢、行跪拜之禮，併打掃墓塋即可。一般墓祭時間，皆是在清明節前後十天進行，早期漳州移民有過「三日節」之習俗，即在農曆三月三日進行墓祭，隨著歷史的發展，現在台灣百姓也都是在清明節前後進行墓祭了。

而家族式之墓祭則較爲複雜，是以家族爲主體的祭祀祖先活動，又可分爲「支房祭」與「合族祭」這兩種形式。其中，就規模而言，「合族祭」往往大於「支房祭」，其祭祀的往往是遠祖，各支房的族人都要參加。相反的「支房祭」卻只以本支房的先祖爲祭祀對象，只要本支房的族人參加即可。對於

〔註17〕陳照銘，〈正廳與祠堂──祭祀公業的祭場〉，《土地事務月刊》，1998年5月，第323期，頁6～7。

〔註18〕李志鴻、陳芹芳，《從唐山祖到開台祖─台灣移民與家族社會》，九州出版社，2002，頁106。

〔註19〕蔡振豐，《苑裏志》，中國方志叢書，台灣地區，第28號，頁86，臺北市：成文，1984，臺一版。

台灣同胞而言，早在清末以前，他們主要還是回大陸祖籍地，參加合族墓祭。畢竟台灣同胞大多數是在明末清初從福建、廣東移民而去的，祖先墓塋還在原鄉地區。但是，隨著時間的推移，到了清末之後，台灣民眾開始在台灣本島合族祭祀「開台祖」了；回大陸原鄉掃墓謁祖、尋根，則成爲家族夙願，往往擇特定日成行。

三、祠　祭

　　在閩台家族中，盛行一種附於祠堂的祭祀形式 —— 祠祭。相較而言，墓祭多在深山之中，由於路途遙遠，每次進行祭祀時，不可能人人都前往，只能各家各戶派代表前往參加。故而，規模一般不大，有時因爲年代久遠，還可能發生找不到墓地的情形。而祠堂往往設立於居民的生活區中，參加者可以免去跋山涉水之苦，各種活動也極易開展，故而，祠祭的場面往往較爲隆重，可以說是家族祭祖活動中規模最大的一種。

　　不僅如此，祠祭的禮儀還十分繁縟。在一些鄉紳學士的家族中，進行祠祭時，更是引經據典，並常套用官府和孔廟祭禮儀式的現象。通過這些儀式，不但表達了對祖先的緬懷之情，而且也使族長們的地位得到了鞏固，從而加強了整個家族的尊卑倫序觀念。〔註20〕除了祭祀以外，還常常有一些附帶活動。祠祭之後的筵席，即是其中一種。閩台一帶，每當祭祀結束之後，往往會舉行由公費開支的宴會，〔註21〕族人們在其間依次序宴會，在享用豐盛酒菜的同時交流近況，無形之中，也加深了家族內部之情感。

　　此外還有的家族，爲了將祠祭舉行的更隆重，也往往將祭祀日期安排在一些重要的時節，如正月、元宵等。一旦祠祭與這些重要的時節結合起來，人們往往是在祭祀祖先的同時，也舉行各種團體活動，進而增強了家族的凝聚力。總之，無論是進山掃墓的墓祭，還是依託於祠堂而進行的祠祭，都是閩台家庭實現敬宗收族的有效途徑，透過這些途徑來緬懷先人、尋根問祖。

〔註20〕 參考李志鴻、陳芹芳，《從唐山祖到開台祖－台灣移民與家族社會》，九州出版社，2002，頁 108～109。

〔註21〕 有祭祀公業之家族，由祭祀公業之收入作爲支出之用，如有不足，再由當年度輪值之派下支付；無公業之家族，則通常採用每年各房輪流支付之方式。

第三節　台灣民間祭祀團體型態分類

　　台灣民間漢人因爲祭祖而衍生的習慣與組織有很多，筆者依祭祀組織成立目的、參與成員，與祭祀對象這三種基準分類，以說明台灣常見之祭祖型態：

一、依組織目的區分

　　民間祭祖祀神的各種團體，據民國 22 年（1933）之調查，即多達六千餘單位，會員超過三十萬。根據鈴木清一郎《台灣舊慣習俗信仰》與吳瀛濤《台灣民俗》之研究資料顯示，主要可分爲神明會、祖公會、祭祀公業、父母會與共祭會五種類型，筆者除了對這五種類型做說明外，將特別就具有祭祖現象的團體作舉例：

（一）神明會

　　其初始係爲祭祀神佛而組成之團體，由自願參加的會員組成。其成立方式係由會員各自釀出若干金額購置產業，以其收益充爲祭祀費用。祭祀的對象，有的是神像，也有僅祀香爐者。除了祭神以外，平日以謀進會員間的親睦爲目的。由會員中選出管理人掌管財產，收益除扣祭祀開支如有剩餘，則用於子弟學費的補助，或捐獻寺廟乃至歸於爐主（每年選出的祭祀擔當者）。各地的一般廟會，多由神明會主持。神明會係一般名稱，各地所稱不同，有堂、會、社等各異的稱呼，例如福德會（祀福德正神）、媽祖會（祀媽祖）、佛祖會（祀觀音佛祖）、義安社（潮州人的祭祀組織）等等。

　　基於台灣開發的歷史因素，神明會的會員通常是由一地之同業、同鄉、同姓、或朋友等同志的結合，故廟中除了供奉神佛，有些廟宇還會供奉建廟有功之地方先賢，在許多廟宇都可以看到一些地方聞人或士紳之神主牌位即係此故。筆者在田野調查過程中，發現有些神明會若是基於同姓所組成，其在祭拜神佛聖誕等重要慶典，其後裔還會爲依祭祖之目的併行舉辦祭拜先人之儀式。

　　以「台北市陳姓崇神會」爲例，其由大稻埕地區陳姓茶商所組成，本會前身爲「茶郊永和興」，奉祀「茶郊媽祖」爲守護神，每年逢天上聖母誕辰紀念日，由當年爐主奉請金身回德星堂正殿舉行祭典（圖 3-5）；以往祭典時，會員會備樂團、出陣頭、裝藝閣繞行大稻埕各茶行，今日則是簡化繞境規模，會員祭拜媽祖後，一同出發至保安宮、覺修宮、大稻埕慈聖宮祭拜，再回德

星堂舉行爐主交替儀式〔註22〕及餐敘。

圖 3-5　「台北市陳姓崇神會」之茶郊媽祖

資料來源：筆者自攝，民國 95 年。

　　然而早年成立崇神會的會員大多已亡故，由其子嗣繼承會員身分與負擔義務，故是日尚另設一臨時祭壇，本於祭祖之目的祭拜神明會已故的成員，從早到晚參拜人潮絡繹不絕，足見民間對於該項習俗之重視（圖 3-6）。

　　其他如景美地區武功國小附近的林氏集應廟，亦具有祭祀祖先的色彩，根據景美集應廟民國 95 年之常務委員高朝國先生表示，該廟創建於清同治六年（西元 1867 年），供奉福建省泉州府安溪縣人的保護神，保儀尊王張巡和保儀大夫許遠，在四百年前，安溪人移民來台北，因為他們大部分都是茶農，所以選擇了文山這個廟溼的山丘地來種茶，同時帶來他們的鄉土保護神，保儀尊王及其夫人林氏、保儀大夫等神明。那時候的安溪人主要是高、張、林三大姓，隨著時間的進展，人口逐漸增加，開墾的土地從景美一直拓展到木

〔註22〕每年媽祖聖誕祭典前一星期，當年爐主即將媽祖金身從爐主家中迎請回德星堂正殿，供崇神會會員祭拜，到祭典當日重新擲筊，決定新爐主後，再由新爐主迎請回新爐主家中供奉。而爐主交替方式依照慣例，由會員在媽祖面前擲筊，以得聖杯多者擔任新爐主，將媽祖金身移致新爐主家奉祀。

柵、深坑、石碇…等，當然供奉安溪鄉土神明的人也越來越多，因此就將集
應廟拓展成三座，每座廟分別移請一位當初自安溪帶來之神明香火作為主
祀，成為現在之景美市場內的高氏集應廟，武功國小附近的林氏集應廟，及
木柵國中對面的張氏集應廟。

圖 3-6　台北市陳姓崇神會會員祭祖場景

圖說：左圖係媽祖誕辰祭典時，台北市陳姓崇神會設一臨時祭壇，並備三
　　　牲、水果、飯菜以及金銀紙，酒水來祭拜創會祖先。右圖為近照，
　　　乃陳姓崇神會為創會成員，彩繪一祭場，並書寫先人姓名於上。

資料來源：筆者自攝，民國 95 年。

　　林氏族人出錢出力建廟移請林氏夫人之香火，另外塑保儀尊王之金身乙
座，同奉於廟中，廟中各項建築雕刻上，林姓人士出資捐建之字樣處處可見，
可見該廟之成立與景美地區之林氏族人有相當密切之關聯；正廳之大香爐上
書寫著「祭祀公業林義政」捐獻之字，據筆者調查得知，該祭祀公業為早年
該廟籌建者所成立，過去廟中可能有立建廟者之功德牌位，不過由於年代已
久，隨著信徒的增加，不再以林姓族人為主，該廟已成為地方信仰之廟宇，
稱為「萬隆集應廟」。

　　除了上述之陳姓崇神會以及景美林氏集應廟外，筆者觀察到有些神明會
主持之廟宇，甚至具有宗祠的性質，基於對於祭祖情形之探討，筆者在此將

三峽宰樞廟這特殊現象略作介紹，作爲參考。三峽宰樞廟成立於清乾隆九年
（1744），由李顯和（進興公）率領李姓族人自福建來台灣三角湧一帶開發時
所建，李姓族人合宗族之力量，對於三峽地區早期的開發，有很大的貢獻，
宰樞廟中供奉著即是李姓族人自家鄉迎請而來的保護神玄天上帝，整體而
言，基於李姓族人力量建蓋之宰樞廟，對於三峽之開發具有時代意義之象徵
（圖 3-7）。〔註 23〕宰樞廟因爲是由李顯和公鳩集族人力量所建，宰樞廟亦爲
該地李姓族人的信仰中心，爲表示感激來台先人開拓之功勞，族人倡議，將
建廟有功之族親神主牌位供奉於廟中，永享族祀香火，根據民國 83 年（1994）
宰樞廟之寺廟登記表內容，可知族人另添李進興公像乙座，供族人祭拜。

圖 3-7　日治時期三峽宰樞廟玄天上帝祭典

圖說：照片時間背景爲昭和 14 年農曆 3 月 3 日，於三峽宰樞廟舉行玄天
　　　上帝誕辰祭典，由李梅樹先生代表族親恭讀祝文。

圖片來源：三峽李景光先生提供。

〔註23〕宰樞廟成立年代比今日三峽祖師廟還要早，是三峽最早開始發展之中心地，
　　　舊時三峽出産的米粉、藍染或是木柴，都會巨集在宰樞廟前的碼頭，後來因
　　　爲大水破壞，集散地才移往祖師廟與三峽媽祖廟附近一帶。

　　每逢農曆三月三日玄天上帝誕辰，族人除了前來祭拜上帝公，也會自備祭品前來拜祖，這習慣至今日依然保存。筆者訪問三峽老一輩的居民，眾人紛紛表示對過去玄天上帝生辰祭典熱鬧情景之懷念，直稱不輸今日每年一度之三峽祖師廟慶典，祭拜當日，除了族人會準備豐盛的祭品參拜，還會有陣頭、歌仔戲或布袋戲之表演，族人於祭拜後在廟前廣場的辦桌「呷公」，更是早年無資匱乏時期，大家心目中最期待的一餐美味。但是因為三峽本地工作機會有限，許多族人都遷移到台北地區工作，農曆三月三日若非恰逢週末，年輕人很少能回來參與祭拜，故祭典盛況難以復見，現在參與者以長住當地的長者為主。（圖 3-8、3-9）

　　此外筆者欲補充說明一點，光復後基於法律規定為寺廟及所屬公業辦理登記之宰樞廟，已不再以「神明會」俗稱，定名為「祭祀公業上帝公李進興公」，在組織管理委員會管理廟務，其中管理委員會成員係由始祖李顯和公（進興公）派下七大房（分別為乃章、不緇、欽仲、光寰、文魁、爾華、長進七房），各房中選任三名擔任委員，共二十一名，每年農曆三月三日亦為固定開會日期。（圖 3-10）

圖 3-8　三峽宰樞廟內部景象

圖說：三峽宰樞廟內部主奉玄天上帝，每年農曆三月三日舉行聖
　　　誕慶典，自建廟以來奉祀不墜。

資料來源：筆者自攝，民國 95 年。

圖 3-9　宰樞廟祭祀供品

圖說：祭拜玄天上帝時，除了壽麵、三牲、菓品等祭品外，還會特別訂
　　　做龜形之糕點，祭拜期間將頭轉向廟中，祭祀完畢送神時，則 180
　　　度旋轉，使其頭轉向外。

資料來源：筆者自攝，民國 95 年。

圖 3-10　宰樞廟內李姓先人神位

圖說：（左）宰書廟內右邊神龕內供奉李氏先人牌位，來廟之李姓族人於
　　　祭拜玄天上帝後，會主動捻香拜祖先，若非李姓族人則可不拜（右）
　　　原本廟中供奉建廟有功者之神主牌位數個，後來合為一個牌位，
　　　正面書寫著「堂上李姓歷代祖考妣之神位」供族人祭拜。

資料來源：筆者自攝，民國 95 年。

（二）祖公會

同姓或同宗者結合以祭祀祖先為目的而組織之團體。其組織情形，與神明會相似，也是當初由會員釀出金錢購置田地房屋為公有，置管理人，以其收益充作祭祀共同的祖先之費用，並含有獎勵會員子孫以及敬親睦誼之意，也可歸類為「合約式祭祀公業」之一種。其各地名稱，如陳姓宗親會、劉家祖公會、楊氏祖嘗、多節會等等各異。一般祖公會，不另建祠堂，但也有建祖廟者。尤其台北地區最多，民國 48 年計有：吳、李、謝、趙、楊、莊、袁、丘邱、張廖簡、施、柯蔡、白、洪、嚴、王、陳、林、葉、黃、許等各姓宗親會 21 單位，其中已建立祖廟的計有：黃、林、王、葉、周、劉、高、吳等各姓。以上各姓，且均有流傳族譜，關於各姓的沿革及其在台的事蹟等記述詳盡，可視為貴重的史料。這類組織和祭祀公業一樣，在日據時代都面臨登記之要求，故現在以祖公會為名者已經比較少了，很多都改成財團法人或祭祀公業等作為祖公會之名稱。

（三）祭祀公業

類似祖公會，也是為祭祀祖先而設置者，不過這是在遺產分配時，預先抽出一部分為公業者，也有由子孫各房各釀出田地金錢為祭祀父祖的公業，或僅有一人捐出的。其公業仍屬於同族各房的共同財產而不得分配，交由子孫繼承之。祖公會不同之處在於，會員的出資是採取股份式的，因此股份可以在會員間相互買賣典當。有關祭祀公業在日據時代到民國以後，相關之法令規定，請參考本論文第四章。

（四）父母會

連橫在其著作《雅堂文集》中曾提到：家貧親老，集友十數人為一會。遇有大故，則釀金為喪葬之資，競赴其家，以助奔走，謂之父母會。亦厚俗也。〔註 24〕可知父母會係以會員間相互輔助其尊親喪葬費用為宗旨，根據吳瀛濤在《台灣民俗》裡對父母會所作的介紹，可知有些父母會亦祭祀神佛。與其名稱組織類似者，有：孝友會、兄弟會、金蘭會、老人會、長生會、孝子會等，由會員幾十名於設立時出資，以其利息充祀神之用。會員尊親死亡時，又每人釀出費用。不過這種組織已經逐漸減少，有些宗親會則包羅此功

〔註24〕連橫，《雅堂文集》，臺灣銀行經濟研究室編，臺灣文獻叢刊，第 208 號，1964，卷三，頁 176。

能於宗親會成立宗旨。〔註 25〕

（五）共祭會

以鄉鎮全體爲一單位，並無會員的限制，以利於各鄉村間的祭神或敦睦爲宗旨。基於早年台灣許多地區藉由宗族力量進行移墾之理由，有些共祭對於開發該地區之先人，以拜祖先或祭拜先賢之方式加以祭祀。不過共祭會與神明會等組織最大的不同點在於，沒有會員制度，故祭祀所需之花費，通常由當地居民信眾樂捐，祭祀活動之舉行通常由熱心之信徒或委託專人打點，相較其他組織而言，參與者的權利義務比較隨性。

以上五種祭祀組織，基於日治時代以來對組織管理要求，許多都根據民法改名登記爲祭祀公業、財團法人或社團法人等名稱，組織運作從過去以輪流或是年長或有力會員主持之情形，轉爲管理委員會或是董事會結構來處理各項事務，這樣的改變，目的是爲了有效管理這些先人遺留下來的財產，以及避免出現財產繼承與管理上的糾紛，（這些俗稱「公業」的動產和不動產，數量往往龐大，價值不菲，過去因爲名稱不統一，造成不少財產繼承與交易方面的困擾與糾紛，在第三章已藉由法令規令說明其原委）；不過值得思考的是，專人管理的新模式，改變原本會員輪流處理事務的型態，使得成員們生疏於對組織的接觸，導致這類團體逐漸式微，甚至對於祖先留下的財產產生分割獨占之私心，引起許多糾紛，令人十分遺憾，爲維護台灣傳統社會互助合作之美德，對於這類現象即需有識之士共思改善之道。

二、依成員關係分類

依據參與祭拜的成員關係來分類，可以大致分成三種類型：第一種類型稱爲「家族」，係以夫婦關係爲主體之家庭，家庭的祭拜對象主要是高、曾、祖、考四世以內，與家庭成員血緣關係密切清楚之先人，在廳堂供奉其神主牌位；除了清明節上墳掃墓外，通常逢年過節、及每月初一及十五會在家中的廳堂準備菜飯祭拜先人，有些家庭每日早晚還會爲先人上香奉茶。

第二種類型爲「宗族」，係指有血緣關係，但是親疏遠近都有的家族，通常其基於共同的祖先，會有聯合祭拜的行爲，古時殷實的家族會建立祠堂，作爲家族共同祭拜的場所，但是台灣地區不論祭祖或是建蓋祠堂的風氣，相

〔註 25〕吳瀛濤，《台灣民俗》，眾文圖書公司，2000，頁 59～61。

較大陸其他各省而言，更爲興盛，所以即使同宗家族已有祠堂（稱爲大宗，祭拜世系最早開始的祖先），在子孫繁衍眾多之後，某代子孫又會聯合血緣較親近的世系，以該世系共同的祖先爲祭拜的主要對象，來建立新祠堂（稱爲小宗）。宗族成員若家中無廳堂時，通常也會將家中先人神主牌位入主於祠堂裡。不過各地習俗之不同也有一些改變，例如依客籍漢人習俗，即使家中有廳堂，通常還是以祭拜神佛爲主，不擺放先人牌位（或僅擺放三世以內的祖考妣神位），先人的牌位晉主家族祠堂的現象爲普遍。屬於大宗的祠堂，會有春秋二祭，目前台灣除了某些宗祠仍遵循古禮舉行三獻禮儀式外，通常情形爲族人於是日自備祭品，前往祭拜上香致意。不過無論是否有依古禮，當祭祀結束後，族親聚餐、共享福飲，仍被視爲重要的習慣，因爲傳統祭祖之目的，乃爲祈求祖先福祐，「呷公」即象徵一移轉過程，可以得到祖先的保佑。平時祠堂大致都隨時開放，讓家族後裔可以隨時前往祭拜，故除了歲時祭祖節日外，子孫每遇事如家中有人久病不癒等，都會前來祠堂祈求祖先幫助以趨吉避凶；如遇喜事，例如考試高中、升官、結婚、生子等，更特來秉告，將榮耀歸於先人福蔭。台灣的祭祀公業大多附隨此類祠堂，作爲維持祠堂各項開銷之基本來源。

第三種類型爲「氏族」，參與成員由某地區之同姓者而組成，性質近似於「合約式祭祀公業」，這類祭祀組織往往具有地方性質，其一般以該姓氏的始祖爲祭祀對象，如陳氏家族所祭祀的往往包括河南潁川始祖陳實，入閩始祖開彰聖王陳元光等。祭祀對象廣泛，但都包含有在大陸祖籍地的開基先祖。從這個意義上來講，「合約式祭祀公業」的加盟對象必須是在大陸同一祖籍（即同鄉）的同姓者。再加盟時，入盟者要捐出定額的錢財，以作爲族本，從而方便祭祀，而其祭產需聘請專人管理，當族產有所收益時，入盟者還可按股份大小進行分配，早期在渡台禁令尚未解除時，來台同姓漢人往往以祭拜同姓始祖爲號召，守望相助、共同開發新天地。這類型之祭祖團體在現代仍十分普便，各姓宗親會均屬之。

三、依祭祀對象分類

上述不論何種祭祖團體都是以祭拜祖先爲成立宗旨，故針對祭拜對象來研究，可分爲以該姓之「始祖」、「開台祖」或「唐山祖」〔註26〕、高曾祖彌

〔註26〕唐山祖係指漢人渡台前，在原鄉的祖先。

四世祖等不同。筆者根據田野調查所觀察到的現象，發現今日祭祖所採用之儀式與祭拜對象有很大之關聯，在第五章內，筆者將以祭祀對象為分類基礎，並配合族產之觀念，來做更進一步的說明。

第四節　台灣漢人祭祖之時節

台灣早期移民均來自閩南及粵東，遠承姬周儒家慎終追遠之傳統，近受朱熹禮學教化之影響，因此當移居日久，族人繁衍眾多，且漸漸產生「他鄉變故鄉」認同心理後，即開始營造祠堂，崇祀歷代祖先，以振宗收族。以祭祖時間，與福建廣東原鄉地區並無太大變化，根據《安平縣雜記》中〈官民四季祭祀典禮〉記載：

> 民間祭祀之禮，如富戶有建祠堂者，歲以春冬致祭。春二月祭，冬十一月冬至日祭；均用帛白、羊豕、牲醴、酒席、粿品等物。其餘民間常祭之禮，正月上元祭，二月清明祭，三月三日節祭；若墓祭之禮，亦於二、三月舉行焉。五月端午祭，六月半年祭，七月中元祭，八月中秋祭，九月重陽祭，十一月冬至祭，十二月杪除夕祭。又有正忌辰、免忌辰（祖先卒日謂正忌，祖先壽辰謂免忌）。祭品牲醴、酒席、龜粿、飯米、員角黍、月餅、香燭、紙錢等物，隨家道之厚薄焉。此民間祭祖先之典禮也。〔註27〕

從上段文字可知除台灣民間祭祖除春秋二祭外，常祭之禮有歲時祭祀（其中四時之祭尤為重要）與祖先忌辰，在下段開始，筆者以吳瀛濤《台灣民俗》對於各項習俗之紀錄為主，將連橫《台灣通史》、片岡巖《臺灣風俗誌》、鈴木清一郎《增訂臺灣舊慣習俗信仰》、東方孝義《台灣習俗》、梶原通好《台灣農民的生活節俗》、徐福全《台灣民間祭祀禮儀》這些資料作為參考輔助，按歲時節日與生命禮俗中的祭祖情形，來說明台灣傳統漢人祭祖的時間及目的。並於本節最後對一般家庭在家祭祖之儀節與宗親會舉行春秋二祭時之祭祀禮儀做補充說明。

一、歲時節日

祭祖儀式主要是以四時祭享為原則，故筆者根據四季春夏秋冬之順序，

〔註27〕不著撰人，《安平縣雜記》，臺灣文獻叢刊，第 52 種，臺灣銀行經濟研究室編，臺北市，臺灣銀行經濟研究室出版，1959，頁 19。

說明各時節的祭祀節日。

（一）春——清明節

清明節祭祖傳統在農曆三月初十日前後，是日前後三天，家家戶戶會上墳祭掃，在祖墓「掛紙」及「培墓」。

所謂「掛紙」，或稱「壓紙」，即指在墳墓周圍獻置墓紙（長方形五色紙），壓以土石，亦即古人掛錢之遺意，同時為一年一度拜墓標誌。獻畢，拜墓，並拜后土（守護墓地之土地神）。拜墓後回家祀拜祖先靈牌，然後，一家團食，或以供拜粿類，如發粿、麵粿，分贈親屬，稱「揖墓粿」。一般掃墓掛紙，僅略供拜米糕、粿類、糕餅類，惟培修祖墓，較之祭墓隆重，謂「培墓」。則供祭十二碗（荤類食品十二碗，如韭菜、甜豆、甜芋等物）、及粿類；初葬三年內，對其新墓，應祭以五牲、豬頭、雞鴨蛋。祭拜時，燒銀紙，燃放鞭炮。祭後，並剝蛋殼，撒在墓上，以示新陳代謝，送舊迎新之表徵，亦為吉兆。祭祀完畢後，常有群童前來乞求墓粿，對此即一一發粿類或錢，此稱「印墓粿」，以示祖先德澤，永留人間。家有喜事，例如娶媳或添丁，亦要培墓。往時，另以小紅燈（燈取意丁，象徵添丁）點於墓前，而攜回，以示吉祥。〔註28〕

（二）夏——中元節

農曆七月十五日為中元節，以是日，祖先歸家，無論貧家富戶，均祭祖先。在傳說中，中元節這一天地府之門開啟，陰間的鬼魂紛紛前往陽間求食。此時百姓往往舉行盛大的普渡活動，藉此大肆祭典，超度亡靈。祭典盛大的場面幾近奢靡，在《治台必告錄》中對中元普渡就有這樣一段評論。

> 臺地七月中元節近，向有普度之俗，糜費極多。如祭享祖先，有餘者犧牲、粢盛，固宜求備，而不必家家演戲設醮；無力者亦當量家有無，盡其致孝之誠。事死如事生，傾貲耗產，如先人尚在，其心亦不安；此理甚為易曉。〔註29〕

（三）秋——中秋節、重陽節

1. 中秋節

〔註28〕參考吳瀛濤，《台灣民俗》，眾文圖書公司，2000，頁10。
〔註29〕丁日健，《治臺必告錄・斯未信齋文集・中元約》，臺灣文獻叢刊，第17號，卷五，頁369，臺北市：臺灣銀行經濟研究室，1959。

農曆八月十五日爲中秋佳節，是傳統三大家族團圓節慶，如《苑裏志・風俗考・歲時》：「八月十五日爲中秋節，各家皆以月餅、酒醴祀福神，並祀祖先」〔註30〕之記載是日各戶會準備「拜公媽（祖先）」及「拜土地公」，因爲此日又爲福德正神誕辰。供品爲中秋月餅、牲禮等。另供拜「米粉芋」（混芋之米粉），此因俗稱：「食米粉芋，有好頭路。」（芋、路台語諧音），以爲此日食米粉芋，祈求祖先之靈保佑，則有良好職業。

2. 重陽節

古人以九月九日，日月皆值陽數，因以爲節名，曰「重陽」，或曰「重九」。由於重陽節又稱「敬老節」，故台灣各地舉行敬老大會，爲年長者祈福添壽。以往台灣漳州人不做清明節，而於此日，供牲禮祭祖先。另外在重陽節，家家戶戶除了祭祀祖先，還會去郊外踏青、放風箏，如《雲林縣采訪冊・風俗・歲時》云：「九月九日重陽節，家祀祖先，俗少登高之會。童子於是節前後，製各樣風箏送入雲霄；夜繫小燈籠於箏線，朗若巨星。」〔註31〕家族於是日相約至戶外踏青健身，並可連絡族人情感，一舉數得。

（四）冬──冬至

陽曆十二月二十二日或二十三日，又稱「冬至節」。是日前，家家戶戶搓圓仔，製作紅白兩種湯圓，又稱冬節圓，在家神暨祖先位前各供三碗圓仔及三牲、五牲、香燭、燒金放炮祭拜。連橫《台灣通史・風俗志》中記載：「冬至之日，祀祖，以米丸粘門戶。前一夕，兒童塑雞豕等物，謂之添歲，猶古之亞歲也。」〔註32〕在冬至前後十天，台灣之同姓同宗者，將五、六代以上祖先神主合祀於家廟，祭祖祠，並設宴招待親戚朋友，這稱「祭祖祭」。

（五）過　年

過年稱爲除夕，意味舊歲至此夕而除，明旦換新歲。俗稱廿九暝或卅暝，蓋臘月有月小廿九日，亦有月大卅日之別也。在《台灣通史》中記載：「除夕之日，以年糕祀祖，並祭宅神門灶。以飯一盂、茱一盂，置於神位之前，上

〔註30〕蔡振豐，《苑裏志・風俗考・歲時》，臺灣文獻叢刊，第四八號，頁85，臺北市：成文，1984，臺一版。

〔註31〕〔清〕倪贊元《雲林縣采訪冊》，台灣方志集成，頁27，台北：宗青，1995，初版。

〔註32〕連橫，《台灣通史》，臺灣文獻叢刊，第128種，卷二十三，頁598，臺北市：臺灣銀行經濟研究室，1962。

插紅春花,以示餘糧之意。先數日,親友各饋物。是夕燃華燭,放爆竹,謂之「辭年」。閣家圍爐聚飲,爐畔環錢,既畢,各取錢去,曰過年錢。陳設室內,以待新年。」〔註33〕

歲末除夕當日下午,供拜牲醴,祀神祭祖,謂「辭年」。在神龕上的公媽靈前,堆疊柑塔,供年粿、春飯(飯上插春字剪紙、紙花,紙花謂春仔花、春飯花,「春」諧音台語的「剩」,取意「歲有餘糧,年年食不盡」之吉意),押桌錢(線香穿制錢一百枚,並在其端插紅棗,如是,錢壓在桌上,取發財之意)。〔註34〕

二、生命禮俗

傳統儀俗當中,與人生死婚喪過程相關的民俗異常豐富和完善,從出生開始的出生禮、冠禮、婚禮,直至死亡,都是圍繞著人生大事而進行的,形成一種規律的慣制,它們在我國儀禮民俗中占有重要位置,許多的習俗本身就是先人的生活經驗累積許,使後人在每個過程有所依循;葬俗爲人生最後一個程序,人死後,宗祠祭祀便又接上,人生得以圓滿。在台灣的生命禮俗當中,每個階段都有祭祖的禮儀,因爲不論生育或是成年、婚嫁、喪葬,都是與家族成員的繁衍、存續有關的大事,在報本反始的觀念引導下,家族的繁衍與祖先息息相關,故必須敬告祖先,祈祖先之保佑以求家運順遂,故以下筆者將分別談論生育、成年、婚俗與喪葬習俗中,與祭祖相關的環節。

(一)生育禮俗

「不肖有三,無後爲大」,在台灣傳統社會中,人們認爲家族性的祭祀(也就是「香火」),是不可以斷絕的,所以男女一旦結婚,爲了能立刻生子,有向註生娘娘祈求的風俗,因此凡是規模大一點的廟宇的後殿,偏殿多半都是供奉註生娘娘或十二婆姐等與生育相關的俗神。

1. 三朝之禮

由於中國文化屬於男系社會,慶出生、愛子孫,希望子孫綿延繁榮是人類共同的心願,中國人尤其如此。這主要是視宗祧繼承及祭祀爲人生大事,原則上要由子孫來承接宗祧祭祀,又必定要男子來承擔,父傳子,子傳孫一

〔註33〕連橫,《台灣通史》,臺灣文獻叢刊,第128種,卷二十三,頁598,臺北市:臺灣銀行經濟研究室,1962。

〔註34〕吳瀛濤,《台灣民俗》,眾文圖書公司,2000,頁34。

直傳承下去，所以家裡增添新生兒是一件大事，尤其添丁更是天大的喜事，必定要敬告諸神與歷代祖先。根據片岡嚴《台灣風俗誌》和吳瀛濤《台灣民俗》所記載傳統的漢俗，在新生兒出生後第三日會舉行三朝之禮（古之湯餅會遺俗），拾子婆替嬰兒洗身換新衣，然後由祖母或母親抱嬰兒，以雞酒油飯、牲醴〔註35〕，到正廳拜神佛及祖先，並為嬰兒命名。

2. 滿　月

即彌月之喜。嬰兒滿一個月時，由外祖父母餽送禮物，包括紅圓仔、嬰兒服、背巾、金、帽、戒指、麻油、酒、雞、桔餅、腰子、豬肉、芋仔、福圓（龍眼），雞蛋等取十二樣。為慶祝嬰兒之彌月，家中也備酒席宴客，並祭祀祖先、床母、註生娘娘等神佛。

3. 四月日

在嬰孩出生後四個月舉行，習俗上會為嬰孩「收涎」。該俗係以酥餅掛在嬰兒頸項上，由其父親抱到左鄰右舍，央年老福氣大的老人代為「收涎」，則此人將餅弄成一半，一半擦此嬰兒嘴，並念吉祥語「收涎、收離離、明年再招小弟。」之類，期望使嬰兒停止流口沫，而且希望下次是生個男兒。〔註36〕根據筆者訪問之北部林姓宗親會耆老表示，四月日的重點在於為小孩子「收涎」，過去於該日也會祭祀祖先，略同滿月祭拜祖先之方式，但是現在通常以滿月祭祖為主，四月日之祭祖儀式較為簡單，或是僅行上香禮，像祖先報告子孫成長狀況，祈求祖先祝福與保佑。

4. 週　歲

嬰兒週歲時（即初次的生日），俗稱「度晬」。是日，要帶小孩到廳堂敬神拜祖先，而以紅龜粿贈親朋鄰居，並開宴請客。外家，古時送長衫、馬褂、碗帽，或金手鍊、金腳鍊等金飾，金則送現代衣類及金戒子，以為賀禮。〔註37〕然後進行「試週之禮」。〔註38〕

〔註35〕三朝之禮所備之牲醴，其中雞腳須直伸不折，此與平日供拜雞鴨均將其腳倒插腹中者不同。蓋為表示嬰兒長成後身體健壯之兆。俗稱「腳長、有食福」意為有「食福食祿」。又，通常敬神，倒酒係分三次，為於此時則一次倒滿，意以嬰兒不時常隨處灑尿而有規矩之兆。

〔註36〕鈴木清一郎《台灣舊慣習俗信仰》，台北：眾文圖書公司，1989，頁135。

〔註37〕吳瀛濤，《台灣民俗》，眾文圖書公司，2000，頁116。

〔註38〕所謂「試週之禮」，是在嬰兒滿週歲當日舉行，由親友準備筆、墨、書畫、雞肉、雞腿、豬肉、算盤、秤、銀、蔥、田土、包布等十二種東西，放在米篩

（二）冠筓之禮

古時，男女也別，男子年滿十六歲可行冠禮、女子行筓禮，該禮象徵成年，可以婚配嫁娶。依閩台地區而言，「冠禮，久不作矣。」〔註39〕多於婚嫁時，行男冠女筓之禮，〔註40〕根據吳瀛濤《台灣民俗》之內容，其儀如下：

男冠女筓之禮，於婚前數日擇吉，男女雙方於同一時刻行之。屆時，在正廳，男作竹篩中之五升桝上，面向廳內，女坐籏壺（扁平竹器），面向廳外（表示出嫁）。而由好命人（親屬尊長中之全福者），爲男三梳其髮，盛裝後加之以冠。即冠，拜天公祖先，次拜父母，父醮以酒，申戒辭。女則由全福婆挽面結髮，而上筓釵。其後，禮如前儀，母教以敬奉舅姑尊長之禮。既畢，設筵以餞。此後，男則忙於親迎準備，女則入閨房，靜候親迎。〔註41〕

（三）婚 禮

我國自遠古以來，即十分注重婚姻禮儀。《易‧序卦下》云：「有天地然後有萬物，有萬物然後有男女，有男女然後有夫婦，有夫婦然後有父子，有父子然後有君臣，有君臣然後有上下，有上下然後禮義有所措。」〔註42〕《周禮‧大宗伯》也說：「以昏、冠之禮，親成男女。」〔註43〕親成男女者，即是以婚禮來親和男女、加深兩個家族之間的結合。可知婚姻不僅僅在生命的繁衍上肩負著重要使命，更被賦予了擴展維繫社會、國家的重任，所以《禮記‧昏義篇》以爲婚禮是禮之本，具有「合兩性之好，以上事宗廟，而下以繼後世」〔註44〕之大任。

讓小孩任意拿一種，視小孩所取之物來預卜其將來，例如拿算盤與秤，將來會是商人；拿筆墨則擅讀書；拿雞肉即身體健康……。今日有舉行此禮之家庭，將這十二種物品改成現在器物，例如聽診器（表示將來做醫生）、計算機（表示將來從商）、球（將來當運動員）……等，物品雖依時代改變，但寓意依舊相同。

〔註39〕周凱，《廈門志》，臺灣文獻叢刊，第95種，卷十五，頁645，臺北市：臺灣銀行經濟研究室，1961。

〔註40〕參考鄭鵬雲、曾逢辰，《新竹縣志初稿‧閩粵俗》：「冠婚（古人自十六歲至二十歲皆可行冠禮；今則與婚並行）」，台灣文獻叢刊，第61種，頁183，臺北市：臺灣銀行經濟研究室，1959。

〔註41〕吳瀛濤，《台灣民俗》，眾文圖書公司，2000，頁123。

〔註42〕《易經》，十三經注疏本，卷九，頁187，，台北：藝文印書館，1985，十版。

〔註43〕《周禮》，十三經注疏本，卷十八，頁277，台北：藝文印書館，1985，十版。

〔註44〕《禮記》，十三經注疏本，卷六十一，頁999，台北：藝文印書館，1985，十版。

正因婚姻代表著宗族命脈的既往開來，所以需要祖先的認可和祝福，流行於台灣地區的傳統婚俗，大體上是沿襲古代六禮「問名、訂盟、納吉、納徵、請期、親迎」演變而來，在婚禮中，人們透過對於祖先的崇敬，表現出對婚禮謹慎鄭重的虔誠之心。也由於婚禮是招外姓女子成為本家人的過程，故從問名開始一連串的習俗當中，透過祭祖儀式，象徵迎接新復成為家庭成員的過程。

1. 問　名

即稱議婚。由媒妁送女之「八字」（庚帖）於男家，書其生年月日時（即八字），男家將此置於神前祖先案上，卜吉。三日內如家中平安無事，則將男方庚帖送女家。女家接受之後，或問卜於星相，或即表同意合婚。

2. 送　定

即訂盟合婚，於問名後行之。送訂或稱過定、定聘、攜定、小聘、文定等，係訂婚禮俗。送定後，再經完聘（或稱大聘），於是，聘禮始告完成。以有將大聘、小聘併合而行者，以省耗費。送定，擇吉日，由男家備送聘禮至女家。聘禮計為：紅綢（上繡生庚二字，即為庚帖）、金花（金簪）、金手錶、金戒指、金耳環、羊豬、禮燭、禮香、禮炮、禮餅、連招花盆（取意連生貴子吉兆）等。媒妁及男家雙親或其親戚，陪同前往。

聘禮，女家受其一部分，男備十二品物件回贈。禮餅則分贈親朋，作為訂婚通知，此謂「分餅」。受贈親朋，日後需贈賀結婚禮物，以為粧奩之敬。男家亦分餅，惟僅分與至親戚友。

送定時，男家親至女家，女家即將聘禮奉於神前祖先案前供拜。而請男家入席後，由將嫁女兒捧甜茶上廳，一一介紹與之見面。男家則各包送「壓茶甌」禮，然後戴戒指。戴戒指完後，則訂婚禮成，乃以此奉告神明祖宗。

3. 完　聘

或稱大聘，即併納吉、納徵之二禮，具婚書、聘金、幣帛等物，署「納幣之敬」，女家亦隨輕重而報之。當完聘禮物由媒人帶領送至女家時，女家則歡宴男家，燒香鳴炮，奉告神明祖宗，以坤書（女方婚書）交付媒妁，而約定婚禮。

4. 親　迎

親迎即謂新郎親往女家迎娶新婦，或稱迎娶，即今之結婚婚禮。婚禮當

天，新郎偕同媒人至女家迎娶，是時親朋六人或八人作迎親客，陪同隨行。及至女家，新婦即拜祖先，叩別父母，於擇定時刻隨新郎由西階步出，而由年高多福之「好命人」扶持上花轎。迎娶至男家，進廳堂，新郎新婦同拜天地祖先，而後行交拜禮。交拜後，入洞房，並坐案前，燃花燭，飲合卺酒，至此禮成。〔註45〕

婚後第三日，引新婦至廳堂拜神，此稱「出廳」。出廳時，夫婦先祭拜神明祖宗，而後跪拜父母或致茶敬親族尊長，及與幼少弟妹見面。禮成後，新婦旋至廚房，烹飪煮食作爲從事家事之開始。

（四）喪 禮

喪禮乃透過一連串的儀式，使將亡者順利的度過死亡的關卡，然後轉化爲祖先，在歷代禮儀規定當中，對於喪禮制度制定的最爲詳盡，以今日的社會風俗來看，五禮當中變化最少者即爲喪禮之儀節。喪禮中，請擇日師擇定出殯日期，出殯後，則須在家安靈，佈置孝堂祭拜，在家每七日一祭，稱「做旬」，往往「三旬」、「五旬」、「七旬」都請僧道誦經「做功德」，七七之後止弔，有喪家自入殮起至除靈日止，每日晨昏兩次靈前供「孝飯」，喪期既滿，焚「魂帛」，祖靈中添塡新靈，或另立靈位，與祖靈合祀，稱「合爐」。

筆者就鈴木清一郎《台灣舊慣習俗信仰》與片岡巖《台灣風俗誌》中有關喪禮之記載，針對由人轉爲鬼魂，意將亡者如何轉變爲祖先的幾個重要儀節，作摘要式的整理如下。

1. 搬 舖

台灣傳統習俗，成年人如果生了重病，求神問佛與藥石罔效後，於彌留時，家人便會將病人從寢室移到正廳，稱爲「搬舖」。在正廳放二隻長凳，上排木板舖草席及棉被使病人臥在上面，氣絕時家人相集哭泣，並且在死者頭下放金紙做枕（有的地方放石塊），枕邊放鴨蛋、米飯、竹箸，在腳尾焚香、點燭、燒銀紙。是爲使死者免在冥途中迷路，及免受飢餓之意。〔註46〕習俗上還有幾項措施：

（1）嚥氣時要摔碎一隻茶碗。

（2）遮住天公爐。

（3）在正廳諸神和祖先的牌位上蒙一塊布，一直到死者入殮後才能取

〔註45〕婚禮部分係參考吳瀛濤，《台灣民俗》，眾文圖書公司，2000，第五章整理而成。
〔註46〕參考自片岡巖，《台灣風俗誌》，台北：眾文圖書公司，1990，頁24。

下。按照本省人傳統習慣，剛去世的人的牌位要單獨供奉，待喪期屆滿，經過「合爐」的儀式之後，才能把他的名字寫在歷代祖先牌位中一起供奉。

（4）死後立刻爲死者蓋上「水被」（在一塊白布中央縫上一小塊紅綢子）。

（5）如果是因爲傳染病而死的人，就煮一個鴨蛋塞在死者的嘴裡，以預防把病傳染給其他人。〔註47〕

（6）以紙製小橋，裡面填銀紙在屍體前燒化，稱「過小橋」，是向天報告死亡的意思。

一般認爲，正廳是家中最神聖之地方，在這裡嚥氣離開人世，靈魂才會順利地轉生，所以若病人於醫院中被醫生宣告生命即將終止時，多數家庭便會考慮將病人移回家中正廳，守候於其身邊。

2. 發　喪

一般把對外發表死者的喪訊，叫做「發喪」，近親、宗族、好友都要分送訃聞，訃聞上遍列遺族名字。若派遣專人通知親友，又叫做「報白」。發喪後，在家中門口紅色門聯上貼上一條白紙，以表示家中的變喜爲憂；如父親死時，在白紙上寫「嚴制」，如爲母親，則寫「慈制」，男貼左女貼右。接者在遺體前擺一張桌子，桌上放一座香爐，香爐兩旁點燃白蠟燭，作爲臨時的靈桌。來弔喪之人，首先要面對香爐叩頭弔祭，然後才能進入屋內安慰喪主。

3. 開魂路

喪家請「師公」或僧人，來到死者靈前念經，叫做「開魂路」；目的是替死者的靈魂開出一條平坦大道，以便讓他順利走向陰間。

4. 入　棺

遺族穿戴孝服，至附近取井水或溪邊汲水（即流動的活水，或是自來水置於室外受日月照射一段時間以替代）。稱爲「乞水」。死者如爲男性，由孝男尸浴並剃頭辮髮，如果死者爲女性，則由媳婦尸浴並縮髮裹足。梳死者頭髮的櫛用後折爲兩段，一片棄在街上，一片置在棺內。又稱「壽衣」者，由孝男戴笠站在竹凳上，雙手向前套穿給死者穿的衣服數領，然後請與死者無

〔註47〕參考自鈴木清一郎，《台灣舊慣習俗信仰》，台北：眾文圖書公司，1989，頁296。

親戚關係的「好命人」（父母兩全的女人）給死者穿衣。棺內先放七星板、銀紙並鋪茵褥，死者仰臥戴帽著履，上面蓋「復衾」，周圍填滿用絲線捆的銀紙（也有放金銀庫錢等東西），這稱「襲斂」。封釘由道士或子孫來封。這過程當中，始終伴隨誦經、燒紙、燒香。入棺完畢後將棺頭朝南安置於廳堂正位。此時依禮生指示，孝男穿喪服行九跪九拜，其次由主婦引導子婦祭拜。此後至安葬以前這段期間需守制，隨各家習俗不同，或請道士、和尚讀經迴向。

5. 安　葬

送葬這天，和尚道士等早上起讀經、燒經，到時禮生讀起送葬之順序。在送葬開始前，和尚道士在靈柩前供牲禮並舉行「祭煞」。穰凶煞完畢後，和尚道士燒紙讀經後引柩，稱為「祭起馬」。安葬行列遊市街村里後，由子孫近親護送到墓地。送葬沿途要焚燒銀紙，是為過路向諸神表示禮貌的意思，一路亦要不斷奏哀樂。

安葬以前孝男要請「風水先生」到墓地選定地點。供三牲燒香燒紙祭土地神，這稱「開兆」，是為死者永眠之處祈求土地公庇護的意思，然後掘土築墓稱「開壙」。在送葬當日，靈柩到墓礦時魂帛置在「靈座」，神主置在旁邊，並將「棺罩」撤去，幡旌插在墓的左右，將靈柩移置壙前。男人站在靈柩右邊，女人站在靈柩左邊號哭再拜辭訣。這時師公將靈柩安置於壙內，與魂帛一起埋葬，覆土立墓牌，這稱「窆」。後孝男再祭后土，祭畢背神主在墓前跪拜，朱點者以朱筆點神主，將神主安入米斗置在墓前，先由朱點者跪拜，次由孝男孝孫焚香奠酒哀哭跪拜，拜畢跪在墓側，並由親族、朋友、婦女依序跪拜，然後僧侶引導孝男繞墓並取一塊土放入香爐，將神主安置魂轎內，回家奉在正廳，由僧道燒香、燒紙、讀經，家人亦燒香、祭拜、號哭，這稱「安靈」。安葬後每朝夕向神主跪拜、燒香、慟哭。又安葬後三天或七天，孝男及近親備牲禮到墓祭拜，這稱「收灰」、「謝土」。〔註48〕

6. 作功德與除靈

死者死亡後每七日及每月初一、十五日，請僧侶或道士讀經祭拜，又有人請「食菜人」來讀經，這稱「做功德」。做功德時僧道等讀經奏樂並表演弄鐃鈸、轉廻皿等節目，最後散布餅及錢。這稱「弄大饒」，是慰死者靈魂的儀式。另外還會請「糊紙師傅」製作「靈厝」，以紙、細竹、漿糊做成的紙厝，使死者靈魂居住，厝內車馬、從僕齊備。死者死後七日做一旬時，傳統習俗

〔註48〕參考自片岡巖，《台灣風俗誌》，台北：眾文圖書公司，1990，頁32。

以為，通常死後七日該靈魂才會知道自己已經離開人世，他的靈魂會回到家中來哭，而死者的遺族不能比死者晚哭，所以在第七夜的凌晨零時起來哭，到這一天中午來要上供和燒銀紙。頭七必須由死者的兒子或媳婦來祭祀。此外每一旬都來要祭拜陰司冥王，因為死者死後每隔七天，就要到冥王那裡接受一次調查，所以遺族才給冥王上供請願，希望冥王對死者的靈魂可以高抬貴手多賜恩惠。〔註49〕做三旬、五旬的時候，既嫁未嫁的女兒要製二十四孝山及金銀山，這些東西是為壯瞻觀而安置在正廳。四十九日或百日時請僧道舉行「除靈」，將紙厝、紙像、靈厝、二十四孝山等一併燒化，以為死者在天使用，這稱「放謝馬」。除靈完後神主（牌位）安置在祠堂或神龕內。朝夕供酒飯、燒香拜祭。

至此，表示先人已加入列祖列宗之行列，死後滿一年延請僧道來祭祀，這稱「做對年」。祭祀的方法與守靈中的儀式相同。三年後稱「做三年」，也要祭祀。另外每年於死者死亡日舉行祭拜，稱「做忌」。

（五）先人的生日和忌日

台灣人祭祀祖先通常分為凶祭與吉祭，父祖亡後週年內的祭祀屬於凶祭；以後在正廳、祠堂及墳墓的祭祀稱為吉祭。一般家庭會按供奉祖先之生日和忌日定時祭祀。每逢先祖的忌日或生日來臨時，家家戶戶都會準備供品祭拜祖先之習俗，通常忌日的祭拜又更為隆重。在家長的率領下，依長幼次序，在供有祖先牌位的神龕前上香，跪拜，同時還供上祖先生前喜愛的菜餚，焚香點燭、燒紙，虔誠地向祖先禱告。〔註50〕透過對先人生日、忌日之祭祀，懷念先人過往的事跡，彷彿先人伴於身邊，除了是傳統盡孝的習俗表現，生者還可藉機抒發對亡者的思念。依各地風俗不同，通常死後十年以上，或是更久的先人，有些家庭便會不再舉行單獨舉行「做忌」之儀，而是合於重陽節或多至等節日，對所有祖先舉行共同祭拜。

三、祭祀儀節

祭祀儀節依在家庭正廳中舉行，以及宗親會之宗族團體舉行，所採用之儀節有所不同，分述如下：

〔註49〕參考自鈴木清一郎，《台灣舊慣習俗信仰》，台北：眾文圖書公司，1989，頁334。

〔註50〕李志鴻、陳芹芳，《從唐山祖到開台祖》，九州出版社，2002，頁193。

（一）一般家庭祭祖禮儀

一般家庭在家祭祖之儀節，漳、泉、閩、客之間雖然各有傳統，但就其過程而言，大致上是大同小異，根據徐福全《台灣民間祭祀禮儀》之研究，指出其共通性的步驟如下：

(1) 神前供奉牲饌祭品，包含米飯、麵食、糕粿、雞、鴨、魚、豬肉、菜餚、酒及金銀紙與鞭炮等，排列茶杯三只，酒杯五只，且須備置乾淨碗筷若干副。（副數依各家傳統而定，其擺法分二種：一為一一分開陳列、一為整疊陳列。）

(2) 點燃神案前蠟燭一對。

(3) 神前獻茶三杯。

(4) 焚香迎神。此時家長必須開口拜請堂上列祖列宗，一一呼請，彷彿列祖列宗就在眼前，並稟明是日是何年節，裔孫某某人設備什麼祭品，恭請列祖列宗來格來嘗。

(5) 敬獻第一巡酒。

(6) 家長擲杯筊請示祖先降臨否？若未得聖杯（一正一反），家長即向列祖列宗稟明再度恭敬降臨，直至聖杯為止。子孫等此時可以盥手後上香，但不得喧嘩、追逐嬉戲。

(7) 祖先既降臨，乃敬獻第二巡酒。

(8) 欲對祖先有所祈禱者，此時恭持杯筊對公媽牌虔誠秉告，然後擲杯筊以見祖先允諾否。如台灣諺語云：「在生憑講話，死了憑跋杯。」

(9) 敬獻第三巡酒。

(10) 爐香焚燒過半後，擲杯筊請問祖先鑒納完畢否？若擲多次而未得聖杯，家長應向祖先告罪自責，歷詢不敬之事，直到得聖杯為止。

(11) 雙手捧金銀紙與鞭炮拜公祖先鑒納。

(12) 焚化金銀紙，燃放鞭炮。

(13) 持酒在金銀紙上灑一圈，俗稱「彥餞」。

(14) 禮成。撤饌。

一般家庭祭祖儀節，適用於過年過節、祖先忌日等時刻，儀節與供品方面晚近已有簡化趨勢，例如獻酒通常簡化為一巡。變動最多的應屬祭品方面，由於家庭人口數不再像農業時代大家庭那麼多，消耗量有限，因而數量變較以往少，為免浪費甚至有用罐頭食品祭拜者，但是只要有報本反始之心，這

種因時制宜的改變應該是值得肯定的。〔註51〕

（二）宗親會祭祖儀節

宗親會或家廟、祠堂之祭祖儀式，較講究者仍沿用三獻禮作爲祭祖儀式，其所需動用的人力（含主祭者、陪祭者、通、贊、引、樂生、執事等人）、物力、時間、金錢，遠比家庭祭儀多，無法經常舉行。就台灣地區祠堂的慣例來看，很少有依四時祭享舉行祭祖大典的，大多數一年中只舉行兩次祭典，這兩次祭典一般是春秋二季，其日子分歧不一，有的用春分、秋分；有的用清明節、八月初一；有的則採擇日法，在清明節與中秋節前後各擇一日；有的祠堂是採春、冬二祭，採春冬二祭的一般是用清明節及冬至二日祭祖。〔註52〕根據筆者的調查，現在有些祠堂或家廟甚至只剩一年一大祭，或用清明、或用冬至，在其他節令也會舉行祭祀，其儀節較爲簡單，與前述之家庭祭儀差不多。

根據吳瀛濤《台灣民俗》之記載，由宗親會每年舉行的春秋二祭，祭典極爲隆重，當日，龕前神桌上供四果（水果四種）、十二碗（糖果蜜餞類）、三牲、紙製的馬蹄銀，香爐插上一對金花（金色的造花，往時秀才或舉人名列金榜時，用以插在帽冠兩側者，香爐插金花，藉以表示爐主的光榮）。往時且常以祀明祖先官職學位的長腳牌四面、涼傘一柄、芭蕉牌一柄，併立祭場門口。廟中懸吊朱書「種德堂」「大宗祠」等字樣的柑燈（柑形的圓燈），朱書江夏黃、紫裳黃、燕山黃、金湖黃、浦仔黃等按其出生地別姓氏的桶燈（桶形的燈）各一對。

安祀位牌的龕，分中、南、北三龕，中龕中列爲仁位，左右次列爲義位，再往左右次列爲禮位，南龕爲智位，北龕爲信位，每列爲階段式，全龕足可容納六七百位的位牌。仁位中央只有奉祀該祖廟的始祖及祖妣夫人及對國家有功勞的祖先位牌計十二位，又在左廟有福德正神（土地公）的小祭壇，祭祖時也供三牲祭拜之。

祭祖往時由主祭、陪祭兩人司儀，主祭由同姓中有官職學位者推選，陪祭由爐主擔任，今已改由爐主制，概由爐主當主祭。爐主的選出，是於祭典終了後，以擲筶獲最高點者或以抽籤的方式決定。當選者咸認爲名譽。

〔註51〕徐福全《台灣民間祭祀禮儀》，台灣省立新竹社會教育館，1995，頁98～100。

〔註52〕徐福全《台灣民間祭祀禮儀》，台灣省立新竹社會教育館，1995，頁98～100。

祭祖活動的流程如下：

爐主盥手後由左右禮生唱號上香行三獻禮，取盃三次擲酒於圓桌下的茅盆（盆中放砂，中央栽茅者，行此儀表示祖先降臨），禮生讀祝文，爐主讀嘏詞（祖先給予子孫的吉語佳詞），供拜酒菜、燒嘏、金銀紙、馬蹄銀，祭畢，在廟庭開一年間的會務收支報告，及討論有關祀祖事項，然後開宴。

昔時的祭祖更爲莊嚴，茲錄其儀注於下：

（1）通讀生唱。引讀生唱。

　　　擂鼓一聲，排列祭品。

　　　擂鼓二聲，主祭者至。

　　　擂鼓三聲，陪祭者至。

（2）執事者各事其事。

（3）請主祭者詣盥洗所。入班。進布。班齊。盥手。

（4）開門。

（5）主祭者就位。樂奏。

（6）迎神。

（7）跪。

　　　陪祭者跪。叩首。再叩首。六叩首。興。

　　　跪。叩首。再叩首。九叩首。興。

（8）行初獻禮。上香詣酒罇所。司罇者捧杯酌酒。

　　　跪。

　　　詣始祖考妣諸神位。

　　　奠帛。

　　　獻酒。酌酒。再酌酒。三酌酒。

　　　叩首。再叩首。三叩首。興。復位。

（9）行亞獻禮。

（10）行終獻禮（禮儀均同上祀）。

（11）行飲福祚受祚禮詣香案前。跪。飲福酒，受福祚。

（12）請讀嘏詞者就位。

　　　樂止。讀嘏詞。樂奏。

　　　叩首。再叩首。三叩首。興。

（13）復位。

（14）送神。跪。（行至九叩首）

　　通讚生唱「望燎復位，司帛者捧帛，司酌者捧酌」。

（15）各詣望燎所。

（16）望燎復位，禮成撤饌。

（17）退班團圓。

祭典後聚餐俗稱「食祖」。食祖的費用以及祭典費用，由祖廟的基本財產開支，祖廟無財產時，由參加者繳會費，不足額歸爐主（擔當祭典者）負擔。〔註53〕

（三）祭祀供品的準備

整體而言，祭祖時祭品的準備可分為三大類，按各家情形備置程度略有分別而以，筆者列舉如下：

1. 牲　禮

牲禮有三牲五牲之分，五牲為豬肉、雞、鴨、魚、卵（或以其他一物代之），用於較大的祭祀。三牲為五牲中的三牲如豬肉、雞、魚，用於日常一般的祭祀。又有小三牲者，以雞卵代用雞，以小片豬肉代替大塊豬肉，以魷魚代用魚。而料理方式依閩客習俗則有所不同，以雞隻為例，閩籍人士認為拜神所用之雞，不可剁，而拜過神的雞可以用於拜祖先，但是拜祖先的雞一定要剁為塊狀才可用以拜祖先；而客家習俗拜祖先必用「全雞」，水煮熟後，不切不剁，雞爪要收於腹腔內。

2. 菜　飯

菜飯是膳食菜料十二種及飯，用於供拜祖先。果食是水果、糕餅之類，用於一般的祭祀。更有在三牲五牲之外，再羅列豐富的山珍海味。

3. 茶　酒

獻茶獻酒祭祀，尤以酒為不可缺。俗云「拜神，無酒擲無筶」，意即非酒不能使神滿意。拜神供獻三杯，拜祖供獻七杯、九杯、十一杯不等。獻茶即供清茶三杯（俗稱「敬茶」），供獻的日子，一般家庭是每月初一、十五日，也有每日供奉者。

4. 金銀紙

金紙係拜神用，分盆金（用於玉皇大帝）、頂極（用於諸神，分大極、小

極兩種）、天金（用於玉皇大帝，分有頂級天金、大天金、中天金、小天金四種）、壽金（用於諸神）、福金（用於土地公）、中金（用於玉皇大帝）。銀紙則有大銀（用於祖靈）、小銀（用於鬼差）、高銀（用於謝神）、白高錢（用於喪，懸掛門戶）、庫錢（用於納入棺內）、外庫錢（用於逐鬼邪）。〔註54〕閩籍人士拜祖先用卦金與銀紙，銀紙係拜祖先用，尤其客家人拜祖先不用卦金，只用大銀與小銀。

第五節 日治時代皇民化運動對傳統祭祖習俗的影響

一、皇民化運動企圖改變台灣人之祖先信仰觀念

在日本治台直至皇民化運動以前，日本政府對於台灣民間祭祖活動並不反對，並將台人祭祖之習視為良風美俗，根據三峽宰樞廟之祭祖紀錄，昭和14 年農曆三月初三，三峽宰樞廟玄天上帝祭典，台灣神社神官以前來致意，圖 3-11 乃李氏族人與前來共同祭拜的台灣神社神官合影。

圖 3-11 昭和時期神官參與宰樞廟祭典留影

圖說：昭和 14 年農曆三月初三，三峽宰樞廟玄天上帝祭典，
李氏族人與前來共同祭拜的台灣神社神官合影。

圖片來源：三峽李景暘先生提供

〔註54〕吳瀛濤，《台灣民俗》，眾文圖書公司，2000，頁 53～55。

　　但是祖先信仰即象徵著台灣人和中國之間血脈與文化的緊密關聯，在七七事變以後，爲了鞏固台灣成爲日本聖戰的強力後援，日本政府以徹底切割台灣人與中國之間的關聯爲目標，在台灣發動一種皇民化運動。什麼是皇民化？借用日本人的說法是「一視同仁，鴻大無邊」、「使新附的 600 萬島民，感到衷心光榮與愉快，欣然參加皇謨翼贊」。更具體地說，是使台灣人和日本人一樣，有「八紘一宇的皇道精神」，有「敬神尊皇的精神」有「忠君愛國的精神」〔註55〕的文化改造運動。

　　日本政府希望把日本神道滲近台灣人的頭腦，使他們和日本人一樣「尊皇敬神」、聽天皇的話、爲天皇而死。它叫台灣人「改善正廳，奉齋大麻」，改善正廳是把台灣人原來在家裡正廳供奉的觀世音菩薩，換作日本的「天照大神」，稱之爲「諸佛升天」、「諸神升天」。放棄中國式的三跪九叩，學習日本大麻式的祭祀。又教台灣人放棄「媽祖」、「城隍爺」，改立日本的神社，和日本人一樣參拜。目的要徹頭徹尾改變台灣人的生活方式，過一種日本式的「皇風生活」，消滅中國人的民族性，將敬宗尊祖的對象改爲效忠天皇。

　　這個計畫並沒有成功，根植於漢人心中的祖先信仰，不僅僅是心靈上的精神崇拜，其中所包含的還有許多生活經驗、習俗，漢人一生的成長過程都與祖先信仰有關，並非外力可以強力拔除，縱然因應時局而有所變化，但是在光復後幾乎都紛紛回覆原本的祭祀習俗，但是因爲觀念多少受到皇民化運動之影響，所以祭祖習俗也產生了不少變動。筆者將觀察所得以簡單舉例條列：

1. 神主牌位：例如陳照銘在〈祭祀公業派下之身分證明〉一文中，其利用神主牌位討論繼嗣身分關係之議題時，即發現日本政府在台灣推行皇民化運動期間，強迫台灣人的神主牌位改用日式；日式神主僅於中央墨書「某家歷代高曾祖靈位」；內函將渡台始祖名諱列於中央，下書生卒年月日，因爲日式神主較小，無法將高曾祖彌名諱平列，故分爲數片合在一起。〔註56〕在光復之後，則回復清領時期以前的神主樣式，但是與清代之神主牌位相較，有變小的情形。有關神主的樣式，在第五章第四節內討論祖先牌位時，會有更近一步之介紹。

2. 祭祖時出主、入主儀式省略，筆者推測可能是爲了低調的從事祭祖行

〔註55〕關山情主編，《台灣三百年》，戶外生活雜誌，1981，頁 103。
〔註56〕參考陳照銘〈祭祀公業派下之身分證明〉，《現代地政》，1998 年 6 月，頁 52。

為，在祭祀時不致過於明顯而引起反對。只是在光復後，該儀式亦不見回覆。可能與便利有關，或是因為祭祀祖先不以四世為限，隨祭祀對象之增加，遂不便遵行該儀式。

3. 祭祀時不行跪拜禮、改行鞠躬禮。中國以跪拜叩首為展現敬意的極致表現，在日治時代以後，逐漸以鞠躬方式替代，以三次為尚。

4. 祭祀時男性以西裝為正式穿著，捨棄長袍馬褂之穿著。

5. 行三獻禮祭祖時，由男性成員擔任行禮者，女性不擔任主要的祭祀工作。

二、新型法律制度對宗族社會的影響

日治時代在改變傳統漢人的祭祖觀念上，並沒有收到很好的成效，但是從其推行之法律制度與土地調查，則對台灣漢人的祭祀組織與原有的族產（公業）產生了相當大的影響。

日本政府在光緒二十年（1895）開始統治台灣時期，當時社會一切尚殘留前清遺制，故其奠基工作，即針對此等阻礙其殖民地近代化之制度運營，而其最大者乃土地改革及戶籍整理，且為後者訂定「戶籍調查規定」，於西元1905年十月一日實施第一次臨時戶口調查，確立戶籍基礎，前者則於西元1898年先後公佈「台灣地籍規則」「土地調查規則」，設立臨時台灣土地調查局，從事土地之調查、測量。這兩項調查對台灣原有的族產制度（祭祀公業）帶來一些改良成效，例如：

1. 戶籍調查確立家庭成員關係，成為日後祭祀公業界定派下權歸屬的主要證明。

2. 在土地調查後，發現台灣民間許多土地都屬於家族之族產，產權歸屬於全族，日本政府為了有效推行其土地利用政策，要求祭祀公業究其產業進行登記，以明確產權所有，此舉讓保障了交易安全，是疏通台灣土地利用近代化的重要環節。

3. 由於土地利用方式改變，土地等不動產可以製造的效益甚於過去純農業時代，原本家族對祭祀公業的管理方式係以各房輪流為主，不符合工商業社會的效率要求，在民政的管理下易造成疏露，故日據時代的統治者除了要求祭祀公業登記主義外，亦企圖推動以財團法人或社團法人組織取代祭祀公業。

　　基本上，與祭祀公業相關的法律規定，從日治時代開始實施後，直至今日都還是處理祭祀公業問題的主要原則，筆者從下章開始，將從族產的角度出發，詳細討論台灣普便存在的祭祀公業之情形。

第四章　台灣的祭祀公業

　　台灣民間普遍存在之祭祀公業，源自於明清以來盛行於民間的族產制度，而族產的制度，係以范仲淹對義田制度之規劃，加及朱熹提倡之祭田制度，以祭祀祖先爲精神號召，二者相輔相成，從明清以來成爲地方家族發展的重要制度，台灣早期爲移墾社會，在開發過程中藉由宗族之力量作爲後盾，所以族產制度隨移民根植於台灣社會；在報本反始之觀念影響下，台人對於先人的身後祭祀尤其重視，而以法制史之角度觀察，清代頒布禁海政策，導致台灣雖號稱清朝領土，但清代法律並未發生深厚的影響力，民間多依循習慣法處理產業關係；因此，爲感念開台先人之功勳，及合理處分其所遺下的產業，以祭祀先人爲目的而設立祭祀公業之情形，遂十分普遍。

　　族產制度在過去被視爲「敬宗睦族」的重要憑藉，故筆者在討論台灣祭祀公業之前，先針對族產制度作說明，藉由對族產制度之由來與用途之了解，可以對於台灣祭祀公業的之功能與發展，有更多思考空間。而今日台灣祭祀公業因應法律規定而有的制度措施，筆者亦將於本章中一一探討，以明台灣今日祭祀公業之結構與內涵。

第一節　族產制度沿革探討

　　所謂族產，即宗族的產業也，乃指宗族所共有之一切財產而言。這是由於家產乃屬於家所共有之一切財產的對比而來的。在家產方面，財的所有主體爲家族全體，而在族產方面，財之所有主體則爲宗族之全體。族產並非與宗族同時發生，乃由族人所造成者，且家產以不限定用途爲特徵，而族產則

必係根據於一定之目的而造成者，一般對其用途均預爲詳細之規定，且爲被人所造成者之間，彼此又有其不可分之關係。宗族由多數家庭之集合而成，雖於其內部仍保持統一，但於家族相互之間，並無本來的經濟生活之共同關係。換言之，宗族並不存在著宗族之固有財產的共有關係。然在宗族爲達成共同祭祀祖先、共同救濟貧寒以及其他宗族上之各種共同目的，而必要擁有屬於族之本身共有之財產。

宗族擁有族產的時間，或許在更早以前已見發軔，不過今日所熟悉的族產型態，主要從宋代開始，宗族組織以族產爲構成之重要物質基礎，主要分爲兩種類型，一者爲「義田」，一者爲「祭田」。其他有些族產以「學田」、「祀田」、「義塚」、「義倉」等命名，但大致按其性質都可歸屬到義田或祭田之類中，故筆者將從義田制度著手，展開討論。

一、義田制度

族產第一個要舉出者，便是義田，又別稱義產、族田、贍族田、贍族義田、及潤族田等。所謂義田即爲贍養宗族或救恤宗族而設之田產，往往稱包含此種田產以贍養宗族組織全體之物爲義莊。義田是田產，而義莊則爲收藏原來義田之田租並以之分配於族人之建築物，在原來意義上，兩者無非均爲贍養宗族組織之兩個構成要素。然因義莊之名特別爲人所重視，遂成爲代表贍養宗族組織全體之名稱，而義田則被人看做僅爲附屬之義莊田而已，事實上還不僅如此，亦有包含義田及祭田的義莊，尚有更加學田及義塚田，而組織義莊之實例。要之，義田乃以贍養宗族爲目的之田產，缺此義田則不能成立任何義莊之概念。

（一）義田制度之由來

據清水盛光《中國族產制度考》之研究，中國義田之創始者爲北宋之范仲淹，〔註1〕他創設了義田，同時又創設了義莊，其創設目的即恤宗族，使彼等免於饑寒。根據《范文正公集・范文正年譜》記載：

> 吾吳中宗族甚眾，於吾固有親疏。然以吾祖宗視之，則均是子孫，固無親疏也。吾安得不恤其饑寒哉？且自祖宗來，積德百餘年而始

〔註1〕范仲淹（989～1052），字希文，吳縣人。錢公輔《義田記》中形容其人平生好施與，擇其親而貧，疏而賢者，咸施之。方貴顯時，置負郭常稔之田千畝，號曰義田，以養濟群族之人。日有食，歲有衣，嫁娶婚葬，皆有贍。

發於吾，得至大官，若獨享富貴而不恤宗族，異日何以見祖宗於地下，亦何以入家廟乎？〔註2〕

據其文意旨，救恤族人，視族人如至親，是睦族的一種表現。根據錢公甫《義田記》之記載，范仲淹對於義田規劃之目的，乃使族人「日有食，歲有衣，嫁娶婚葬，皆有贍。」對於義田實際運作亦詳加規定：「擇族之長而賢者主其計，而時其出納焉。日食人一升，歲衣人一縑，嫁女者五十千，再嫁者三十千，娶婦者三十千，再娶者十五千，葬者如再嫁之數，葬幼者十千。族之聚者九十口，歲入給稻八百斛。」可知范氏主張對於族人之照顧是不分親疏遠近的。

明方孝孺亦曾云：睦族之法，祠祭之餘，復置田，多者數百畝，寡者百餘畝，……歲量視族人之所乏，而補助之。〔註3〕況且在族人相互之間雖自有親疏之別，如從祖先之立場觀之，則族人均為同等親近之人，故以祖先之心為自己之心，對於族人之苦於飢寒者，不容不予以救恤也。然視族人如親人而救恤之，視族人之命運如一己之命運，乃屬可能，在族人互相知其共同之命運時，其所發生之行為即為一族之團結，自此點言之，贍族與睦族之結果又必須伴隨以收族，三者交互運作，即可達保族之終極目的。范文正公六世孫范清憲公在其奏章中曾說：「仲淹奮身孤藐，遭世休明，深念保族之難，欲為傳遠之計，自慶歷皇祐以來，節次於蘇州吳長兩縣，置田畝立義莊，贍同姓。」〔註4〕范氏義莊不僅希冀經由救恤親睦與統合現存族人，而保全其族，更希望經由將來對子孫之救恤，親睦及統合，而實現范氏一族之永續發展之計畫。這種互助救濟之觀念淵源於更早，儒家思想對於理想大同世界之描述即有「故人不獨親其親，不獨子其子。使老友所終、壯有所用、幼有所長、鰥寡孤獨廢疾者，皆有所養，男有份女有歸。」之主張，孟子亦提出：「老吾老以及人之老，幼吾幼以及人之幼」並認為實踐之方法就是井田制度，根據《孟子‧滕文公上》：

死徙無出鄉，鄉田同井。出入相友，守望相助，疾病相扶持，則百姓親睦。方里而井，井九百畝，其中為公田，八家皆私百畝，同養

〔註2〕 《范文正公集‧范文正年譜》，四部叢刊集部，上海涵芬樓借江南圖書館藏明翻元刊本景印，台灣商務印書館，1981，頁242。
〔註3〕 方孝孺《遜志齋集‧宗儀‧睦族》，四部備要，集部，明別集，卷一，上海市：中華書局，1936。
〔註4〕 清水盛光《中國族產制度考》，中華文化出版事業委員會，1956，頁7。

公田，公事畢，然後敢治私事，所以別野人也。〔註5〕

又《尚書‧周書‧畢命》：「先王制之爲井田也，欲使民相親愛，生相佐助死相殯葬。」〔註6〕孟子認爲，藉由井田制度，八家同養公田，可作爲民眾日常生活相互扶持之依據，乃是最理想的田制。雖然井田制度已無，但是這樣的精神作用，仍可自義田制度規劃之意旨窺伺而得。

（二）義田制度之影響

范氏義田於設立之後不久，各地分起仿效，設置義田之風隨時擴及各地，以降各代都有類似「常人有百金之產，尚置義田，宗族困阨者，爲之教養，不使失所。」〔註7〕之記載。

其所以然，一般認爲係常民在義田之制中發現，該制實乃睦族、收族或保族之最優良手段故也。且范氏義田並非僅如此成爲義田制度之先河，其自北宋傳於南宋及元，復經明清時期，范氏子孫不單世守父祖之遺業，在義田之規模上，以及經營義田之規條上，在實踐中得到不斷完善，日趨嚴密。范純仁兄弟先後十次續訂規矩，分別爲熙寧六年（1073 年）、元豐六年（1083年）、紹聖二年（1095 年）二月、紹聖二年四月、元符元年（1098 年）、元符二年（1099 年）、崇寧五年（1106 年）、大觀元年（1107 年）、政和三年（1113年）、政和五年（1115 年），平均四年左右續訂一次。由於是「隨事立規」，所以續訂的內容，是根據實際需要而產生的，均獲致有改變往時面目之發展，非僅爲過去之陳跡，范氏義田成功之經驗，隨著義田制度之普及，更成爲後世成立義田制度時的仿效對象。在福建地區可以看到許多相關記載，例如廈門名士許名揚：

> 許名揚，字爾豐；澳水人。事繼母黃氏，以孝聞。兩弟早卒，撫孤姪如己子。慕范文正公爲人，題其堂曰「仰范」。倣文正公遺法，建義田以贍族孤寡；月計口授粟四斗，男至十八歲止。嫁娶、死喪無力者，皆取給焉。又立家塾，置書田，俾族中子弟誦讀其中；並自記勒石，恐久或渝，請於有司立案。〔註8〕

〔註5〕《孟子‧滕文公上》，十三經注疏本，卷第十二下，頁 221，台北：藝文印書館，1985，十版。

〔註6〕《尚書‧周書‧畢命》，十三經注疏本，卷十九，頁 291，台北：藝文印書館，1985，十版。

〔註7〕《元史‧列傳》，二十五史，卷一百八十四，頁 4242，台北：藝文印書館，1962。

〔註8〕《廈門志‧列傳》，臺灣文獻叢刊，第 95 號，卷十三，頁 524。

又如興化府莆田吳英：

> 吳英字爲高，號塊能，晉江人，徙居莆田。……英持身寬厚謹恪，
> 敦族睦鄰，置義田饑饉，修興泉學宮，無怙侈驕暴氣，故能以功名
> 終。〔註9〕

由范仲淹所倡導的義田制度，可以看出中國民間早有透過宗族之力量，來保障百姓之基本生活，實現近代對於社會福利制度的觀念，所以產生明清時期，以宗族爲主體的社會現象。

二、祭田制度

（一）祭田之種類

祭田可分爲祭墓田及祭祠田二種。祭墓田即墓田，自晉代以來歷代史書均可見相關記載，以《晉書·列傳》爲例：「滕脩字顯先，南陽西鄂人也。仕吳爲將帥，封西鄂侯。……太康九年卒，請葬京師，帝嘉其意，賜墓田一頃，諡曰聲。」〔註10〕同時代還有王沉、魯芝、嵇紹等人受賜葬田、墓田、塋田等之記事，可知墓田最早爲皇帝用以賞祀過世之功臣，作爲祭祀之用；這種風氣逐漸普及，到唐代，《唐律疏議》卷十三「盜耕人墓田」裡已明文禁止盜耕人墓田，可見墓田之普遍。

而祭祠之祭田，則由南宋之朱子首先提出，其將設立以祭祀祠堂先人爲目的之「祭田」，《文公家禮》規定：「初立祠堂，則計見田，每龕取其二十之一，以爲祭田，親盡則以爲墓田。」〔註11〕按朱子之原意，祭已死之祖先之神主於祠堂內之龕，以其現有田之二十分之一爲其祭田，祖先之親盡時，將神主自龕內撤去，同時並將其祭田變爲墓田。故依朱子所指之祭田，乃專指用於祭祀祠堂之田者，祭墓之田，僅呼爲墓田，以示區隔。

（二）祭田之演變

根據南宋馬端臨《文獻通考》記載紹聖元年臣僚之言曰：「元祐敕、典賣田宅、徧問四鄰、乃於貧而急售者有害、乞用熙寧元豐法，不問鄰以便之，

〔註9〕　《福建通志臺灣府·國朝列傳》，臺灣文獻叢刊，第84種，頁748，臺北市：
　　　　臺灣銀行經濟研究室，1960。

〔註10〕　《晉書·列傳》，二十五史，卷五十七，頁1553，台北：藝文印書館，1962。

〔註11〕　《丘公家禮儀節》，〔明〕邱濬重編加註，卷一，乾隆庚寅年重修版，頁123，
　　　　台北：新文豐出版社，1996。

應問鄰者，止問本宗有服親，及墓田相去百步內，與所斷田宅接者。」〔註12〕從內容上可推得墓田之制在宋代民間，業經廣泛實行。普通祖先之墓設有墓田，參加祭祀者亦僅限於各墓下之子孫，設如其墓爲族之始祖，則與祭者必爲全體之族人，是以墓田亦當然爲同族全體之共有物。

而依據朱熹對家禮之規定，祠堂所祭祀之對象，祇限制止於高祖，對於自禰而至高祖之四代之祖，各設一龕，並將各現有之田的二十分之一做爲祭田，使之附屬於每一龕，並非使之附設於全體之祠堂成爲共同所有。

朱子之祭田是以此方式而用於祠堂內之祭祀者，然其祭祀則仍以高祖爲界限，不能再行上溯。而較朱子之前，北宋理學家程伊川則主張有祭奠始祖以下各祖先之必要。依程伊川所主張之祭法，始遷主、即因出仕爲地方官而成爲一地方之土著，且其子孫蕃衍者，即以其爲中心而祭祀之。朱子之置祠堂並附設祭田的置祭田之法，亦傳於明清兩代，程朱二者祭法相結合，演變成明清時代所特有之祭祀祖先的體系；明清以降，復將其子孫中之士人或其族之有功勞者配享之，乃形成一種新的祭祀形式。〔註13〕

明清時代之祠堂亦多稱爲宗祠，宗祠之中所祭者爲始遷祖及族中之有力者，祭祀爲宗祠之祭，由大家共同辦理，同時其祭田亦附設於宗祠，而爲族中共同之產業，已無如朱子所倡行之祭田制度，於祠堂內每一神主個別設有祭田。而是宗祠內自始遷祖以下之祭祀，爲宗族全體之祭，故附設於宗祠之共同祭田，亦不得不隨之而成爲宗族全體之共有物。〔註14〕

是故除了以義田爲代表的族產，其次便是祭田。換言之：祭田爲供用於祭祀祖先之田產，無論祭祀之費用、祭掃或修葺祠墓、於祭後實行族宴或演劇之費用，均可由祭田田租開銷。祭田因祭祀有墓祭及祠祭之別，亦即塋墓之祭及祠堂或宗祠之祭兩種，故亦有墓田於祠田兩者之別，然不論附設於墓或祠之田，均以祭祀爲目的，故亦均可稱爲祭田。作爲族產之祭田，以不分

〔註12〕馬端臨《文獻通考・田賦考・歷代田賦之制》，第一冊，卷五，國學基本叢書，臺北市：新興書局，1958，頁61。

〔註13〕參考清水盛光《中國族產制度考》，中華文化出版事業委員會，1956，頁86～88。

〔註14〕自宗法制崩壞後以五世爲界限的小宗之制亦衰，宗族不限制一定之世數，但仍分爲保持上下統屬關係之大小若干支派，各支派經聯合形成族中最高層次之統一體。此等支派之始祖爲較該族全體始祖更爲接近之祖先，是以支派祖先者，不過爲其族人之一部分，其祭田亦僅爲支派之共有物，而不能屬於該族之全體。

割之形式傳於子孫，基於此因，祭田之共有範圍隨被祭者之距離越遠而越大。例如，祭父之祭田爲子之共有物，祭祖父之祭田爲孫之共有物，祭曾祖父之祭田爲曾孫之共有物，依同樣關係，則祭高祖之祭田則必爲玄孫之共有物。故以宗族之全體爲共同所有之祭田，必爲祭其族之始祖而設之田。

祭田又別稱爲祀田、祭田、嘗田、公田、祭產、嘗產、烝嘗田等。今日祭祀公業之公業，即祀田之演變結果，以祭祀祖先爲目的，有餘則撥作義田、學田等贍養族人之用途。此等名稱均爲近代文獻所使用，而爲附設於祠堂或宗祠之族產的祭田之別稱，然義田之名稱仍有隨地方或族之不同，祭田之名稱亦有因地方與族之不同而有種種之差異。至於宗祠之祭乃宗族全體之祭典，故亦不可忘記附設於宗族之祭田即成爲族之共有物，同時宗祠之本身亦爲族產之一。爲族產之義田與義莊之間有其不可分之關係，同此，爲族產之祭田及宗祠之間，亦有其密切不可分的關係，二者成爲一體，乃形成近代祭祀組織之中心。傳到台灣，呈現今日一般家祠中，祭拜自唐山祖或開台祖以下歷代祖先之情形。

三、族產制度

透過前文之介紹，了解義田與祭田成爲族產之過程後，筆者需強調雖然二者同爲族產，但是來源卻不相同，使用目的也有比重差異，比較如下：

（一）籌建之方式

1. 以官僚地主和庶族地主捐置而建置之義庄

根據陳志英在〈宋代民間物權關係的家族主義特徵〉一文之研究中指出，籌建義莊的經費來源，各族不一，但主要來自宗族中有力者的捐獻，包括官僚地主和庶族地主的捐置。如范仲淹作爲官僚地主的代表，爲建立范氏義庄捐出田產四十多頃。其又從陸游《渭南文集》卷二一《東陽陳君義莊記》舉證，記載庶族地主陳德高捐置七百畝東陽陳氏義莊。也有的宗族中數家富室共同出資，合置祖產的情況，如陸游《渭南文集》卷三七《石君墓誌銘》記載石允德：「晚與族人吏部公畫問議，同作義莊，以給族人貧者」。另外還有族人集資籌建之義庄。〔註15〕

〔註15〕參考陳志英〈宋代民間物權關係的家族主義特徵〉，《河北法學》，2006 年 3 月，第 24 卷第 3 期，頁 81～86。

2. 由全體族眾合置之義田

而祭田則不同，一般由全體族眾合置。祭田源自朱熹在《家禮》中規定：「初立祠堂，則計見田每龕取其二十之一，以為祭田，親盡則以為墓田。」從各房現有田產中抽出二十分之一為祭田；或有的繼承人為表其孝道，為敬宗族盡力，將自己應繼承的財產拔為祖產。雖然民間祭祀對象不以四世為獻，但是祭田之由來原則上仍是透過全體族人之產業集結而建置。

（二）族產的運用

族產屬於宗族成員集體所有性質，所有權不屬於捐獻者個人或家族合伙，也不具有共有財產的可分割姓，因而屬於家族公有財產。義莊可以自己的名義享有權利進行民事活動，如買賣、享有債權。而族產一般由族中子弟「賢而廉」者掌管；也有的宗族掌管權在族長，由族長主其收支；也有的族產由諸房或子弟輪管。可見義田與祭田的管理方式不同，祭田採輪流掌管是普遍的管理方式。不過原則上對族產不論採何種方式進行管理，掌管人都要依循據家族規矩行事，以范氏義莊規矩而言：「義庄事惟聽掌管人依規處置，其族人雖是尊長，不得侵擾干預，違者許掌管人申官理斷，即掌管人有欺弊者，聽諸位具實狀。」

宗族田產普遍採取租佃制的經營方式，以租息為經營之費用來源；關於族產的處分，范氏義莊規矩：「義莊不得典賣族人田土。」並且封建法律和范氏義莊規矩都有規定：「不許子孫分割典賣族產。」對典買入外姓、外族田產，范氏義莊規矩中也有嚴格限制：「義莊遇有人贖田，其價錢不得支費，限當月內以原錢典買田土。輒將他用，掌管人償納。」如果掌管人得贖田錢不用于典買田土就要負賠償責任。家族中的墓田，其使用與處分必須由家族成員眾議決定，未經眾或眾議不許使用者，不得私自使用。

綜合宋代族產情形，主要分為田產和宅舍，田產還區分為祭祀田、義田、義學田等，宅舍有祠堂、義宅、義倉、學舍等。相應的族產受益的用途主要有三：（1）救濟族眾，贍同姓，（2）充做祭祀費用，（3）用於族人的教育及資助參加科舉考試。族產的種類不同，收益的用途即隨之有所不同。

（三）族產之作用與影響

義田以贍養宗族為目的，而祭田則以祭祀祖先為目的，其用途與起源均有不同，然作為收族之手段，非僅可以用義田救卹贍養族人之方法可盡，尚需透過祭祀，除了可以加強對族祖之共屬意識，同時亦加強族人之相屬意識。

而從後世宗族實際運作角度觀察，義田兼有祭田之機能，祭田亦兼有義田機能者之情形更為普遍。以福建地區之例子來看：

> 黃性震，字元起，漳浦人。……家居故在湖西，先世所聚族者，兵燹後零星散處。鳩工庀石，築土堡為藩籬，俾族眾咸有寧居。中立大宗廟，以示報本；次立小宗廟，聯五股之親，各置祀田租千餘石以烝嘗。立義塾，令闔族讀書其中；置書田租四百石，為膳修膏火之資。復置義田租八百石，以贍族中冠婚喪祭、孤寡貧窮無告者。仲兄都司僉書性昂遠居蜀，沒已久；遣人挈其家，扶櫬歸葬。功兄太學生性祥久居粵，亦為挈家旋里，授宅分產。兄沒，為置祀田。凡群從兄弟之子皆視若己子，婚娶田宅次第均分。好扶植單寒；海寧學士查昇未遇時，一見如舊相識，不惜千金，資其成立。四方名士登門締交，或延為諸子師，優其束脩。卒年六十有五（鹿洲初集、歸愚文集）。〔註16〕

　　義田與祭田設置之性質各異，或其一之設置兼有其他機能，然無論如何，中國族產中心，即在義田與祭田，並無疑義，是以義莊及祠墓亦成為族產中之重要項目。然中國之族產並非僅以義田及祭田、義莊及祠墓可盡，尚有義倉或義廩。義田之目的，在於以其所收之租，納於義莊以贍養宗族，而義倉或義廩之法不設義田，祇以儲藏族人所捐出之米穀於倉廩，以資救卹宗族為目的。義倉或義廩之法，即為如此不設義田即可達到與義莊制度之同一目的，惟此種辦法或多數尚因在族中未存有設置義田之餘力，為代替義莊制度而採用為救卹族人之手段者，可視為繼義田制度次善之策。

　　次於義廩義倉尚可舉述之族產，為義學及義塾，做為教育族人子弟之機關，古人有云：「養既有備，教不可緩，勸族中之富者，開設義塾，延有行而文者為之師，以教子及宗族之無師無贄者。」〔註17〕指明族人之教育為僅次於贍養之重要工作。一般家族多設書田、學田，以收租維持義塾及義學之用，並可以之使用於參加科舉考試者之學費與路費之供應。在清代一些地方志即載有「置祭田書田、歲祀外，餘給支嗣膏火應試卷金」、〔註18〕「祭產外，又

〔註16〕《福建通志臺灣府・國朝列傳》，臺灣文獻叢刊，第84號，頁786。
〔註17〕古今圖書集成，家範典卷一百一，宗族部總論。引用自清水盛光《中國族產制度考》，頁26。
〔註18〕廣東同治番禺縣志，卷六，輿地、風俗。引用自清水盛光《中國族產制度考》，頁26。

設讀書贍學田，向來殷實之家多有之，勸勵子孫讀書入學，收其租息，為膏火之費。」〔註19〕這些紀錄說明族產中一部分，其性質原為義田，特別獨立化為書田或學田，以資族人學習應試之用。從明清宗族對於族人學習與應試之鼓勵態度可看出，如同范仲淹對義田制度設立終極目的「保族」，設立義塾與義學，真正的目的是希望藉由族人爭取功名，以成為宗族的有力守護者，維持宗族之存續，達到「保族」之功能。〔註20〕

四、族產制度對台灣之影響

　　承上所述，自明清以來，先民離鄉背井來台以後，為懷念其原鄉祖先，以及紀念開台先人，而由子孫集資購置，或捐出繼承遺產之部分田產，以其收益作為祖先祭祀時之備辦及聚餐費用，稱為「祭祀公業」，其意義是使祖先有「血食」，後代子孫聚集「吃祖」，充分顯示當時台灣先民社會慎終追遠、尊祖敬宗優良傳統美德。因此祭祀公業組織，可以說是代表台灣漢人社會獨特而具有歷史意義的習尚，取法南宋「祭田」、「義田」的理念，先民希望因敬拜祖先而獲得祖先餘蔭到以宗法制度所發展出來對家族子孫成員照顧的做法，形成早期台灣社會一股家族團結的力量。連橫在《臺灣通史‧鄉治志》裡有這樣一段描述：

> 臺人重宗法，敬祖先，故族大者必立家廟。歲時伏臘，聚飲聯歡，公置義田，以供祭祀，又為育才、婚嫁、恤孤、振乏之資。其大者則聯全臺之子姓，建立大宗，追祀始祖，深得親親之義。〔註21〕

《臺灣通史‧風俗志》又曰：

> 清明之日，祭於宗祠。冬至亦然。祭畢飲福。小宗之祠，一族共之。大宗則合同姓而建，各置祀田，公推一人理之，或輪流主之。凡祀田不得私自變賣。無宗祠者祭於家。〔註22〕

　　作為漢人傳統社會的重要宗族產業，故在日治時代，日人為了解土地利

〔註19〕浙江嘉慶於潛縣志，卷九，風俗。引用自清水盛光《中國族產制度考》，頁27。
〔註20〕參考李江、曹國慶〈明清時期中國鄉村社會中宗族義田的發展〉，《農業考古》，2004年3月，頁198～220。
〔註21〕連橫，《臺灣通史‧鄉治志》，臺灣文獻叢刊，第128種，卷二十一，頁562，臺北市：臺灣銀行經濟研究室，1962。
〔註22〕連橫，《臺灣通史‧鄉治志》，臺灣文獻叢刊，第128種，卷二十一，頁612，臺北市：臺灣銀行經濟研究室，1962。

用情形，特別從物權關係對此作了許多調查，留下不少珍貴資料，筆者以韓氏兄弟所立之契約爲例：

> 同立書田約字人元記派下長、次、三房韓長文、韓日文、韓熙文等。竊謂讀書可以高門第，功名可以顯祖宗；然世每有子弟頗知立志讀書，而功名不克以遠到，僅囿於庠生、廩生、貢生者，其故何歟？期許非不遠大，或阻於盤川之乏費，未由出門而圖功；學業非不精勤，或苦於家計之多難，即謂觀光而盧顧，此志量不得不局於小成，功名不得不安於小就，而門第所由漸致其衰微，祖宗所以不增其光寵者，豈後人不能迪其前光乎！亦先人不善貽厥孫謀耳！故古人於建立祀田、公田、義田而外，又有創置書田一法。夫祀田所以崇報本，義田所以卹宗支，公田所以需公費，而書田所以鼓勵孫子於有成，使之上可佐聖朝，下可耀門閭者也。文等兄弟三人，長曰亨記，次曰利記，三曰貞記，當先嚴在日，既置有仁德北里等數宗田園，立作義田，以爲友德公兄弟五房耕作，依次輪值，俾得各安其業。又置有大埔林等處公館共十萬餘金，立作元記大公，凡元記份下子孫無論成名不成名，皆可依次輪收，支理族中公務。又置有廣儲東里一帶田業，內陰風水一穴，命百歲後營葬在此，併將該業配作祀田，以爲祭掃之資。但於書田一款，屢欲創建而卒不果。今先君逝矣，我兄弟謂欲繼其志，述其事，爰將在日所踏贍養四萬餘金，茲計除該喪費外，只剩有大●榔堡、大坵田保等處大小租穀及二八抽的糖觔兩店地水埤各項租業，計有一萬零五百金，僉議將此立作書田，館號「捷記」，欲其聯捷甲第，以承先志，以勵後昆。自取進生員起，文武一體，歷年每名准分一份，收作鄉試諸費；舉人則准分兩份，收作會試諸費；進士則准分三份，收作殿試諸費；其餘捐納軍功暨監生、俊生非正途功名，雖至出仕，皆不得與分；即如支派雖同，而入他籍進他學者，均不准混冒。此所以重正途之科甲而黜異路之功名者也。謹將所立條約臚列於左，願爾子孫奮發讀書，有志上進，世守勿替，其永遵高曾之矩矱，以無負我國家菁莪造士、棫樸作人之至意云爾。合立條約一樣三紙，付執爲炤。〔註23〕

〔註23〕《臺灣私法物權編・物權之特別主體・公業》，臺灣文獻叢刊，第150種，卷四，頁1670～1672，臺北市，臺灣銀行經濟研究室，1963。

第二節　台灣祭祀公業的種類

祭祀公業是台灣祭祖產業的重要代表，其設立目的係爲永久祭祀死者，祭祀對象尤以祭祀祖先爲多，從崇敬祖先，維持家族制度之觀點而言，自不失爲善美風俗，即使爲祭祀祖先目的以外的祭祀公業，既以永久不間斷死者祭祀爲目的，應屬社會生活之美俗，但在其反面，於祭祀公業設立後，關於該祭祀公業剩餘財產之爭奪，以及公業管理利害關係孳生之紛爭所在多有，若從其設立目的與宗旨觀之，殊非所料。加之，自日治時代以來的一些法令政策，導致祭祀公業在產權與組織上，爲因應法律規定，產生明顯的改變並滋生許多問題，故吸引許多學者致力於解決這些問題，期望維持祭祀公業存在之善良風俗，但也可因應現代社會之交易型態，要了解祭祀公業必定從法令層面著手，國內目前探討祭祀公業之重要著作有姊齒松平《日據時期祭祀公業及在台灣特殊法律之研究》、陳井星《台灣祭祀公業新論》、尤重道《祭祀公業財產管理實務》、陳照銘《台灣祭祀公業十三篇》，其爲祭祀公業的法律關係與結構有詳細的定義與說明，筆者以此爲認知基礎，結合族產之歷史演進，並參照法令，對台灣祭祀公業之概況作整理，以民俗的角度闡述，除了可以看出祭祀公業的內涵，並感受社會生活型態轉變所產生的影響。

原則上所謂的「祭祀公業」係以祭祀祖先或值得享祀之人爲目的而設立的獨立財產；〔註24〕故其設立必須要有享祀人、設立人（派下）及獨立財產之存在。此設立人及其子孫，均稱爲祭祀公業派下；派下對祭祀公業有派下權，派下以男系之男性子孫爲限，但女子因其家無兄弟可繼承派下權，而招夫生有男子，且從母姓，或收養男子從養母姓者，該男子亦可爲祭祀公業之派下員。但再深入分析各種祭祀公業的組成方式與祭祀對象，筆者發現台灣祭祀公業因爲祭祀目的，以及政社等歷史因素，造成台灣祭祀公業的面貌十分複雜，舉隅如下：

祭祀公業的種類，以台灣民事習慣調查報告祭祀公業所編述，可以分爲鬮分字的祭祀公業及合約字的祭祀公業兩種，但是依據臺灣私法物權編所載，則除上揭鬮分字的祭祀公業與合約字的祭祀公業外，尚有捐獻字的祭祀公業及信託字的祭祀公業。分述之：

〔註24〕當台灣人分財產時，先抽出財產的一部分，作爲祭祀祖先的費用，因而就被稱爲祭祀公業。這種財產有時數字很龐大，可以建立壯觀的家廟。而「業」就是指山林、田地、房屋等不動產，「公」就是指全族所公有的意思。

一、鬮分式祭祀公業

鬮分是台灣往昔分配家產的意思，在分配家產時預先抽出一部分財產作為祭祀費用。如鬮分係在父祖生前，祭祀公業設立者為父祖本身，各房子孫都要連署於鬮分字。此鬮分字即為祭祀公業設定字；依鬮分設立之祭祀公業，派下原則上是各房，蓋其鬮分字通常都明載：「三房永遠輪流祭祀」、「兄弟輪流，為祭祀之費」等文字，由立約各房各執同式之契約乙份為證。這類祭祀公業在光復後稱之為鬮分字的祭祀公業，其大致上可以歸納出三種特色：

1. 鬮分字祭祀公業的組成者，多為同宗之族人。
2. 它所祭祀的對象主要是入台開基的始祖，即開台祖。
3. 以宗族發展情形來看，是清代後期常見的祭祖型態，因為在清末，不論是早年來台者在台開枝散葉，或是因為渡台禁令解除，所以舉家來台者眾，總之，這時期的家族或宗族，成員關係密切且清楚。鬮分式祭祀公業即以濃厚的血緣關係為基礎的家庭組織形式，這種祭祀公業是從某一入台祖先的財產中提留出一份而設立起來的，由後代依房輪值管理，有幾房子孫，就按幾房輪流負責每年祭祀公業的收益，並辦理當年的祭典事宜。

這種祭祀公業，凡在鬮分父祖遺產時，預先抽出一部分財產，除了祭祀自己的父祖，也有專為祭祀同族中夭亡無嗣伯叔、兄弟之祭祀費用而設知祭祀公業者，都屬於鬮分字祭祀公業的一種，要特別說明的是，此類祭祀公業，原則上都在設立祭祀公業之際，為享祀人立嗣，或在其後為享祀人追立嗣子（孫）後，將祭祀公業交由新立之繼嗣管理、祭祀、傳承；蓋台灣舊慣，係承認繼承人之追立，即在親族之協議下，當亡者無卑屬時，為其追立繼承人。日本據臺期間，官廳亦以此舊慣，極類似日本民法上之選定繼承人而認同。筆者舉嘉慶二十三年楊玉眞等人所立之鬮分字契約〔註 25〕為例，其內容如下：

〔註25〕《臺灣私法物權編‧公業》，臺灣文獻叢刊，第 150 號，卷四，頁 1604～1606，臺北市，臺灣銀行經濟研究室，1963。

　　立鬮書人父楊玉真，娶妻施、鄭氏，生下十位男兒：長曰成、次曰明、三曰飄、四曰元、五曰用、六曰海、七曰和、八曰泰、九曰罕、十曰黨。同氣連枝，因心則友，予亦顧之而色喜，本欲效夫九世同居，第生齒繁滋，費用浩大，節制未免維艱。以其欲全和氣於百忍，不若各備誠心於一勤，是用敬請公親族長戚屬，爰將祖父及自己所置田園、厝宅、牛隻、雜物等項配搭均平，除抽出公業、贍業及嫡孫業外，分爲十房，苦樂均分，嗣後子孫各佃□田，各掌己業，收稅納租，毋得此混彼雜。此係至公無私，惟願汝等勤心立志，建功立業，光前裕後，顯祖榮宗，不特汝父母預有榮施，即汝祖父實受厚報矣！勉旃。今欲有憑，立鬮書一樣十紙，各執一紙，永爲後炤。

　　計開：

一、抽出承祖父明買過后溝尾前宅西坪臺坪存公，交付老身執掌，公道分發，批明，炤。

一、抽出承祖父明買過后溝尾前宅東坪一坪，踏付嫡孫永力執掌，永爲己業，批明，炤。

一、抽出厝前明買張家大坵園北坪一坪，年納定租穀八石九斗一升，踏付老身夫婦養贍之資及百歲後之費；抑或有餘，理應存公，分爲十房，序次輪流，批炤。

一、抽出厝前明買張家大坵園南坪一坪，年納定租穀八石九斗一升，　付長房、次房、三房、四既、五房耕作，先耕後稅。每年至十二月間，長房、次房、三房、四房、五房等應給出稅銀三十元，交付老身收存，以爲細男等娶妻資費，每人議定佛銀五十元，不得增加減少，炤。至於細男等齊娶妻之後，此園即時歸公，分爲十房，序次輪流，批明，炤。

一、長男、次男、三男、四男、五男等分得明買龔家苗田一所，又分得明買林家苗田一所，共二所，帶租二八抽的。其東西四至坐址、坵聲，俱各登載上手契內明白，炤。

一、六男、七男、八男、九男、十男等分得承祖父明買後溝尾苗田一所，年帶租二八抽的。又分得明買後溝尾莊後宅一所，年納定租穀六斗。東西四至坐址、坵聲，載明在上手契內，批炤。

　　嘉慶二十三年十二月　日。

立鬮書人父親　　楊玉真

男　　光成

　　光明

　　光飄

　　光元

　　光用

　　光海

　　光和

　　光泰

　　光罕

　　光黨

嫡孫　永力

知見人後妻　鄭氏

公親人　施誦觀

　　　李觳觀

族長　楊作觀

代筆人　龔廷賓

二、合約式祭祀公業

　　凡由子孫捐出私有土地，或以現款買得土地協議爲父祖設立祭祀公業者，在設立祭祀公業時，原則上都會做成合約字，並由捐獻子孫連署在合約契字上，此捐獻字人即爲設立人（派下），其子孫皆爲祭祀公業派下。若兄弟或伯叔等近親，以繼承或私置的土地爲共有，設立父祖祭祀公業時，共有人通常是享祀者的全體卑親屬，且是派下；此種情形大多立合約字。光復後稱此爲「合約字的祭祀公業」。這種祭祀公業亦有三大特色：

1. 參與者多由同姓而結合，是一種以地緣關係接近之同姓爲基礎成員。

2. 其一般以同一姓氏的家族在大陸的歷代祖先爲祭祀對象，如陳氏家族所祭祀的往往包括河南潁川始祖陳實，入閩開彰聖王陳元光等。又稱「祖公會」。祭祀對象廣泛，但都包含有在大陸祖籍地的開基先祖。從這個意義上來講，「合約式祭祀公業」的加盟對象必須是在大陸同一祖籍（即同鄉）的同姓者。再加盟時，入盟者要捐出定額的錢財，以作爲族本，從而方便祭祀，而其祭產需聘請專人管理，當族產有所收益時，入盟者還可按股份大小進行分配。

3. 此乃清代早期渡台禁令存在時期常見的型態，因爲當時多男子隻身入台，爲結合眾人之力從事開墾，故以同鄉同宗爲號召組成。

　　另外還有一種情形，也屬於合約字祭祀公業之類型，即鬮分父祖遺產後，子孫各就己身持分所釀出的財產，藉以祭祀高曾祖考；以及在鬮分父祖遺產時，撥充爲父母養膳業的財產，於養膳主亡故後，經由子孫協議設定此養膳業爲獨立財產，以祭祀其已亡養膳主或祖先爲目的的祭祀公業，皆稱之爲「合約字的祭祀公業」，以道光七年陳五福等四人所立之合約字契約爲例，〔註26〕其內容如下：

〔註26〕《臺灣私法物權編・公業》，臺灣文獻叢刊，第150號，卷四，頁1630～1631，臺北市，臺灣銀行經濟研究室，1963。

> 　　同立合約字人陳五福，同胞侄錫元、錫良、錫得、錫恭四房，合五大房等，同承父祖遺下山埔田園一所，坐貫霧裡薛內湖莊過溪，土名待老坑。前年已墾成田者，經已立約分管明白；續後再墾之田，永遠存爲公田，不許變賣。約內之人自墾者，永遠耕作，言約每年貼納小租粟一石八斗正；早晚二季對半攤納，不得增多減少。外人在界內所墾之田，依時約租。約前已經栽植茶樹及桂竹者，存爲公山。又叔侄念及錫元四體有虧，不能耕作，公抽出蜂巢坑山斜腳墾成及未墾共田一小段，踏明界址，付元永遠收租，爲日食之資。其餘未墾之田及山場，踏明界址，作五份均分，拈鬮爲定，不得爭長競短，致傷和氣。此係叔侄兄弟同族親姻戚議定，至公無私，各無反悔，今欲有憑，同立合約字五紙一樣，各執一紙存炤。
> 　批　　明：約內之人墾新田租額，錫良、錫盛該小租粟一石正；錫恭兄弟侄
> 　　　　　　該小租粟八斗正，再炤。
> 　再批明：崩山桂竹林一所，出　高培賢，限耕二十年，言約每年貼納山稅
> 　　　　　　銀三大元正，再炤。
> 　再批明：茶稅山立約限年，至限滿之日，每年每擔新春茶貼山稅銀二錢五
> 　　　　　　分正，再炤。
> 　再批明：錫良、錫盛小租粟一石，良應納粟四斗，盛應納粟六斗，再炤。
>
> 　道光七年（丁亥）二月　　日。
> 　　　　　　　　同立合約字人　陳五福錫元　錫良、錫得、錫恭
> 　再批明：歷年所收公租粟、公山稅銀，交五福收存，或出借或公用，出
> 　　　　　　入數俱登記在簿，再炤。

三、捐設字祭祀公業──親族捐款設立的祭祀公業

　　由親族中一人或數人捐款爲族中長輩設立的祭祀公業，派下是祭祀公業享祀人的子孫，或被指定爲享祀者繼嗣的人。

　　如由子孫以外之人，以捐款買地，或捐地成爲獨立財產所設立的祭祀公業，概稱之爲「捐獻字的祭祀公業」。這種祭祀公業乃由新土地業主爲無嗣的前業主，或對該土地開拓有功勞及值得祭祀之亡者，抽出部分土地、租穀充爲祭祀費而設立者；祭祀公業設定字契通常附註於土地買賣契紙（杜賣盡根契等），或者另立捐獻字契。此類祭祀公業，無論該土地變更幾次業主亦存續，其設立祭祀公業目的，無非是新業主體恤對該土地有關係的無嗣之人。這種祭祀公業並無派下，大抵在設立之際由捐設人指定一人爲攝事，執行祭祀工作，通常由佃耕人擔任，此種祭祀公業在日治時代視爲無派下存在的祭祀公業。〔註27〕

〔註27〕參考陳井星《台灣祭祀公業新論》，台北：文笙書局，1982，頁48。

　　以《臺灣私法物權編・公業》中之立贈送字契約爲例，〔註28〕其內容如下：

> 　　立贈送字業主南崁社土目掌順。蓋聞陰功爲本，積德爲先，緣有員仔湯店主原佃管宅，自開莊伊始，承買古佃胡敏益手內田業四坵及店地三間以來，迄今日久。茲有佃人褚夜，承典黃載之手，其業現在乃夜管耕。順係該莊之主，念及管宅崇祀無依，視爲成德之事，願將遞年冬季應納大租銀肆錢，付托耕佃承管之人以爲春秋祭祀之費。順係仁心積德，遞年該社之主，冬季給單，付佃執照，耕者既托，仍將租銀先後分爲兩季動用，於今之議，功莫大焉！今欲有憑，合立贈送字付炤。
>
> 　　道光六年二月　日立。
>
> 　　　　　　　　　　　　　　　　樂助南崁通社
> 　　　　　　　　　　　　　　　　在場　李再興
> 　　　　　　　　　　　　　　　　知見　易成功
> 　　　　　　　　　　　　　　　　依口代筆　蘇振東

四、信託字祭祀公業——信託性質的祭祀公業

　　信託性質的祭祀公業有一種是由享祀人自己設立，另一種則爲享祀人之親族在享祀人亡故以後設立者。前者乃無祀之人在其生前以遺言將財產委託親族，俟其亡故後爲己身及己身之祖先祭祀，此種祭祀公業通常都立下託孤字或付託字，受託人原則上只一人，這種類型的祭祀公業自享祀人死亡開始發生效力，其派下即爲受託人及其子孫。

　　至於後者，則是生前無嗣，或子嗣不肖，死後遺留有財產的人，由親族協議以其財產設立祭祀公業，並爲亡者選立繼嗣，然後將此祭祀公業交給此繼嗣管理及收益的祭祀公業。

　　由享祀者自己在生前設立，或由享祀者的親族就享祀者遺留財產爲之設立的祭祀公業，統稱爲「信託字的祭祀公業」。此種祭祀公業的設定字契一般都由內外親族共同立具合約字，同立合約字人輪流管理、祭祀，直到享嗣人選立繼嗣管立、祭祀、傳承。舉道光年間陳莊之立託孤字爲例，〔註29〕其內容如下：

〔註28〕《臺灣私法物權編・公業》，臺灣文獻叢刊，第150種，卷四，頁1579，臺北市，臺灣銀行經濟研究室，1963。

〔註29〕《臺灣私法物權編・公業》，臺灣文獻叢刊，第150種，卷四，頁1582～1583，臺北市，臺灣銀行經濟研究室，1963。

> 　　立託孤字宗兄陳莊，嗟呼人生短景，如白駒之過隙；世傳奕代，留瓜瓞之綿綿。因莊父子來臺爲活，克勤克儉，創垂統猶可繼也。不意天緣有限，血脈茲終，年既七十，豈有何賴，此天之亡我也。傷矣！無奈，邀請宗親鄰友參議，莊有已置山埔一所，價銀十二大元正，每年配納坑仔坑社番口糧大租銀一錢正。其業址在大坪頂八里坌堡後湖莊，土名東勢角。今礙病篤，日薄西山，氣息奄奄，不得已，當場將業託孤於宗弟陳奇添掌管爲業，代理莊父子一爐忌辰節祭，永遠奉祀。倘爾受託，須當盡心竭力，囑子咐孫，我世之後九泉之下亦能有感。且曰賢愚不一，貧富不同，誠恐來日變壞此業，違失香煙時，故集諸人畢至，此業丈字當天焚化，以防其壞。今吾其言雖窮，而汝之情不終，乃能子孫昌盛，遂意譽指傳承。口恐無跡，今欲有憑，立託孤字一紙，付執永遠爲炤。
>
> 批明：東至坑爲界，西至橫岸爲界，南至陳家爲界，北至張家爲界，四至界址明白，聲明，再炤。
>
> 道光壬辰年十二月　　日。
>
> 　　　　　　　　　　　　　依口代筆人　　林世德
> 　　　　　　　　　　　　　知見人鄰友　　蘇居
> 　　　　　　　　　　　　　股首　張甲
> 　　　　　　　　　　　　　在場人宗叔　　陳白先
> 　　　　　　　　　　　　　立託孤字人宗兄　陳莊

第三節　與祭祀公業相關之律令或習俗

　　不論是哪種型態的祭祀公業，祭祀公業設立必須具備二個要件，即人的要素及物的要素，人的部分指須有享祀人及派下子孫，物的要素指須有財產，大多數台灣的祭祀公業組合條件，都是土地與房屋，其產權名義以享祀者（即祖先姓名）爲登記名義人，常態性的祭祀公業不動產登記，均冠以「祭祀公業」以區隔一般私人（自然人）不動產，惟其在宗族性祭祀公業命名上，有以祖先姓名、家族公號、家號、組成房數、祖先偏名，如「祭祀公業陳○○」、「祭祀公業陳益興號」、「祭祀公業陳七房」；日治時期大正 11 年以後日本政府以皇民化措施有計畫的消滅神明會組織，使神明會管理人紛將財產冠上祭祀公業名義，如「祭祀公業三官大帝」，致造成目前祭祀公業不動產、清理認定上的許多問題。

　　大正 12 年一月一日施行之大正 11 年敕令第 407 號，關於施行於台灣之法律之特例案第 15 條中規定：「本令施行之際，現存之祭祀公業，依習慣仍可存續。」並同時實施禁止新行成立祭祀公業，另外倡導祭祀公業依照民法

法人之相關規定，更行設定，即以設立法人之方法，設立實質之祭祀公業。由於法令型態的改變，使得傳統祭祀公業在設立上面臨了一些重要改變，主要是財產管理與派下繼承之身分問題，是探討祭祀公業一定要注意的細節，借重陳照銘學者之研究做以下說明：

上述四種類型的祭祀公業（鬮分字、合約字、捐設字、信託字）都屬於社團性質的祭祀公業，〔註 30〕即學者所稱單純、狹義的祭祀公業；亦是日治時代大正 12 年（1923）一月一日日本民法施行於台灣後，被認許可依習慣法（具有法定效力）續存的祭祀公業。

在這四種有為無繼嗣死者設立的祭祀公業的情形當中，除捐獻字祭祀公業在設立時，由捐獻人指定一人為攝事外；其餘鬮分字的祭祀公業與信託字的祭祀公業，在設立之際或設立後，都為祭祀公業享祀者立嗣，或追立嗣孫，依台灣舊慣，繼嗣及其子孫為該祭祀公業派下；但攝事及其繼承人則對祭祀公業一切權利與義務不得繼承之。但日本治台以後，台灣的土地權利逐步進入登記法制，規定祭祀公業土地必須申報業主及管理人姓名、住所等，原任捐獻字祭祀公業攝事人，通常都轉換登記為土地管理人。從此以後土地的業主權、典權、胎權等之設定、移轉、處分或變更之限制或消滅，非經登記不效力。且登記應由土地管理人申辦。

此一趨勢衝擊原本無派下存在的捐獻字祭祀公業最大，一旦管理人死亡，因無派下存在，無法選出新管理人，則祭祀公業所屬之土地皆應歸屬國有。於是，為祭祀無繼嗣死者為目的而設立的捐獻字祭祀公業設立人或其子孫，為了達到永久祭祀無繼嗣死者之目的，遂在子姪中選任一人為該祭祀公業享祀者之繼嗣，從原來無派下存在之祭祀公業，演變成為有派下存在之祭祀公業，以杜絕祭祀公業因土地歸屬國有而解體。〔註 31〕

一、祭祀公業之命名

台灣祭祀公業除較大規模者，在設立之際即有獨立具體的名稱外，一般

〔註 30〕所謂社團性質的祭祀公業，根據姉齒松平之定義，係指有派下存續者之祭祀公業，若未有派下現存者，則屬財團的祭祀公業，參考其著作《日據時期祭祀公業及在台灣特殊法律之研究》，台灣省文獻委員會，1983，頁 15。

〔註 31〕根據陳照銘〈祭祀公業派下之身分證明〉之研究，在這之前，台灣祭祀公業與辦事公業、育才公業、寺廟、祖公會、神明會等團體，泛稱為公業，怠台灣總督府以府令第一百七十號公佈「不動產登記法施行規則」後，方始正名為祭祀公業，以別於神明會等團體。發表於《現代地政》，1998 年 6 月，頁 52

祭祀公業並無固定的名稱，而都是以「公田」、「公園」、「公山」或是「公業」、「祀業」、「祭祀業」等等稱之，直到日本治台，在明治 31 年實施土地調查時，殖民政府規定，凡是屬於公業土地都要附上一名稱申報業主權，台灣祭祀公業才有了眞正屬於它自己的名稱。

　　台灣所稱「業」，係對土地權利的指稱，土地所有權廣稱爲「業」，通稱爲「業主權」。因此，所謂祭祀公業者，當以祭祀爲目的之土地權利（不動產）之義。

　　台灣祭祀公業制度雖淵源於中國古代祭田制度，但其發達於台灣的原因，則與台灣的財產繼承制有關，台灣的財產繼承制度，係屬長幼均分共同繼承，且庶子養子皆有繼承權利；祖先祭祀更非嫡長子孫之權利，而是所有子孫皆可參與祭祀祖先。爲免子孫將父祖所遺下財產鬮分之後，怠忽祖先之祭祀，因此，在鬮分前先抽出一部分財產存公，作爲爾後祖先之祭祀費用；台灣祭祀公業之發達，其原因即在於維護愼終追遠的優良傳統。

　　「公業」一詞在日治時期用途很廣，除了「祭祀公業」外，還包括育才公業、辦事公業、神明會業、寺廟業等。在台灣古契上，公業這兩字經常出現在鬮分字契中，如「存爲公業，輪流祭祀」、「爲祖先祭祀之公業」、「此公業永遠輪流香祀」等字樣；契字上所謂「公業」，係在鬮分父祖遺產時，預先抽出作爲父祖祭祀費用的獨立財產，因此，可知此「公業」即指祭祀業。換言之，於鬮分時各房子孫鬮分到的業爲「私業」；抽出或留存的祭祀業，就是「公業」。從公業的實質內容來看，一般除了祭祖，有些還經營撫育族內孤寡、興學育才等公眾事業，，所以公業的「公」字，也被視爲祖公的「公」與公眾的「公」之雙重意涵。故祭祀公業成了提供祭祀祖先費用的產業，若有剩餘，則可供其他育才、撫孤、助寡等公業費用。

　　日治時期大正 12 年日本民法在台施行後，凡祭祀公業土地都要提出「土地所有者名稱更正登記」之申請，改爲全稱用詞，例如原登記「高六成記」之名，更正名爲「祭祀公業高六成記」。自此以後全面使用「祭祀公業」爲稱用詞。〔註32〕

〔註32〕基本上祭祀公業的名稱是可以更改的，但更改名稱實質上若是爲了變更公業之享祀者，這類情形則絕對不允許。台灣在實行土地調查，查定土地業主權之後，習慣上乃以不變更祭祀公業名稱爲原則，除非將祭祀公業的組織內容加以變更時，始有將其祭祀公業名稱更改之事，例如將祭祀公業改組成公司，祭祀公業的名稱自然隨之改變。參考姉齒松平《日據時期祭祀公業及在台灣

但基本上祭祀公業的取名方式，並無一定標準，可由設立人及其子孫隨意定之；關於此點，日據時代台灣高等法院上告部有此判例：

祭祀公業雖係以特定死者祭祀為目的而設立之財團，其名稱並無必定冠用享祀者姓名之法則；因此，應釋為：得由該祭祀公業之設定者隨意訂定其名稱。〔註33〕

然而，祭祀公業的取名方式雖可隨意定之，但是就台灣祭祀公業的命名，還是可以歸納出以下原則，筆者就台北地區屬林姓之祭祀公業作為舉例：

1. 以享祀者的本名為名稱

例如台北市內湖區的祭祀公業林秀俊，享祀者林秀俊為西河林氏第十二世，林秀俊字成祖，生於清康熙三十八年（1699），祖籍福建漳州府，為西河林氏渡台始祖，弱冠離鄉來臺開墾，五十歲以後自號「林成祖」，致力擺接堡及大加納堡一帶的墾拓與開圳，其開墾範圍包括今板橋、土城、永和、中和及內湖一帶。以一人之力，擁田數千甲，一時稱巨富，卒於清乾隆36年，享年七十二歲。其墓位於今台北市內湖區文德段五小段三三三地號，墓的形制採用傳統閩南式，以墓丘為中心，前置石彫墓碑，左右肩石夾立，矮垣層層彎曲伸出，呈環抱狀，前有寬廣的墓庭與后土，格局開展，係由傳統風水理論所建造出來的結果，為台北盆地內少數完整保存的清代古墓。其子孫以其本名設立祭祀公業林秀俊，以資紀念。

2. 以享祀者字名為名稱者

林秀俊，字成祖，其後代子孫成立了多個祭祀公業，其中一個即是以其字名設立祭祀公業，即祭祀公業林成祖，產業在今台北市內湖區。

3. 以家號為名稱者

祭祀公業享祀者係屬不特定之多數祖先時，在設立祭祀公業時，其子孫常以其所屬家號為祭祀公業名稱，例如台北市林安泰古厝之祭祀公業，安泰二字係取自福建泉州安溪的「安」和榮泰行的「泰」，以安泰二字為家號，故名。

4. 享祀者數人時，由子孫商議取一代表號

台北市內湖區的祭祀公業林三合，其享祀者為林海廟、林海籌、林海文

特殊法律之研究》，第二章「祭祀公業的名稱」，頁9～11。
〔註33〕昭和5年（民國19年）上民第283號判例。

三兄弟，其子孫在設立祭祀公業時，即將祭祀公業名稱訂定爲「林三合」。

5. 以享祀者的姓名字劃吉數爲名稱者

台灣人取名非常重視姓名筆劃吉凶，故在爲祭祀公業訂名時亦引用此觀念。例如台北市內湖區「祭祀公業林益安」，其享祀者爲林安平、林安富、林安然，爲求吉數定名爲「林益安」。

除此之外，根據陳照銘〈試論祭祀公業的名稱〉一文，還可以看到以享祀者世居地及以公號爲名稱之祭祀公業：

6. 以享祀者世居地地名爲名稱者

以台北縣深坑鄉黃姓子孫設立一祭祀公業爲例，其感念其先人對地方上的貢獻，遂以地名「深坑仔」爲祭祀公業名稱。〔註34〕

7. 以公號爲名稱者

根據日治時代明治 40 年控民字第 459 號判例云：

> 凡以公號名義，查定爲土地之業主者，苟非有反証，原則上應推定
> 其土地係以供爲其一家之祭祀而設定。

嘉義縣民雄鄉的祭祀公業周元亮，日治時代土地調查時，即以祭祀公業周元亮之名稱查定業主權，設立者爲周皇營兄弟之子孫，爲求周氏祖先香祀永續，遂以公號爲名稱設立祭祀公業周元亮。

因此，台灣祭祀公業雖係以亡故之特定父祖的祭祀爲目的而設立者，但並無必定冠以享祀者姓名爲名稱的法則，而得由該祭祀公業設立者隨意訂立之，然而，雖無一定準則之依據，但於設立祭祀公業時應附一名稱，是不可或缺的要件，對界定祭祀公業財產十分重要。

二、祭祀公業的派下權

台灣祭祀公業子孫繼承權通稱爲派下權，所謂派下權是指身分權與財產權的集合，依據當時台灣民事習慣，係以男系繼承爲主，無男系可繼承者，冠本身家族姓氏的未出嫁女子、養子女或招贅婚所生男子，亦有派下權，其認定依私權自理原則，由祭祀公業內部自行依規約或共同決議方式加以認定，政府主管機關原則上不介入私權之認定。政府在祭祀公業案件處理態度，

〔註34〕陳照銘，〈試論祭祀公業的名稱〉，《現代地政》，2000 年 12 月，第 234 期，頁 28。

僅係基於協助祭祀公業後代子孫清理其派下子系系統表,俾發給祭祀公業派下員名冊之成員召開派下員大會改選管理人並行使派下員(公同共有人)處分財產之同意權。

　　台灣的祭祀公業主要是四種,這四種祭祀公業的設定契字,無論是鬮分字、合約字,抑或是託孤字等,都是有絕對公信力的祭祀公業派下身分證明。祭祀公業設定契字內必載明設立者(或派下)名號,存有派下之祭祀公業皆置有派下名簿,以記載全員派下現況,派下若有異動時,派下名簿上隨即登錄或刪除;所謂異動,係指派下與派下間,或新舊派下間的權利義務關係的互動。例如派下死亡時,其派下權自然喪失,因此,派下名簿上必須將此已亡故派下除名,於此情形,如該派下有繼承人,應由其繼承人取得該派下的地位,派下名簿上即登錄該繼承人為新派下。〔註35〕

　　早期台灣祭祀公業的派下權係絕對不得處分,亦不得讓與他人,蓋因派下權為身分權與財產權的揉合體,且身分權顯於財產權;唯至近世,祭祀公業以祭祀為共同目的之原始設立精神逐漸淡薄,反之,祭祀公業財產的收益,亦即派下個人的私利慢慢抬頭,祭祀公業財產為全員派下所注目。於是,在同一祭祀公業的派下間,其原屬潛在且不確定的派下權(值年份)變成可以轉讓,此種祭祀公業派下間的派下權轉讓,舊慣名之為歸就,歸就就必須具立歸就字。歸就在形式上是讓出值年份的意思,舊慣認為讓出值年份的派下,必須退出祭祀公業;換言之,該派下既已將其值年份讓出,則該派下必須在派下名簿除名。祭祀公業的派下名簿既清楚的記載派下異動狀況,此派下名簿亦為有公信力的祭祀公業派下身分證明。

　　除了祭祀公業的派下名簿具有公信力,戶口謄本〔註36〕以及墓誌銘亦有證明派下權的功能,墓誌銘在銘文之後刻有亡者男系子孫名號,依序是「孤哀子」、「朞服孫」、「曾孫」等;此男系子孫正符祭祀公業派下繼承順位。〔註37〕

　　族譜(或稱家譜)是專為記載一姓(或一家)的世系,及其事蹟的書。台灣光復前編纂之族譜,大致都經過嚴格考證而編寫世系與事蹟,這種版本

〔註35〕台灣繼承習俗,往往不限長子一人,而是所有子嗣均分,所以繼承人有時為數人,則派下之權利共有,義務均分或輪流負擔。若有約定由長子或指定其一後代繼承時,則派下權為其所獨有。參考陳井星《台灣祭祀公業新論》,台北:文笙書局,頁138～142。

〔註36〕明治39年(1906)1月15日為台灣戶籍登記開始實施日。

〔註37〕陳照銘,〈祭祀公業派下之身分證明〉,《現代地政》,06,頁48～50。

的族譜，通常是手抄本，現裝書，子孫一字一句，虔誠工整的把祖先事蹟編入書中，世系清楚明白，足以證明祭祀公業派下身分。

但是光復後編輯的族譜，對於祖先事蹟與渡台祖考妣事略，付之闕如，甚至歷代祖考妣生卒年月日都不詳；反而著墨於附會前賢世系，這類族譜實在難以作爲祭祀公業派下身分的證明文件。因此台灣省祭祀公業土地清理辦法於立法時，雖鑒於祭祀公業成立年代久遠，派下眾多，且行方不明，聯絡不易，遂允以「族譜」替代戶籍謄本；但亦嚴格規定申報人必須切結負責，不得損害其他派下權益。

台灣戶籍登記開始實施是在明治 39 年（1906），在這之前的身分證明，可藉由「神主牌位」上所奉祀之神主來釐清。神主是亡故祖先靈魂依憑之處，神主又稱祖牌、牌位、公媽等；神主都安置於正廳神明右邊，及面向正廳左邊。

台灣人祭祀祖先通常分爲凶祭與吉祭，父祖亡後週年內的祭祀屬於凶祭；一年以後在正廳、祠堂（祖厝）及墳墓的祭祀稱爲吉祭。在凶祭結束時，子孫必須題亡故父祖名諱及生卒年月日於神主。通常閩籍的神主牌位中央書寫著「堂上某姓歷代祖考妣之神位」，右邊「陽上子孫奉祀」，左邊則寫設立年份，額首從左至右附題堂號（亦有題祖籍者），內函將渡臺始祖名諱列於中央，下書生卒年月日；始祖以下按二世祖在左，三世祖在右，依序列於兩邊。粵籍祖先牌位尺寸比閩籍大，因爲書寫習俗不同，其中央題「堂上某姓歷代始太高曾祖考妣之神位」，額首題堂號（不題祖籍），以來台始祖起依昭穆順序題世數及名諱於兩旁。

大體上祭祖爲台灣人心目中最重要的信仰，所以神主牌位製作嚴謹，書寫講究，所以上面所記載的內容宛如戶籍謄本般，可信度極高，足爲派下之身分證明。

三、祭祀公業之管理人

台灣祭祀公業在清領時期，一向任由人民自行設立、廢止；祭祀公業的運作則向來採取輪流管理的方式，俗稱值年、值公或輪公。輪流管理爲台灣舊有之慣例，不論輪流管理有無記載於祭祀公業設定字上，原則上台灣祭祀公業都以此方法管理祭祀公業財產。轉變爲設專任管理人的方式，主要是因爲日治時代（明治31年）實施土地調查以後，因爲日本殖民政府規定祭祀公

業必須選出管理人承辦土地申告事項，並將管理人姓名、地址填寫在土地申告書上。在此之前，台灣祭祀公業主要採派下輪流管理制度；即言，在土地調查以前，祭祀公業無設專任管理人為普遍。

所謂輪流管理是以派下各房依房數字及順位逐年順序循環，對祭祀公業財產的管理，以及對祭祀事務的執行；輪流又稱值年，值公或輪公。輪流管理為舊慣所認定，無論輪流管理有無記載於祭祀公業的設定字，〔註38〕祭祀公業都採用此種方法管理財產及執行祭祀事務。以設定祭祀公業當時的房數為準，由長房、次房、三房順序輪流各管理一年，當年的管理者稱為值年或值當。鬮分字的祭祀公業，享祀者的子輩稱為直接房，孫輩稱為間接房；合約字的祭祀公業，設立人稱為直接房，設立人的子輩為間接房。直接房又稱大房，間接房則稱小房。

日治時代以後，台灣祭祀公業設置專人管理逐漸成為主流，因為日治時代台灣實施土地調查，查定土地之業主（確定土地權限歸屬）以及界址與土地種目，祭祀公業財產絕大部分是土地之類的不動產，遂規定祭祀公業土地必須申報業主及管理人姓名、住所等，以便於了解土地利用情形，而且為了有效處理日益複雜的法律關係，如繼承、買賣、典權、移轉等民事問題，台灣祭祀公業才全面設有專業管理人。管理人有所變更時，應由新管理人為變更登記之申請。日本治台期間訂定的法制規章，在我國祭祀公業條例通過前，仍作為清理祭祀公業的重要準則，〔註39〕其中最大的差異在於，日治時代一般依習慣視祭祀公業為具有法人性質的「習慣法人」，故祭祀公業之管理人，在習慣上為公業團體之代表人，是與法人之法定代理人相當，其管理權在性質上係為管理公業財產，即保存、利用及改良公業財產之管理權。但在民國39年台上364號判例裡，則否定祭祀公業的法人性質。其云：

(一) 臺灣關於祭祀公業之制度，雖有歷來不問是否具備社團法人或財團法人之法定要件，均得視為法人之習慣，然此種習慣自臺灣光復民法施行後，其適用應受民法第一條規定之限制，僅就法律所未規定者有補充之效力，法人非依民法或其

〔註38〕 設定字所載：「祭祀父母輪流之業」、「六房輪收公業」、「作公業四房永遠輪流」、「為祖先祭祀之業，作長、次、三房輪流，上承下接，耕種收成，祭祀完課」、「依次輪流值當」、「序次輪流當祭」、「兄弟三人輪值，每人各輪值一年管業」等等，都是輪流管理祭祀公業的意思。

〔註39〕 參考陳照銘《台灣祭祀公業十三篇》，台北：文史哲出版社，頁17～19。

他法律之規定不得成立，在民法施行前，亦須具有財團及以公益爲目的社團之性質而有獨立之財產者，始得視爲法人，民法第二十五條〔註40〕及民法總則施行法第六條第一項，既設有明文規定，自無適用與此相反之習慣，認其祭祀公業爲法人之餘地。

（二）臺灣之祭祀公業，如僅屬於某死亡者後裔公同共有，不過爲某死亡者後裔公同共有祀產之總稱，尚難認爲有多數人組織之團體名義，故除有表示其團體名義者外，縱設有管理人，亦非民事訴訟法第四十條第三項所謂非法人之團體，自無當事人能力。

是按我國現行民法之規定，否定祭祀公業具有法人性質，依法理，將非法人之團體準用合夥之規定，管理人依現行法制似可比照合夥之執行合夥人之權利義務，故除非管理人有濫權之情形，似應由管理人與祭祀公業連帶負責。〔註41〕由於祭祀公業具備特殊的組成目的及權利義務，以一般民法規範之，有礙祭祀公業的正常運作，故有識者倡議針對此特別團體訂定特別法規，以謀求祭祀公業組織得在合乎慣習之前提下，相關法律關係獲得適當的法律規範。

四、祭祀場所

祭祀公業的祭典，通常都會在該公業的祠堂（或稱祖厝）舉行，但台灣的祭祀公業建有祠堂的不多，因此，祭典一般都選在值年派下子孫（或管理人）的住宅正廳舉行。祭祀公業是以祭祀已亡父祖爲目的，以土地爲基礎所設立的獨立財產。故祭祀公業的設立，除必須具有享祀者、設者、及獨立財產外，另一重要的必備條件就是祭祀。

祭祀公業不僅是派下子孫爲各自之利益而存在，其主要目的乃是爲了享祀者的祭祀，此即超越派下子孫利益之共同目的。祭祀公業的祭祀種類，可分爲忌辰之祭〔註42〕及年節之祭。〔註43〕祭祀公業的祭祀執行人，通常由公業財產的值年者（值年派下）擔任，每年輪流舉行祭祀。日治時代實施土地

〔註40〕民法第 25 條（法人成立法定原則）：法人非依本法或其他法律之規定，不得成立。
〔註41〕參考陳井星《台灣祭祀公業新論》，台北：文笙書局，頁 176。
〔註42〕在享祀者亡故日祭祀稱爲忌祭，在享祀者誕生日祭祀稱爲辰祭。
〔註43〕年節之祭，一年中分別在清明節、端午節、中元節及冬至節祭祀之謂。

調查時規定，公業應由管理人申報，因而公業皆設有管理人，爾後祭祀公業的祭祀概由管理人主持，或管理人及監事共同主持。

祭祀時在祭祀公業享祀者神像之前陳列俎豆、供奉雞豬魚三牲以及肉羹、餅果等供品；祭畢，將此供品享以參加祭祀的派下。但亦有不設宴而將此牲醴按派下之人數，為實物之分配者。

祭祀公業派下子孫祭祀享祀者的地方，謂之祭場。祭祀公業建有祠堂者，此祠堂即為祭祀公業的祭場；若祭祀公業並無建立祠堂，則值年派下子孫或管理人之住宅廳堂，就是該祭祀公業的祭場。〔註44〕

台灣光復後，祭祀公業的祭場通稱為供奉地或奉祀地，祭場如為祭祀公業附屬的祠堂或祖厝，其土地及房屋當然必為該祭祀公業所有，但若祭祀公業者值年派下子孫或管理人之住宅土地及房屋，並非一定得為該祭祀公業所有，但必須是該祭祀公業派下子孫所有。

台灣把家廟又稱祠堂或祖厝，其設立者可分為大宗或小宗；台灣基於別子宗法之意，將大宗、小宗的關係引用於祠堂，實際上卻與別子宗法的內容不盡相同；以祭祀數十世以前的始祖而設者為大宗，並以祭祀祖彌而設者為小宗。宗親為祭祀祖先而建的祠堂稱為小宗，通常附屬於祭祀公業；台灣的祠堂與身分無關，非官員之庶民亦建家廟，且規模不受限制，依子孫貧富及祭祀公業財產多寡而有差異，祀奉對象也不限高曾祖彌，若宗族關係明瞭，則無論幾世之祖皆奉祀之。同姓者為祭祀其始祖而建的祠堂稱為大宗，與小宗不同之點在於不僅祭祀同宗，連同姓亦祭祀之，且不論其籍貫或身分，只要捐出若干金錢或田地即可成為設立者。所以大宗如人民建立寺廟，屬於財團法人或祖公會，與祭祀公業不同。〔註45〕

祭祀公業享祀者設靈立位的處所，如祭祀公業附屬祠堂、祖厝，或派下子孫住宅廳堂，日治時期稱之為祭場；台灣光復後，一般稱為供奉地或奉祀地。

五、祭祀公業現行法

整體而言，西元1923年起，日本法律規定，不得設立新的祭祀公業。但

〔註44〕參考陳照銘《台灣祭祀公業十三篇》，台北：文史哲出版社，頁75。
〔註45〕陳照銘，〈正廳與祠堂—祭祀公業的祭場〉，《土地事務月刊》，第323期，頁6～7。

已設立及存在之祭祀公業，則承認其爲習慣上之法人，同時亦鼓勵原有的祭祀公業改變制度，轉爲財團法人制，而實際上繼續運行祭祀公業之內涵，此即成爲民間祭祀公業亦有財團法人制之由來。不過可以知道的是，截至日治時代結束，祭祀公業在適用法律上，仍未出現專門爲祭祀公業適用之法律，而是將祭祀公業以習慣法人之地位適用於各項法律。

台灣光復初期，地政機關依循日治時代土地登記簿及土地台帳之記載，准祭祀公業申報辦理土地總登記，成爲土地登記名義人。爲最高法院民國 39 年之判例，根據民法第 25 條之規定，不再承認祭祀公業爲法人，此舉造成土地登記簿上名實不符之困擾，衍生複雜多端的問題，以致政府在清理祭祀公業土地時，遭遇極大之困難。在祭祀公業條例通過前，以民國 87 年台灣省政府頒定之「台灣省祭祀公業土地清理辦法」，以及民國 93 年重新修訂之「祭祀公業土地清理要點」爲主要法源依據，登記時準備下列九項表件：

1. 申報書
2. 推舉書
3. 沿革
4. 派下全員系統表
5. 派下現員名冊
6. 土地清冊
7. 派下全員戶籍謄本
8. 土地所有權狀影本或土地登記簿影印本
9. 原始規約

而台灣地區目前已登記的祭祀公業土地約有六萬四千餘筆，土地面積逾一萬三千九百公頃，是一筆相當龐大的產業，由此亦可了解，作爲台灣傳統習俗下的祭祀公業，在現今社會存在之普遍。可惜的是甚多土地資源尚未能有效利用，部分稅賦無法徵收，由於祭祀公業在台灣的特殊歷史，以及錯綜複雜的法律問題，只以「台灣省祭祀公業土地清理辦法」和「祭祀公業土地清理要點」之命令，作爲祭祀公業之法源基礎，有所不足，爲了保存祭祀公業存在之良好美俗，以及解決複雜的法律問題，立法院於 96 年 12 月針對祭祀公業制定「祭祀公業條例」。從法律位階以觀，祭祀公業的法源從命令位階提升到法律位階，這是自日治時代以來，對祭祀公業法律問題的重要改革。

按「祭祀公業條例」之內容以及立法理由觀察，該法之制定係以延續宗

族傳統兼顧土地利用及增進公共利益為目標，配合地籍清理之政策方向，以維持祭祀公業之優良傳統，並解決祭祀公業原為公同共有關係所生之土地登記、財產處分運用之困難問題，計六章、共六十條。按內容而言，該條例第21 條～第 48 條之規定，將祭祀公業之性質明確訂立為「法人」，原本最高法院民國 39 年之判例，根據民法第 25 條之規定，不再承認祭祀公業為法人之判例將不再適用。祭祀公業之主管機關，承續現況，中央為內政部，在直轄市為直轄市政府，在鄉（鎮、市）為鄉（鎮、市）公所。

　　由於祭祀公業之規約，在民法上屬於契約性質，依民法規定只要不違背善良風俗，即需遵守契約之規定。由於許多祭祀公業之成立時間久遠，原始規約可能散佚或不完整，過去對於派下成員之認定以及繼承問題，如螟蛉子和過房子，以及女性可否繼承，爭議頗多。故祭祀公業條例第四條規定：

第一項　本條例施行前已存在之祭祀公業，其派下員依規約定之。
　　　　無規約或規約未規定者，派下員為設立人及其男系子孫（含養子）。

第二項　派下員無男系子孫，其女子未出嫁者，得為派下員。該女子招贅夫或未招贅生有男子或收養男子冠母姓者，該男子亦得為派下員。

第三項　派下之女子、養女、贅婿等有下列情形之一者，亦得為派下員：

一、經派下現員三分之二以上書面同意。

二、經派下員大會派下現員過半數出席，出席人數三分之二以上同意通過。

又同條例第五條規定：

　　本條例施行後，祭祀公業及祭祀公業法人之派下員發生繼承事實時，其繼承人應列為派下員。

從立法理由來說明：

　　本條例施行前已存在之祭祀公業多設立於民國以前，且祭祀公業祀產並非自然人之遺產，其派下權之繼承不同於一般遺產之繼承，其派下員之資格係依照宗祧繼承之舊慣所約定。另依據臺灣民事習慣調查報告記載有關養子對於養家之親屬關係，均與親生子女相同，如以繼嗣為目的而收養者，並承繼養家之宗祧。臺灣之養子分為同

姓有血緣關係之過房子與異姓無血緣關係之螟蛉子二種，日據時期之戶籍簿上曾分別予以載明，惟光復後戶籍上對於過房子與螟蛉子已不加區別，一律載為養子。

基於尊重傳統習俗及法律不溯既往之原則，對於已存在之祭祀公業明定其派下員依規約定之，無規約或規約未規定者，派下員為設立人及其男系子孫（含養子）。派下員無男系子孫，其女子未出嫁者，得為派下員。該女子招贅夫或未招贅生有男子或收養男子冠母姓者，該男子亦得為派下員。除上揭臺灣傳統習慣當然取得派下員資格外，其餘派下之女子、養女、贅婿等例外情形取得派下員資格應經派下現員三分之二以上書面同意或經派下員大會派下現員過半數出席，出席人數三分之二以上同意通過。

基於民法規定男女繼承權平等，本條例施行後之祭祀公業即不宜再依宗祧繼承之習俗排除女性繼承派下之權利，爰規定本條例施行後，祭祀公業及祭祀公業法人之派下員發生繼承事實時，其繼承人應列為派下員。」

由此可知，新頒布之祭祀公業條例已嘗試兼顧習俗與憲法「男女平等」原則，替祭祀公業的派下關係提供解決途徑。

筆者認為透過健全台灣祭祀公業法規、詳實登記公業產權明細，釐清使用權限，可以對宗族組織起強化作用，延續傳統以族產為基礎而實施的社會福利功能，將對祖先的崇敬發揚擴散至對族人的關懷，將祖先遺留下來的基業做更有意義的運用。這部分尤其需要政府從旁協助、指引。如同條例中之第五十八條規定：「中央主管機關得訂定獎勵措施，鼓勵祭祀公業運用其財產孳息興辦公益慈善及社會教化事務。」筆者認為透過政府獎勵，可以促使宗親團體、祭祀公業，重新重視對於族人的福利規劃，使族產之價值在現代可以有更多的發揮。是以，筆者併將祭祀公業條例及內政部訂定申請祭祀公業成立或派下員證明所需之資料整理於附錄二，供有心人士參考。

第五章　現今台灣祭祖組織概況

第一節　以同姓始祖爲祭拜對象

　　台灣世居住民，主要是明清兩代來自中國大陸閩粵兩省的移民，基於傳統愼終追遠的觀念影響，除了建造家祠，還會不分派系，結合同姓宗親之力量爲該姓始祖與同姓神明建造家廟或是大宗祠，光台北市就有陳德星堂陳氏大宗祠、全國林姓宗祠、和平西路周氏大宗祠、環河南路黃氏大宗祠、高氏大宗祠、內湖葉氏大宗祠等，這類大宗祠不僅作爲台灣地區該姓宗親團結之精神象徵，在過去大陸地區未開放時，亦爲海外僑民謁祖之聖地。以第二章談到的祭祖目的來看，筆者必須強調大宗祠之祭祖，尤其展現「萬物本乎天，人本乎祖」之意義，別於一般家祠祭祖目的更著重於祈求家族福祚綿延。故祭祀場面十分講究，多循古風採三獻禮祭拜之，祭祀過程莊嚴肅穆，祭拜者敬慕之心油然而生。

　　除此，前文曾提及之宗親會組織亦以祭拜始祖爲對象，不過宗親會團體多是依地域劃分，地域內之同姓宗親凡繳交會費即可入會之會員制，以祭拜同姓始祖和先賢的方式，強化彼此之間的關聯，這類宗親會除了祭祖，往往也成爲具有政治經濟影響力的團體，今日台灣各縣市都有宗親會，彼此之間藉由祭祖活動有許多交流往來，國際間同姓宗親會也保持著密切的聯繫，是華人崇拜祖先的特殊文化現象。筆者將透過陳德星堂、全國林姓宗廟與世界林氏宗親會作更詳細之說明：

一、陳德星堂陳氏大宗祠

（一）創建沿革

陳德星堂創立於清咸豐十年（1860），「德星」為其堂號，〔註1〕當時台北大龍峒舉人陳維英〔註2〕心念同姓宗親自唐山來台，惟恐日久後世子孫數典忘祖，為慎終追遠，敦親睦族，乃率先在大龍峒老師府〔註3〕奉祀陳姓先祖三神位：一為漢太丘長穎川郡侯文範公暨德配荀夫人，二為唐開漳將軍忠毅文惠廣濟王元光公暨德配種夫人，三為唐賜進士出身太子太傅忠順王邕公暨德配趙夫人。每年舉行春冬二祭，由各地宗親輪流祭拜，其後轉宗親陳霞林、陳雲林、及陳儒林等掌理，但因宗祠之所未定，並非長策，直至清光緒十八年（1892）始建祠於台北城內文武街文武廟之東鄰。（相對位置請參考圖5-1與圖5-11）甲午戰爭後，日軍進佔台北，此祠被徵用，族人乃暫移祖先神位於陳雲林及陳瑞星處奉祀。

明治44年（1911），日人擬建台灣總督府，需用此祠堂地，〔註4〕乃以大稻埕下奎府町（現址）之陸軍用地互換，由陳氏族人鳩資，於大正元年（1912）興工建祠。新祠落成後恭迎陳姓三位先祖神位，並加祀陳姓太始祖帝舜重華公，自民國70年起，陳氏大宗祠改稱「舜帝殿」；每年皆舉行春冬二祭。民國43年以來，除台灣各縣市陳姓宗親時來祭拜，海外各國陳姓宗親團體亦時常組團前來祭祖，堂中樑間處處可見宗親贈至之紀念匾額，宗祠之功，至此益見其偉。

〔註1〕 德星，歲星也。歲星所在有福，故曰德星也。東漢太丘長陳寔，子侄以孝賢著稱，訪名士荀淑父子，時德星聚，時吏曰：「德星聚奎，五百里內有賢人聚。」族人遂有以「德星」或「德聚」為堂號。

〔註2〕 根據《淡水廳志》記載，陳維英（1811～1869）號迂谷，大隆同（大龍峒）人，陳遜言第四子，原籍同安。受業伯兄舉人維藻，伯兄歿，柩厝山麓失火，無敢近者。維英獨從火中推柩出，為優行生。咸豐初元，舉孝廉方正，己未中本省鄉試，以舉人捐內閣中書，尋改主事，分部學習。回籍團練。累保至四品銜，賞戴花翎，曾主仰山、學海兩書院掌教，籌建樹人書院於淡水廳。晚年在劍潭圓山仔頂構築「太古巢」書齋隱居，所著《偷閒集》，未行世。

〔註3〕 即陳悅記祖宅，由陳遜言創建於嘉慶十二年（1807），位於今日台北市大同區延平北路4段231號。因陳遜言第四子陳維英為淡水舉人，作育英才，地方人士尊稱他為「老師」，故其宅第也稱為老師府。（現為台北市古蹟。）

〔註4〕 有關陳德星堂興建之沿革，係參考《台灣陳氏大宗祠德星堂沿革誌》、《德星堂陳氏大宗祠奉建壹佰肆拾・重建玖拾週年紀念特刊》內容整理而成。

圖 5-1　台北城古今對照地圖

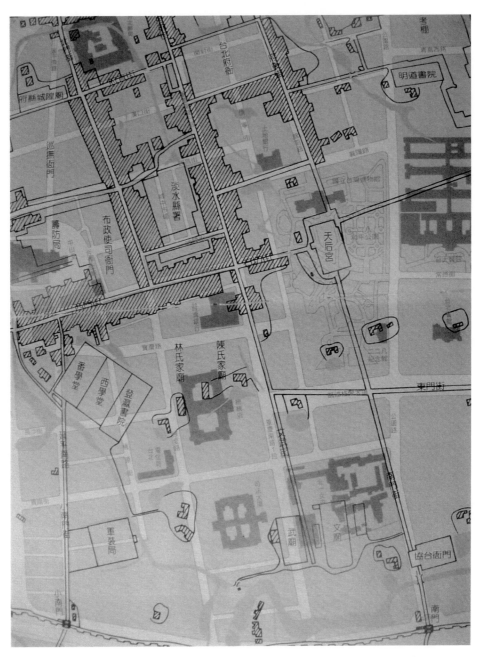

圖說：彩色部分爲西元 1895 年，灰色底圖爲西元 2000 年之位置示意圖。

資料來源：莊展鵬主編，《台北古城深度旅遊》，遠流出版社，頁 8～9。

圖 5-2　德星堂平面結構圖

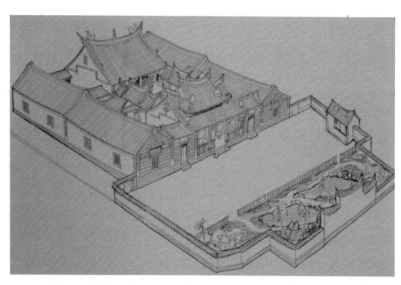

圖說：現在的德星堂爲西元 1912 年由陳應彬所設計承建。平面佈局屬於
　　　「兩殿兩廊及兩護室」之形式。兩殿即三川殿及正殿，左右兩廊
　　　即左右護室。左右對稱，大門設於宗祠之東南角。爲台灣中型寺
　　　廟宗祠典型之平面配置。

資料來源：李乾朗，《台北市三級古蹟陳德星堂調查研究與修護計畫》，頁27

圖 5-3　匾額「漢唐柱石」

圖說：德星堂歷史悠久，正殿上懸掛著日據時期台灣第五任總督佐久間
　　　左馬太贈送之匾額「漢唐柱石」。

資料來源：筆者自攝，民國 95 年。

（二）組織規模

凡屬陳氏裔孫現住國內地區，已有進祀之族親靈位或自己之祿位於本祠堂者，均得爲德星堂之會員，會員死亡時由其繼承人一名繼承之。進主一位並繳所定之獻納金後，進主後始得爲會員。因爲德星堂愼重的祭祖儀節，吸引早期移民台灣的陳姓人士，發跡以後，紛紛將祖先牌位（有些是爲自己預留神主牌位位置）進主於此，很快陳氏大宗祠的進主牌位就額滿了，共計奉祀 1126 位。（圖 5-4）陳德星堂自清代咸豐年間已建立，正殿區分爲三區，每區奉祀陳姓祖神一尊，神龕間擺放進主之神主牌位，因爲會員眾多，至民國 30 多年祠堂神龕已經額滿，已沒有再新增神主。

圖 5-4　德星堂正殿一景

資料來源：筆者自攝，民國 95 年。

民國 40 年，德星堂成立財團法人組織，按法律規定以董事會爲最高機關，應執行堂物之需要，分工如下，以表 5-1 說明：

表 5-1　台北市財團法人德星堂組織圖

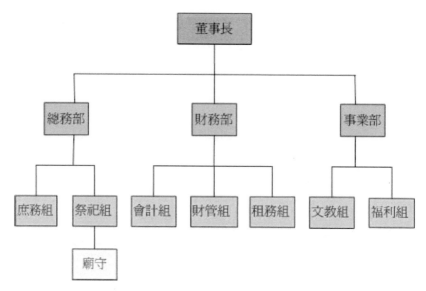

資料來源：筆者藉由《德星堂重建五十週年慶祝紀念特刊》之組
織說明整理繪製而成。

　　從表 5-1 可知，德星堂由董事長爲首，分爲總務、財務、事業三大部門，
各設一名副董事長管理，各部之下按性質又分組，由常務董事擔任組長，處
理業務，其各組職掌事項以下表 5-2 說明：

表 5-2　台北市財團法人德星堂組織職掌項目表

庶務組	一、文書收發及撰擬，編訂各會議事項 二、保管印信及文卷事項 三、辦理訴訟及蒐集有關資料事項 四、會員慶吊等事項
祭祀組	一、本堂祭典事項 二、進主有關事項 三、接待會員外宗親拜祖及諸執事訓練事項 四、祭祀用品之購辦及保管事項
會計組	一、編制預算、決算事項 二、掌理款項收支及登記帳簿，造具表冊事項 三、發放薪津及收解捐款事項 四、保管現款存摺，單據，帳冊等收支憑證及其他出納有關文卷事項

財管組	一、本堂所有一切財產管理及編制目錄事項 二、保管產權憑證及有關文卷事項 三、本堂所有房屋及設備修理事項 四、增築等有關事項
租務組	一、房屋出租及訂立租約事項 二、收取租金及收受會員特別特別捐暨作成收租月表等事項
文教組	一、本堂附設幼稚園經營等事項 二、其他舉辦教育有關事項
福利組	一、各福利事業有關事項 二、調解宗親糾紛事項 三、救濟事業有關事項
本堂另置廟守一人，專掌在祠堂內朝夕奉祀祖先及整潔工作，其監督由祭祀組長負責。	

資料來源：筆者根據財團法人陳德星堂設立章程整理而成。

　　德星堂近年基於運作便利之考量，於董事長下直接設立總幹事職務一名，以迅速執行堂內各組之業務。

（三）祭祖情形

　　陳德星堂悠久的歷史得以傳承，除了有良好的組織運作外，端賴族人同心維護，其族人慎終追遠的美德，從其祭祀禮儀之嚴謹，更可見其用心。除春冬二祭（春祭農曆二月十五日；冬祭農曆十一月十五日）以外，一年之中凡遇傳統祭祖習俗之歲時，以及陳姓始祖聖誕，均慎重其事，筆者藉由表 5-3 來表示陳德星堂之祭祖情形：

表 5-3　財團法人陳德星堂陳氏大宗祠年節祭拜祖先日程一覽表

順序	名　稱	農曆月份/日期	儀式	祭文	牲禮	水果	鮮花	酒	糕粿	金帛	其它
1	新春團拜	01/01				四果四份	八瓶	一	發粿年糕八份	金紙四份	春仔花七對
2	春季祭祖	02/15	三獻禮	祭文	豬羊各一	四果四份	八瓶	一	麵龜茱碗	金紙四份	金帛七個
3	三月節	03/03			四付			一	紅龜草粿	金紙四份	

4	清明節	國 04/05			四付			一	紅龜草粿	金紙四份	
5	重華公聖誕	04/15	小型三獻禮	祭文	四付	四果四份	八瓶	一	蛋糕或麵龜	金紙四份	
6	端午節	05/05			四付			一	肉粽鹹粽各 24	金紙四份	
7	半年節	06/15							湯圓	金紙四份	
8	中元節	07/15			四付			一	綠豆糕鹹粽	金紙四份	
9	中秋節	08/15							月餅	金紙四份	
10	重陽節	09/09	小型三獻禮	祭文		四果四份	八瓶			金紙四份	
11	冬季祭祖大典	11/15	小型三獻禮	祭文	豬羊各一	四果四份	八瓶		麵龜茶碗	金紙四份	金帛七個
12	冬至	11/28 或 29							湯圓甜、鹹	金紙四份	
13	尾牙	12/16			四付			一		金紙四份	
14	除夕	12/29 或 30			四付	四果四份	八瓶	一	年糕發粿糖果	金紙四份	
附註	一、牲禮指三牲（雞鴨、魚、肉等），四付係敬獻正獻、左昭、右穆、土地公四位。 二、金紙敬獻中殿三份（刈金壽金、大銀小銀各一支），土地公金一份（刈金、壽金各一支半，福金一支半等。倘若重大祭典時，酌情增加。）										

資料來源：陳德星堂現任總幹事陳宗義先生提供。

　　德星堂祭祖大典，祭祀對象爲帝舜（重華公）、漢太丘長潁川郡侯文範公暨德配荀夫人，唐開漳將軍忠毅文惠廣濟王元光公暨德配種夫人，唐賜進士出身太子太傅忠順王邕公暨德配趙夫人，以及 1126 位進主先賢神主牌位，分正中、左昭、右穆三個神位區擺放。依照現任總幹事陳宗義先生之表示，基於帝舜之帝王身分，故祭典採三獻禮之儀式。筆者根據《德星堂陳氏大宗祠

奉祀壹佰肆拾週年紀念特刊》所記載，與田野調查觀察之所得，就德星堂春
季祭祖大典現行之儀節次序與過程說明於下：

典 禮 開 始	由 通 贊 禮 生 宣 布 祭 祖 典 禮 開 始。
1. 鼓初嚴	鼓聲敲起。
2. 鼓再嚴	藉由三段節奏漸進之鼓聲，引導全場的參禮者（觀禮者、禮生等）
3. 鼓三嚴	轉換為肅穆之心境，參與祭典。
4. 執事者各司其職	排班於東班西班禮生，各至擔任其職的位置，以待擔任祭祖儀節次序職責進行。
5. 糾儀者升階監禮	擔任糾儀者升階就位，進行監督、糾正各禮生祭祀儀節動作。
6. 陪祭者各就位	陪祭者由引贊禮生引導就位。 引贊禮生唱：請陪祭者就位。
7. 分獻者各就位	分獻者由引贊禮生引導就位。 引贊禮生唱：請分獻者就位。（圖 5-5）
8. 盥洗	正獻者由引贊禮生先引導至盥洗所「盥洗」「進巾」。
9. 正獻者就位	正獻者由引贊禮生引導就位。
10. 啟扉	同時開啟「正門、東門、西門」。
11. 迎神 樂作	先鳴三通鼓，再樂曲起奏迎神。 由提「燈」禮生為先導，提「爐、金瓜槌、傘、扇」禮生後隨，分由東西兩側並行，魚貫出東西門，至門外會合，轉身並行，由前殿的正門進入，迎神智正殿內。 （迎神時，東邊提「燈、爐、金瓜槌、傘、扇」禮生之手勢，右手在「前、上」，左邊禮生則是左手在「前、上」）
12. 全體肅立	迎神禮生隊伍進入前殿的正門時，通贊禮生唱：全體肅立。執事者除外 正獻者轉身，面向前殿恭迎 分獻者、陪祭者左、右轉身，面向迎神禮生隊伍恭迎 觀禮者全體肅立恭迎。
13. 鞠躬	迎神隊伍進入中院時，通贊禮生唱：鞠躬、再鞠躬、三鞠躬。（全體參禮者行鞠躬禮，執事者除外）
14. 觀禮者請坐下	行三鞠躬禮後，通贊禮生唱：觀禮者請坐下。（觀禮者從而坐下）
15. 樂止	（迎神至正殿內，該儀節完成）樂曲止奏。
16. 進饌	由禮生開始將祭品擺放在神案上供饌。

17. 董事長上香	董事長由引贊禮生先引導至盥洗所「盥洗」「進巾」，再隨引贊禮生至神位前，隨引贊禮生唱：上香（行上香禮），繼隨引贊禮生唱：鞠躬、再鞠躬、三鞠躬。（應聲行三鞠躬禮後，復位）
18. 上香 樂作	樂曲啟奏 正獻者隨引贊禮生引導至神位前 分獻者隨引贊禮生引導至盥洗所「盥洗」「進巾」，再各隨引贊禮生至左昭、右穆神位前 隨引贊禮生唱：上香（行上香禮），引贊禮生唱：鞠躬、再鞠躬、三鞠躬。行三鞠躬禮後，復位。
19. 樂止	至上香儀節完成，正獻者、分獻者復位後 樂曲止奏。
20. 初嚴鼓	由擊鼓禮生，擊初嚴鼓。
21. 行初獻禮 行初分獻禮 樂作	樂曲啟奏 正獻者隨引贊禮生先引導至酒樽所，待禮生斟酒後，再隨引贊禮生至神位前；分獻者各隨引贊禮生引導至左昭、右穆神位前。 （正獻者）行初獻禮、（分獻者）行初分獻禮：（1）獻帛（2）獻爵（3）行三鞠躬禮。 行禮畢，正獻者隨引贊禮生至香案前（分獻者留在原神位前）。
22. 樂止 宣讀祝文	樂曲止奏。 讀祝者跪讀祝文，以表至誠之心。 （祝文內容參照表5-4）（圖5-6）
23. 全體肅立	全體參禮者莊嚴肅立、聆聽祝文。
24. 鞠躬	讀畢祝文後，隨通贊禮生唱：鞠躬、再鞠躬、三鞠躬。應聲行三鞠躬致敬禮。（全體參禮者，執事者除外）
25. 觀禮者請坐下	通贊禮生唱：觀禮者請坐下。觀禮者就座。
26. 樂再作	樂曲再引奏 引贊禮生引導正獻者、分獻者復位。
27. 樂止	復位後，樂止。
28. 再嚴鼓	由擊鼓禮生，擊再嚴鼓。
29. 行亞獻禮 行亞分獻禮 樂作	樂曲啟奏 正獻者隨引贊禮生先引導至酒樽所，待禮生斟酒後，再隨引贊禮生至神位前；分獻者各隨引贊禮生引導至左昭、右穆神位前。 行亞獻禮、行亞分獻禮：（1）獻爵（圖5-7）（2）行三鞠躬禮。
30. 樂止	亞獻禮、亞分獻禮儀節完成，行禮者復位。 樂曲止奏。
31. 三嚴鼓	由擊鼓禮生，擊三嚴鼓。

32. 行終獻禮 　　行終分獻禮 　　樂作	樂曲啓奏 正獻者隨引贊禮生先引導至酒樽所，待禮生斟酒後，再隨引贊禮生至神位前；分獻者各隨引贊禮生引導至左昭、右穆神位前。 行終獻禮、行終分獻禮：（1）獻爵（2）行三鞠躬禮。
33. 宗親代表上香	由非會員之德高望重宗親代表來上香，以表祭祖之虔誠。
34. 樂止	宗親代表上香儀節完成，復位後，樂曲止奏。
35. 宣讀組訓	讀祖訓者宣讀祖訓。（祖訓內容參照表5-5）（圖5-8）
36. 全體肅立	全體參禮者莊嚴肅立、低頭聆聽祖訓。
37. 鞠躬	讀畢祖訓後，除執事者外，全體在通贊禮生唱：鞠躬、再鞠躬、三鞠躬，應聲行三鞠躬禮致敬。
38. 觀禮者請坐下	通贊禮生唱：觀禮者請坐下。 觀禮者坐下。
39. 飲福受果	行飲福受果禮：（1）飲福酒（2）受福果（3）行三鞠躬禮。 正獻者隨引贊禮生引導至香案前，代表全體參與者接受神明與祖先之賜福。
40. 撤饌	由禮生將擺放在神案上祭品撤回。
41. 送神 　　樂作	先鳴三通鼓，再樂曲起奏送神。 由提「燈」禮生為先導，提「爐、金瓜槌、傘、扇」禮生後隨，分由東西兩側轉入中院，並行送神魚貫出前殿正門外，由東西門轉入殿內復位。 （送神時，東邊提「燈、爐、金瓜槌、傘、扇」禮生之手勢，右手在「前、上」，左邊禮生則是左手在「前、上」）
42. 全體肅立	送神禮生隊伍進入中院時，通贊禮生唱：全體肅立。（除執事者外） 正獻者轉身，面向前殿恭送 分獻者、陪祭者左、右轉身，面向送神禮生隊伍恭送 觀禮者全體肅立恭送
43. 鞠躬	送神禮生對進入中院時，隨通贊禮生唱鞠躬、再鞠躬、三鞠躬，應聲行三鞠躬禮致敬。（執事者除外）
44. 觀禮者請坐下	通贊禮生唱：觀禮者請坐下。 觀禮者坐下。
45. 樂止	送神禮生復位後，樂曲止奏。
46. 讀祝者捧祝 　　司帛者捧帛 　　各詣燎所	讀祝文禮生捧祝、司帛禮生捧帛，肅穆虔敬出正門至燎所（行徑路線同送神路線）（圖5-9）

47. 望燎	正獻者隨引贊禮生引導至燎所，分獻者、陪祭者在原地轉身遙望 引贊禮生唱：望燎（即監視呈現給神明與祖先的祝文是否完全焚 化，表示以至誠的心情完成致獻之次序）（圖 5-10）
48. 復位	通贊禮生唱：復位 正獻者隨引贊禮生引導復位，分獻者、陪祭者原地轉身復位，捧 祝禮生、捧帛禮生由東西門轉入復位。
49. 闔扉	同時關閉「正門、東門、西門」，表示祭祖儀節完畢。
50. 禮成	引贊禮生引導正獻者、分獻者、糾儀者、陪祭者撤班。
51. 撤班	各執事禮生回至東班、西班，原排班處，互相敬禮後，解散。

表 5-4　民國 95 年春祭祝文

維

中華民國九十五年歲次丙戌農曆二月十五日正獻裔孫

　　　　右穆分獻裔孫　眾等

左昭分獻裔孫

謹以剛鬣柔毛庶饌香菓之儀恭謹致祭於

聖太始祖帝舜重華公暨嫡配太夫人

穎川始祖考漢太丘長穎川郡侯文範公暨祖妣嫡配荀夫人

唐開漳將軍忠毅文惠廣濟王暨祖妣嫡配種夫人

唐神龍進士出身太子太傅忠順王暨祖妣嫡配趙夫人

列代高曾祖考妣之神前曰：

恭維

大哉列祖　天地精英　王侯將相　道德勳名　漢朝星聚

唐室柱擎　配以列妣　形於化行　治內內治　世世相承

千秋不朽　赫赫厥聲　人猶俎豆　況其所生　淵源穎水

分派東瀛　人本乎祖　霜露情深　蠲茲吉旦　祀事分明

馨香畢具　牲酒粢盛　如在其上　鑒此微誠

尚饗

表 5-5　陳氏祖訓

```
                        祖        訓

明明我祖，漢史流芳。訓子及孫，悉本義方。仰繹斯旨，更加推詳。
曰諸裔孫，聽我訓章。讀書為重，次即農桑。取之有道，工賈何妨。
克勤克儉，毋怠毋荒。孝友睦婣，六行皆臧。禮義廉恥，四維畢張。
處於家也，可表可坊。仕於朝也，為忠為良。神則佑汝，汝福綿長。
倘背祖訓，暴棄疎狂。輕違禮法，乖舛倫常。貽羞宗祖，得罪彼蒼。
神則殃汝，汝必不昌。最可憎者，分類相戕。不念同氣，偏論異鄉。
手足干戈，我心憂傷。願我族姓，怡怡雁行。通以血脈，泯厥界疆。
汝歸和睦，神亦安康。引而親之，歲歲登堂。同底於善，勉哉勿忘。
```

祖訓通常由年高德紹之宗長宣讀，訓育族人。

圖 5-5 至 5-10 為民國 95 年陳德星堂春祭流程。

圖 5-5　正獻者、分獻者就位　　　　圖 5-6　讀祝者跪讀祝文

圖 5-7　獻　爵　　　　　　　　　　圖 5-8　宗長宣讀祖訓

圖 5-9　讀祝者捧祝詣燎所　　圖 5-10　正獻者隨引贊禮生引
　　　　　　　　　　　　　　　　　　　導至燎所望燎

資料來源：由陳德星堂現任總幹事陳宗義先生提供。

　　陳德星堂春季祭祖為一年當中最盛大的祭祖儀式，凡禮生與祭者皆著長袍馬褂，恪遵古禮；另外在重華公聖誕、重陽節以及冬季祭祖典禮，則實施較精簡的儀式，其稱「小三獻禮」以別。比較二者，小三獻禮的過程顯得，祭者無須穿著長袍，以通贊禮生主持儀式進行為主，筆者紀錄其儀式過程分為十三項步驟，紀錄如下，作為比較：

小三獻禮儀式及流程：

典禮開始

1. 鼓初嚴
2. 鼓再嚴
3. 鼓三嚴
4. 主祭者各就位
5. 陪祭者各就位
6. 上香
7. 樂作
8. 獻酌
9. 獻果
10. 獻帛
11. 恭讀祝文

12. 全體行三鞠躬禮

　　唱：一鞠躬、二鞠躬、三鞠躬

13. 捧祝文、財帛詣燎所

　　禮　成

二、全國林姓宗廟

（一）發展歷史

　　財團法人全國林姓宗廟緣於清道光十一年（西元 1831），由全台林氏先賢，共同鳩資建於台北城內文武街南畔，即今總統府南側交通部所在地（圖5-11）。日本治台以後，建設總督府，重新規劃週邊用地，林氏宗廟被迫搬遷至大稻埕現址（林本源家建成街下奎府町之地），由林本源家族會集熱心林氏宗親共籌宗廟之新建，由全台林姓祖廟管理委員會管理。廟中正殿主祀開林太始祖比干公、開林始祖周博陵堅公、晉安郡王祿公及開台先賢、並追祀歷代祖先神位。

圖 5-11　西元 1910 年台北城景一隅

　　圖說：約西元 1910 年代所攝台北城內，左邊兩層樓高之建築爲林氏宗
　　　　　廟，右邊之建築爲陳維英倡建之陳氏宗祠。

　　資料來源：台灣寫眞帖。

　　在抗日戰爭時期，宗廟的樑柱受到破壞，又遭受地震之影響，宗廟風采盡失。再者，因爲都市人口膨脹，宗廟處於日益繁華之商業區域，高樓大廈及違章建築如雨後春筍般林立，僅留二條窄巷可供出入，年久失修，甚至被政府列爲危險房屋。族人爲維護祖廟雄偉莊嚴之風采，號召原宗廟內進主之派下會員，並廣收捐助會員，將原全台林姓祖廟管理委員會改制爲財團法人林姓宗廟。同時，向林本源家購買宗廟所在地之土地所有權，與林姓企業公司簽訂合建契約，協議改以鋼筋水泥爲結構，於原址重建十層大樓，而於頂樓重建宗廟，其他樓層由林姓企業公司管理出租收益。

　　宗廟竣工於民國 68 年，宗廟規定，凡林姓人士均可加入會員，廟內分爲前後兩殿，前殿供奉開林太始祖比干公、開林始祖林監公與媽祖娘娘，後殿神龕上開放讓林氏會員宗親之神主牌位進主，永享香火奉祀。民國 70 年更成立世界林氏宗親總會，作爲海內外林姓宗親報本溯源之基業。

圖 5-12　林氏宗祠舊景

圖說：遷至重慶北路之林氏宗祠，未改建前之俯景。

資料來源：《席德進紀念全集》，台灣省立美術館，西元 1997

圖 5-13　民國 68 年，重建後之林氏宗廟全景

圖片來源：《全國林姓祖廟重建落成二週年紀念特刊》。

全國林姓宗廟正殿主祀開林太始祖殷太師比干公暨太始祖妣陳氏祖媽、開林始祖考周敕封博陵清河爵林堅公暨開林始祖妣爵公夫人姜氏、開閩肇基始祖考敕封晉安郡王林祿公暨開閩肇基始祖妣孔氏夫人，林氏祖姑媽祖默娘神像乙尊。（圖 5-14）

圖 5-14　全國林姓宗廟正殿之景

資料來源：筆者自攝，民國 95 年。

（二）組織規模

據全國林姓宗廟之組織章程，其成立之主要任務有六點：

1. 春、秋二祭之舉辦
2. 日常奉祀事宜
3. 宗廟會員及一般宗親失業貧困疾病之救濟
4. 會員及一般宗親子弟之教育及清貧子弟之獎學
5. 會員間糾紛之調解即會員間合作與福利事業
6. 與宗廟相關的興革事業

　　原本由管理委員會管理之全台林姓祖廟，籌建祖廟的過程當中，發現原有的管理組織，不足因應逐漸多元且龐雜之業務需求，且為符合時代政策，遂於民國 51 年，將組織改制為財團法人制，並將內部職權分為董事會與監事會兩大區塊，主要業務由董事會執行。董事會由董事長統領，將職務區分為五大類：設總幹事一名管理財務及總務；其他四類各設主任委員一名，組成委員會管理該會職務，筆者將其組織系統與職掌內容分析如下：

表 5-6　財團法人全國林姓宗廟組織系統

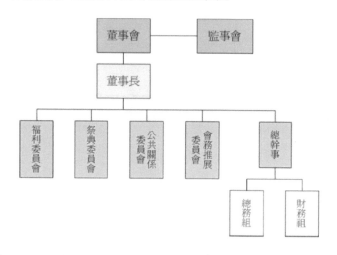

資料來源：全國林姓宗廟提供，筆者重新整理圖示。

表 5-7　財團法人全國林姓宗廟各會職掌內容說明

總務組	1. 承交付有關日常業務，文書收發、採購等事宜。
	2. 對廟內外環境清潔管理及公共設施之維護事項。
	3. 會議記錄，會員服務等經辦事項。

財務組	1. 有關年度預算、決算提審事項。 2. 財產管理與設置，經費預算運用配合工作進度，財源開發、籌措。 3. 會計簿冊之登載與財產報表之編製房租、報稅等。
會務推展委員會	1. 協同總幹事及各項委員會對會務之管理執行及業務推展協調聯繫。 2. 有關族譜文獻之編修及協助祭祖大典策劃籌備事項。 3. 有關本宗廟章程修訂及組織辦事細則、辦法研草等事項。
公共關係委員會	1. 計畫配合業務擴展之需要辦理公共關係，以促進聯誼結盟工作事宜。 2. 計畫會員代表大會聯誼活動及喜喪吊慶等有關公關工作。 3. 辦理祭祖大典接待及宗親團體活動參與之聯繫工作。
祭典委員會	1. 辦理祭祖大典之策劃、籌備事宜。 2. 禮生組訓、演練及禮儀安排工作。 3. 祭祖用品之準備、香積（宴席）之洽辦。
福利委員會	1. 辦理會員敬老金審辦法之擬定及優良子女獎學金申請資格審核。 2. 會員福利活動與依照喜慶弔喪辦法之實施及召集、策劃自強活動遊覽事宜。 3. 策劃福利互助及會員急難救助審查報核議與慰問事宜。

資料來源：全國林姓宗廟提供，筆者重新整理列表。

其會員資格，根據林姓宗廟組織章程規定：凡爲本廟進主之派下（不分性別）之代表宗親，或過去對本廟有特殊捐獻之宗親並呈經主管官署核備均得爲本財團會員。民國 68 年宗廟重建後新進主之宗親或對本財團有特殊捐獻經董事會承認始得爲會員。會員死亡後，其會員資格得由其後裔一名繼承。

圖 5-15　林姓宗廟龕位一景

圖說：祖廟後殿分爲三區，
　　　供會員進主歷代列
　　　主列宗之神位，祭祀
　　　時，每區各有一位主
　　　祭者、二位陪祭者，
　　　三區同時進行三獻
　　　禮之祭祖儀式。
資料來源：筆者自攝
　　　　　民國 95 年。

圖 5-16　進主牌位

圖說：神龕上之進主牌位，許多夫
　　　婦合於同一神主，有些會員
　　　尚健在，但爲身後事最準
　　　備，在神主牌位上預留其
　　　位，故用紅紙貼住其名以別。
資料來源：筆者自攝，民國 95 年。

（三）祭祖情形

目前林氏宗廟年年舉行春秋二祭，每年農曆四月四日爲慶祝林太始祖比
干公聖誕舉行春季祭祖；國曆十月八日爲宗廟落成大典紀念日，舉行秋季祭
祖，宗親林慶川參考祭孔儀式制定祭祖之三獻禮，十分講究，氣氛莊嚴。

林姓宗廟除自身保持傳統祭祀禮儀外，也致力於推廣祭祀禮儀，過去曾
自行舉辦禮儀訓練班，教育林姓後裔祭祖各項儀節、服飾以及鐘、鼓、樂聲
之演奏，選聘宗親於祭典擔任贊禮，今日在宗廟祭祖儀式的禮生，均是過去
曾受訓的宗親，執禮嚴謹，可惜的是青年參與者不多。

不過近年來林氏宗親積極對外宣導祭祖儀式，熱心協助各界舉辦相關祭
祀典禮，例如民國 95 年台北市政府民政局假林安泰古厝舉行中華民族列祖列
宗祭祀典禮，以及台北市孔廟管理委員會所舉辦的禮生研習營，均可見林氏
宗親參與之身影，宗親林照裕先生還特受邀請擔任禮生指導教練。林先生最
早在孔廟祭孔儀式當中司鼓者，至今已逾二十年頭，期間在祭孔儀式當中擔
任過各種工作，對於祭孔儀式相當熟稔，其平日還擔任三峽興隆宮媽祖廟主
任委員，對於傳統祭祀禮儀融會貫通，針對現在的社會習慣，亦提出不少改
良方法，使傳統儀式在受限的時間和空間裡，亦可以莊嚴流暢的進行。

林慶川宗親訂定之林氏宗廟春秋祭典儀式程序如下：

（1）典禮開始：（通贊燒香三柱供奉告請神祉）

（2）鼓初嚴：由司鼓者擊晉框一響，繼以捶擊鼓一重一輕，由緩而急，由弱轉強後建弱至於靜止後，重擊鼓心一響止，然後司鏞鐘者重擊鐘鳴作結。

（3）鼓再嚴

（4）鼓三嚴：再嚴和三嚴仍依前法分。三擊鼓司鐘二鳴，五擊鼓司鐘皆增為兩響，及司鐘三聲三響分別行之。

（5）發炮：司炮生放炮三發

（6）奏大樂：奏民俗樂

（7）奏小樂：奏典禮古樂

（8）執事者各司其職：各執事者隨樂節奏按其司職別順序行至站位止。

（9）糾儀者升階監禮：隨引贊至盥洗所盥洗手後引至神前授禮杖，再引進監禮位。

（10）陪祭者就位：陪祭者隨引贊引陪祭位站止。

（11）分獻主祭者就位：分獻主祭者各隨引贊先引至盥洗所盥洗手後，引至分獻主祭位站止。

（12）主祭者就位：主祭者隨引贊引至盥洗所盥洗手後，引至主祭位站止。

（13）啟扉：啟扉者啟開大門。

（瘞毛血）如備柔毛，剛髦時由執事者捧毛血盤端送至瘞毛血所。

（14）迎神：首由司鼓者連續三通鼓（鐘）後通贊唱（迎神），同時樂作各司祭器提燈提爐以順序分雙邊相對魚貫出側門而出。至大門會合行迎神禮並改轉入中（大門）進入廟內再分雙邊相對進入正殿轉入神案前，行禮後再回原位站立止。

（15）全體肅立行鞠躬禮：迎神進入大廳時行三鞠躬禮。

（樂作）

（16）行上香禮：由分獻主祭、再由正主祭者，隨引贊引至香案前佇立上香，接香、奉納香爐，行三鞠躬禮後，隨引贊引回復站位。

　　唱：林姓始祖

　　　　源遠流長

　　　　列祖列宗

　　　　闢土開疆

（17）進饌：從備妥之供品，由端生（贊禮）分兩排隨樂作奉行至拜墊前端上供祭品。

順序如另設端生行端供祭品時，得加用如左「」內程序：

「通贊唱：端

　　端生捧供品行至香案前，左右端生並肩立單膝跪下，捧供祭品舉眉齊，再把供祭品放胸前轉給香案贊禮生接供祭品後，起立轉後回復原位。

通贊唱：端上

　　案前贊禮將端來供祭品，再端上神前桌上，（以上按上述禮節按供祭品），端生及案桌前贊禮必須配合得宜，始有莊嚴。」

（18）行初獻禮：由司鼓者擊鼓及（鐘）第一通鼓後，隨引贊引詣神前獻花、獻茗、獻菓、獻饌祝畢，行跪拜禮三叩首。

（19）恭讀祝文：（全體肅立）。讀祝者（跪）恭讀祝文。讀畢，跪者跪拜禮，站立者行鞠躬禮後復位。

　　唱：蕭蕭初獻

　　　　花果馨香

　　　　精神左右

　　　　祈降麻祥

（20）行再獻禮：由司鼓者擊鼓（鐘）第二通鼓後，主祭者隨引贊引詣神案桌前獻爵（三爵酒）獻牲獻素，行跪拜禮三叩首後再復位。

　　唱：穆穆再獻

　　　　禮酒祝煆

　　　　錫福綿綿

　　　　佑我裔孫

（21）行三獻禮：由司鼓者擊鼓（鐘）第三通後，主祭隨引贊引詣神案桌前獻飯、獻饌、獻羹、獻財帛後行跪拜禮畢，回復位。

　　唱：雍雍三獻

　　　　俎豆既陳

　　　　靈爽不昧

　　　　來格來歆

（22）陪祭者上香：陪祭者由引贊引詣神案前上香行鞠躬禮畢復位。

（23）地方代表上香：個別由引贊引詣神案前上香，跪拜或行鞠躬禮。

（24）飲福受胙：主祭隨引贊引詣神案桌前跪。

　　　嘏辭：祖考命工祝承致多福無疆，予爾孝孫，馭稼於田賚爾孝孫，

　　　　　　瓜瓞綿綿，賜爾房房眉壽永年，受祿於天，子子孫孫，勿替

　　　　　　引楮。

　　　受福酒（淬酒）

　　　受福胙

（25）撤饌：執事者（上贊禮，下贊禮各於神前整整祭品，司祭器者稍稍

　　　移整齊復於原位）

　　　唱：祖基孔安

　　　　　祖德孔彰

　　　　　佑啓厥後

　　　　　錫福無量

（26）送神：由司鼓者擂鼓三通（鐘）後，司燈、司爐以順序，由神前向

　　　正門而送神至廟前會合送神，而後再分左右門回復位。

（27）全體肅立：行三鞠躬禮。

（28）告禮成、焚祝化楮：司祝帛者，捧祝帛奉詣詣燎所，主祭者隨引贊

　　　引詣詣燎所奠酒。

　　　唱：禮成

　　　　　祖宗創事

　　　　　澤被四方

　　　　　教忠教孝

　　　　　倫理綱常

（29）望燎。

（30）復位點爵。

（31）闔扉撤班。

（32）禮成

　　林氏宗廟於每逢春祭，因時間接近媽祖聖誕，所以春祭前，會先舉辦祭
拜媽祖之儀式，然後再開始祭祖禮儀；平日宗廟開放，神位進主於宗廟之宗
親後裔，每逢先人生辰與忌日，自備祭品前來祭拜，如家祭禮儀。

三、區域性之同姓宗親會——以林氏宗親會爲例

（一）概況說明

　　台灣地區各縣市均有林氏宗親會，以北部地區來看，分別有台北市林姓宗親會、台北縣林氏宗親會、桃園縣林氏宗親會、新竹市林氏宗親會、新竹縣林氏宗親會與苗栗縣林氏宗親會，並結合成全國林氏宗親會與世界林氏宗親會。各會均採會員制，凡林姓均可申請入會，各會每年均有一次會員大會，行祭祖禮，再討論會務，另外有春秋二祭，因爲林氏宗親會各會之間連絡頻繁，故常有共同舉行之情形。以民國 93 年爲例，即由世界林氏宗親會主辦春祭，並邀請各國林氏宗親會來台共同祭拜。

（二）重要祭典與禮儀

1. 春秋二祭：每年分別於農曆四月四日舉行春祭與十月二十五日。
2. 會員大會行祭祖禮儀：每年會員大會當日舉行。
3. 祭拜對象爲開林太始祖殷太師比干公、開林始祖周博陵林堅公、天上聖母林默娘祖姑。（圖 5-17）
4. 根據全國林姓宗親會現任秘書長林嘉洋先生表示，目前台灣地區各縣市的林氏宗親會，祭祖儀式皆採用宗親林慶川參考祭孔儀式而訂定的三獻禮，（如前文所述），但是因爲宗親會通常是於集會場所，設立臨時祭壇以舉行祭祖儀式，故其中若干儀節，例如鐘鼓奏樂、發炮、祭品都會配合場地座若干調整。

圖 5-17　林氏宗親會會員大會祭祖會場〔註 5〕

資料來源：筆者自攝，民
國 95 年，於陽
明山中山堂

〔註 5〕根據林氏宗親會現任秘書長林嘉洋先生表示，圖像在印刷過程中失誤，媽祖和林堅公的位置要互換才是本意，按年代先後安放。

筆者記錄民國 95 年實際採訪中華民國林姓宗親總會第五屆第一次會員代表大會之祭祖儀式，作為參考：

（1）祭典開始：鳴砲。

（2）執事者各司其職，鼓起嚴、鼓再嚴、鼓三嚴。

（3）請陪祭者就位、請副主祭者就位、請主祭者就位。

（4）請全體裔孫肅立。

（5）迎祖：

　　（敲鐘擂鼓：二鼓一鐘）

　　請主祭裔孫至門前迎祖就位

　　請全體裔孫面向門口，主祭者跪、恭讀請祖文（表 5-8）

　　興。

　　司儀曰：請主祭「一鞠躬」

　　　　　　　至案前「再鞠躬」

　　　　　　　行安香禮「三鞠躬」。（圖 5-18）

（6）行安香禮，拜、再拜、三拜、安香。（圖 5-19）

（7）獻花、拜（鼓一聲）、進（鐘一聲）獻茗、拜（鼓一聲）、進（鐘一聲）（鼓起嚴、鼓再嚴、鼓三嚴）

（8）行上香禮：（拜、再拜、三拜、進香）（全體祭拜者）

　　曰：林姓始祖

　　　　源遠流長

　　　　列祖列宗

　　　　闢土開疆

　　（鼓初嚴）

（9）行初獻禮：

　　主祭者跪

　　獻饈（鼓一聲）、拜（鐘一聲）、進、

　　獻果（鼓一聲）、拜（鐘一聲）、進、

　　獻牲（鼓一聲）、拜（鐘一聲）、進、

　　獻酌（鼓一聲）、拜（鐘一聲）、進、

　　獻財帛（鼓一聲）、拜（鐘一聲）、進（圖 5-20）

　　　　曰：肅肅初獻

　　　　　　花果馨香

　　　　　　精神左右

　　　　　　祈降麻祥

（10）恭讀祭祖文（表5-9）：

　　（全體裔孫請頭低下）拜、（讀畢）全體裔孫行三鞠躬禮，

　　主祭者行叩首禮，叩首、再叩首、三叩首、

　　興，請主祭者讓位。

　　來賓、裔孫請坐。（圖5-21）

　　（鼓再嚴）

（11）行亞獻禮：

　　請副主祭者代表就位

　　上香（全體副主祭者）、拜、再拜、三拜，進香，

　　主祭者跪、再獻酌（鼓一聲）、拜（鐘一聲）、進、

　　行叩首禮（三鞠躬禮）叩首、再叩首、六叩首。

　　　　曰：穆穆再獻

　　　　　　醴酒祝嘏

　　　　　　錫福綿綿

　　　　　　佑我裔孫

　　興，請副主祭者讓位。

　　（鼓三嚴）

（12）行終獻禮：

　　請陪祭者代表就位

　　上香（全體陪祭者）、拜、再拜、三拜，進香，

　　主祭者跪、三獻酌（鼓一聲），拜（鐘一聲）、進、

　　行叩首禮（三鞠躬禮）叩首、再叩首、九叩首。

　　　　曰：雍雍三獻

　　　　　　俎豆既陳

　　　　　　靈爽不昧

　　　　　　來格來歆

興，請陪祭者讓位

（13）請裔孫代表上香：

參加各友會單位之最上級單位之理事長為主祭，請就位

上香（全體與祭者）、拜、再拜、三拜、進香。

主祭者跪，再獻酌，拜、進，

主祭者行叩首禮（與祭者行三鞠躬禮），一叩首、再叩首、三叩首，

請復位。

（14）請陪祭者就位、請副主祭者、請主祭者就位，全體裔孫肅立。

（15）飲福受胙：主祭者跪、拜、飲福酒、飲，受福胙、受、興

　　　曰：列祖恩澤惠無邊

　　　　　世代英才出忠賢

　　　　　遍及全球兒孫衍

　　　　　承先啟後億萬年

　　　　　承先啟後億萬年

（16）主祭者與全體裔孫向林姓祖先聖像行三鞠躬禮。一鞠躬、再鞠躬、

三鞠躬

　　　曰：祖宗創業

　　　　　澤被四方

　　　　　教忠教孝

　　　　　倫理綱常

※祭祖典禮到此告一段落，全體裔孫請坐

※全體禮生上香及鞠躬禮

※疏文及財帛、拜（疏文及財帛於送祖後焚燒）

※禮成：鳴炮

※送祖：於會員大會後恭讀退座文（表 5-10、5-11）

圖 5-18　主祭者迎祖

圖說：禮生引導主祭者至
　　　門外上香迎請祖先
　　　降臨會場。
資料來源：筆者自攝，
　　　　　民國95年。

圖 5-19　主祭者行安香禮

資料來源：筆者自攝，
　　　　　民國95年。

圖 5-20　主祭者獻財帛

圖說：三獻禮之初獻禮
資料來源：筆者自攝，
　　　　　民國95年。

圖 5-21　全體裔孫行三鞠躬禮

圖說：全體裔孫肅立，宣
　　　讀祭祖文，讀畢，
　　　全體裔孫行三鞠躬
　　　禮

資料來源：筆者自攝，
　　　　　民國 95 年。

表 5-8　全國林姓宗親會祭祖大典請祖文

> **（敲鐘擂鼓）禮生引主祭者至門口（跪）**
> **（焚香對天三拜）**
> 　　　伏　　以
> 日吉時良，天地開張，焚香祭祖，百福千祥。
> 　　　今據中華民國林姓宗親會總會謹擇良時為舉辦祭祖典禮，在台北市
> 陽明路二段十五號中山樓三樓大餐廳會場，敬設臨時香案，恭備鮮花素
> 果、清香美酌之儀、金銀炮燭之敬。由林氏裔孫大會主席林金牌擔任主
> 祭，誠心帶領裔孫人等，躬身三拜，
> 奉請
> 　　　吾林開基太始祖殷太師比干公（拜）
> 　　　　　　　始祖周博林堅公（拜）
> 　　　　　　　閩林始祖晉安郡王祿公（拜）
> 　　　　　　　天上聖母湄洲祖姑默娘（拜）
> 　　　　　　　列祖列宗（拜）
> 　　　伏冀　神祇降臨，
> 一來到會，二來鑒納，三來庇祐林氏裔孫人等。
> 　　　裔孫（林金牌）人等誠心當天呼請、肅立迎接，拜請隨香降臨。興、
> （三拜、回會場安香）（敲鐘擂鼓）全體裔孫三鞠躬禮

表5-9　祭祖文

```
        維
民國九十五年歲次丙戌年國曆四月二日之良辰為中華民國林姓宗親總會
第五屆第一次會員大會暨祭祖典禮設壇於台北市陽明路二段十五號中山
樓三樓大餐廳會場
大會主席林金牌暨全體會員裔孫，謹以鮮花、果品、牲禮、清酌、財帛
之儀，致祭於
    開林太始祖殷太師比干公
    開林始祖周博陵堅公
    閩林始祖晉安郡王祿公
    湄洲祖姑天上聖母默娘　之神像前曰：
偉哉西河　華胄之雄　豪生傑出　耀祖光宗
長林起胤　一脈相承　九牧餘緒　十德家聲
忠孝傳家　至大志剛　追源數典　孝悌不忘
廣聯族誼　長發其祥　慎終追遠　和樂其昌
敦親睦族　共濟和衷　千枝一本　萬代流芳
本固枝榮　發揮宗愛　永篤親情　世澤延綿
我今大會　宗聚一堂　共薦馨香　獻敬祖先
祈國昌隆　地久天長　佑吾裔孫　事業飛鴻
為家致富　為國圖強　吾儕宗親　感德不忘
虔誠致敬　謹此韭祭　神靈降納　來格來嘗
        伏
尚　饗　　　翼
                                大會主席（人名）
                                暨全體裔孫敬叩
```

表5-10　退座歸天文

```
請主祭者就位（焚香三拜）拜、再拜、三拜、進香
伏以拜請案上所請林氏列祖，
今有中華民國林氏宗親總會祭祖典禮圓滿，祭祖禮成，諒得列祖歡喜，
裔孫主祭林金牌誠心誠懇，有請禮當有送，列代祖宗，有廟歸廟、有宮
歸宮、有寺歸寺、有堂歸堂、有祠歸祠、各歸本位奉上財帛，祭祖祝章，
隨香奉送，圓香分明。
啟香（敲鐘擂鼓：二鼓一鐘）至門口送祖，跪、拜、再拜、三拜（請全
體裔孫一鞠躬）興。
送祖禮成，焚財帛，退下盞杯，全體裔孫請坐。
```

表5-11　奉送列祖退座歸天文

執事者各司其職

送祖　鼓起嚴、鼓再嚴、鼓三嚴

請全體裔孫肅立

請主祭者就位（焚香三拜）拜、再拜、三拜、進香

　　　伏以拜請案上所請林氏列祖，

今有中華民國林氏宗親總會祭祖典禮圓滿，祭祖禮成，諒得列祖歡喜，裔孫主祭林金牌誠心誠懇，有請禮當有送，列代祖宗，有廟歸廟、有宮歸宮、有寺歸寺、有堂歸堂、有祠歸祠、各歸本位奉上財帛，祭祖祝章，隨香奉送，圓香分明。

啟香（敲鐘擂鼓：二鼓一鐘）至門口送祖，跪、拜、再拜、三拜（請全體裔孫一鞠躬）興。

送祖禮成，焚財帛，退下盞杯，全體裔孫請坐。

5. 祭典用品（會議場所、餐廳）

(1) 祖先像，花瓶、燭臺、花各一對、鐘（或鑼）、鼓、酒杯五個、茶杯三個。

(2) 麵龜（發粿或蛋糕）六個、鮮果四種（鳳梨、桃、李、龍眼或乾龍眼、荔枝、葡萄、棗子任選四種）、牲禮一附（雞一隻、魚一尾、肉一大塊）、酒一瓶、茶（開水）一壺。

(3) 大壽金、壽金、割金、福金、炮二付、香一大束、蠟燭一對。

(4) 餅乾及糖果共六種（各一包）、獻禮用之托盤。獻花用之小盆花。

(5) 彩帶五種（主祭、副主祭、陪祭、司儀、禮生）白手套六付（至少）。

(6) 拜（跪）站兩把（恭讀祭文時，主祭及司儀跪拜用）。

(7) 飲福受胙用之酒杯一個、肉一小塊（用小盤裝）。

四、今日北部陳林二姓祭祖之三獻禮受祭孔儀節影響

　　台灣地區祠堂之祭典禮俗，大多仍以三獻禮為重心，行三獻者為主祭生、三次皆由他獻爵，與《文公家禮》分別由三個人（主人、主婦、賓）獻爵不同，婦女在祭典中幾乎沒有參與的機會，與《禮記‧昏義》：「昏禮者，將合兩姓之好，上以事宗廟，而下以繼後世也〔註6〕」之傳統相違，和當前男女平

〔註6〕　《禮記‧昏義》，十三經注疏本，卷六十一（續一），頁999，台北：藝文印書館，1979，七版。

等之思想潮流亦不合，值得勘酌〔註7〕。而且北部地區的祭禮，受現代祭孔儀節之三獻禮影響很大，頗多改變，如祭拜時以不採下跪叩首禮，而改爲鞠躬致敬便是一例。

第二節　以唐山祖或開台祖爲主要祭祀對象者

早期台灣社會普遍存在之「鬮分式祭祀公業」或「合約式祭祀公業」即是以唐山祖或開台祖爲主要祭拜對象，在日據時代以後，爲了配合政令要求，許多祭祀公業遂改爲財團法人組織，但其本質依然以祭拜唐山祖或開台祖爲主，會員也是以受祭祀者之派下裔孫爲成員。筆者將透過林東山堂的成立過程與成員組織，作爲這類祭祀團體的代表例子。除此，筆者擬藉士林陳穎川宗祠與北投陳錦隆號公業之祭祀現象作一綜合性說明。

一、財團法人林東山堂

東山堂原名朱厝崙圓窗二樓祖厝，成立於民國47年11月23日，於民國75年動工改建，78年完工，位於台北市中山區長春路187號，是一棟地下二層、地上十二層，共十四層的宗祠大樓，該建物之十一、十二樓合併一層作爲宗祠，十樓爲財團法人林東山堂辦公室與會議室，宗族聚會之場所，目前其他樓層爲出租予飯店營業，藉出租收益維持堂務運作。凡能提供戶籍謄本足以證明與林東山堂十七世祖林興仁公系統有淵源關係者，即當認定爲該堂堂親，即可成爲會員。

林東山堂內供奉唐山祖十七世祖興仁公與歷代顯祖考妣共四百八十二位之神主牌位，並供奉林太始祖比干公、天上聖母、觀世音菩薩、地藏王菩薩、福德正神等諸神佛〔註8〕，每年舉行春祭、秋嘗之外，遇歲時節日與每月初一、十五敬奉供物祭拜。

本堂廿世渡台始祖頂一房洪景公、二房洪老公、三房洪秦公、四房洪隱公、五房洪侯公、六房洪伯公共六同胞兄弟係堂兄弟關係，與十九世渡台始祖頂二房溫理公爲堂叔姪關係，原籍福建省安溪縣積德鄉虎坵東山厝，於清

〔註7〕　徐福全《台灣民間祭祀禮儀》，台灣省立新竹社會教育館，1995，頁100。
〔註8〕　台灣風俗，祠堂不論大小，除供奉祖先神位外，往往共同供奉神明或佛祖等塑像於正殿中央，號召宗親之嚮往。

乾隆六十年（1795）遇歲荒遷徙至台灣台北地區，即是現在宗祠所在地（原地名朱厝崙圓窗公厝），爲世代裔孫能飲水思源，永記祖籍東山厝，是命名爲林東山堂之由來。爲永久祭祀祖先，在日據時代置產（土地）成立祭祀公業林興仁、祭祀公業林洪作，光復後又重新登記迄今。林東山堂族親在台繁衍 200 多年以來，八大房子孫約七百戶，丁口約四千餘人，大部分散居台北縣市。

　　林東山堂是財團法人組織，之外尙有二單位祭祀公業。其一是祭祀公業林興仁，由八大房裔所組成。其二是祭祀公業林洪作，由林洪作六兄弟之裔孫所組織。林東山堂之設立財源係前述二祭祀公業裔孫之奉獻而成立。所在之大樓，是由祭祀公業林洪作以地易屋無償提供而建立的，現在以財團法人的形式運作堂務，有董事會十五名、監事五名、堂親代表四十六名，代表四千於人行使開會權利。租金收入、基金孳息爲主要財源，用於支付祭祖、補助弱勢族親、宗親助學獎勵等開銷，收支平衡，尙能自給自足，堂親不需繳交任何費用〔註9〕。

二、士林陳潁川宗祠

　　士林陳潁川宗祠位於台北社子地區，根據前任董事長陳正夫先生表示，其第一代係兄弟自福建同安地區來台，自淡水河進入落腳於社子地區，在發展穩定後返回家鄉迎請唐山祖之祖先牌位來台祭拜。第二、三代之派下共二十七房，父死由長子繼承房份。由各房協議在祖產上建立宗祠（今原址重建）與祭祀公業，供奉唐山祖，每年有春秋二祭，春祭是農曆七月二十四日，因爲時間接近中元節，故祭祀時會邀請法師主持，爲祖先誦經祈福。

　　秋祭時間爲冬至當日，會準備豐盛之祭品祭拜，另外每年農曆一月二日還會舉行團拜上香。

　　原爲鬮分式祭祀公業，在光復後改爲財團法人制，宗祠改建爲樓房，除了祭祀公廳外，還規劃宗親聚會之公共空間，以爲族親會交流之用。

〔註9〕　《世林》，世林雜誌編輯委員會，世界林氏宗親總會發行，2005 年 11 月，第
　　　　29 期，頁 17～18。

圖 5-22　士林陳穎川宗祠正廳

圖說：士林陳穎川宗祠正廳之神龕
　　　內主祀唐山祖之塑像乙尊。

資料來源：士林陳穎川宗祠提供。

三、北投陳錦隆號公業

　　北投陳錦隆號公業祖祠於民國前 22 年興建至今。位於今日台北市北投區。祖祠奉祀先祖三位：一為侯亭開基始祖妃振，嫡配成氏、二為二世祖孟疇，嫡配李氏、三為三世祖應宗，嫡配蔣氏。日據時代受回祿之災，宗祠被付一炬，三位神位痛遭波殃，及後，族親不辭勞頓，逕回同安縣山侯亭宗廟重新塑造三神位回台，暫時安置家堂奉祀，西元 1910 年族人公議將祖業部分卸出供代建費，祖廟得於原址重現，恭奉三神位進祠。

　　每年於冬至隆重舉行祭祖儀式，由派下輪值負責，輪值者當年需負擔祭祀費用並主持族務；冬至後之一日，在祖廟中開敬老讌會，凡年屆五十或以上者均可入席。

　　從上述三個祖祠祭祀情形，與筆者所作之其他電話訪問結果，歸納發現，目前台灣地區之宗祠，原本都是以祭祀公業之名義存在，從日據時代開始，

部分配合政府政策，改制為財團法人，（根據一些文字紀錄，亦有成立社團法人者，但因資料從缺，故在此不予詳談）。不過多數祭祀公業都繼續維持祭祀公業之名目登記，選出專任管理人擔任管理，基於這部分團體之眾多，所持有的公業數量可觀（主要是不動產之土地或建築物），日治時代以來政府為對於土地有效管理運用，致力於祭祀公業登記之業務。不過直到現在，台灣民間依然隱藏許多祭祀公業之存在而未登記，故由內政部指示各縣市民政單位負責辦理祭祀公業設立登記。

　　從祭祀情形來看，這些祭拜開台祖與唐山祖的宗祠，原則上維持春秋二祭之儀，但是不以三獻禮為祭祀禮儀，對於祭品的供奉大致上是由管理人統一由公財產出資、籌備三牲、菜碗、鮮花素果、水酒等，祭典當日，族人各自前往上香祭拜，祭祀結束後擺席聚餐。與此殊相者有士林陳穎川堂為例，根據前任董事長陳正夫先生表示，其春祭祭祖時間定於農曆七月，由於接近中元節，故除了族人行上香禮外，邀請法師主持法會超度儀式，為祖先誦經祈福。

圖 5-23　祭祖用牲禮

圖說：祭祖時，較講究之家族，除了三牲、菜飯等供品外，
　　　還會供獻豬或羊全隻，今日因為多數人在佛教思想
　　　的勸導下，以不殺生為念，故改以麵糰或糕制之豬
　　　羊供奉。

資料來源：筆者自攝於林安泰古厝春季祭祖，民國 95 年。

第三節　家庭祭祖

　　本節主要討論以家庭爲單位從事的祭祖活動，祭祀對象是與家庭關係密切，主要是直系血緣之先人爲祭拜對象，祭祀時間除了傳統歲時禮俗與家中逢婚喪喜慶要祭祖告祖外，因爲祭拜的祖先多是四世祖以內之尊長，所以每逢先人的生辰與忌日還會另行祭拜，祭拜地點，主要是在家中有安放祖先神位之佛堂（爲家祭）；如果家中沒有祭祀空間，而將先人牌位安放在該姓祖廟或祠堂內者，除了在祖廟和祠堂舉行共同祭祖時間前往祭拜外，逢先人的生辰或是忌日，俗稱「作忌」，都會前往祭拜祖先（即祠祭）；另外清明節，是現代人墓祭的主要時間。基本上民間家祭、祠祭、墓祭這些現象和明清以來的祭祀傳統，並無太大或根本上的變動，有關傳統祭祀現象筆者在第三章已討論過，於此將透過圖片與文字說明來表明現況。

　　除了對民間傳統的墓祭的說明，筆者發現近年來現在因爲社會環境的改變，將先人骨灰安放於靈骨塔的情形也變多了，在可預見之將來，將先人安位於靈骨塔的方式將爲主流。筆者針對台北地區進主數量最多的靈骨塔「龍巖」、「北海福座」、「天祥寶塔」作了相關調查，這種新型的墓葬方式，對於祭祖的時間、空間與內容，都作了一些新型的規劃，從而也改變了一些家庭的祭祀習俗，這是台灣漢人社會自明清以來最大的改變，故本節第二項當中，筆者將就此新況作相關之介紹。

一、民間祭祀現況

　　民間祭祀祖先習俗，各姓氏間差異不大，主要的差異源自於閩籍與客籍人士的風俗不同，筆者依照田野調查所觀察到的現象，說明如下：

（一）神主牌位

　　神主是亡故祖先靈魂依憑之處，神主又稱祖牌、牌位、公媽等；神主安置於正廳神明右邊（即面向正廳左邊）。閩客人家的祖先牌位形式有別，閩籍人氏的神主格式，如圖 5-24 所示，中央書「堂上某姓歷代祖考妣之神位」，左邊寫安奉時間，右邊書寫「陽上子孫奉祀」，額首從左至右附題堂號。內涵將渡臺始祖名諱列於中央，下書生卒年月日，始祖以下按二世祖在左，三世祖在右，依序列於兩邊。而客籍人家之神主牌位，如圖 5-25，中央題「堂上某氏歷代始太高曾祖考妣之神位」，額首題堂號，以來台始祖依昭穆順序提世數及名諱於兩旁。

圖 5-24 閩籍神主牌位

圖說：閩籍人氏的神主格式，以台北市萬
　　　華區林姓人家為例，中央書「堂上
　　　林姓歷代祖考妣之神位」，左邊寫
　　　「民國庚午吉旦」，右邊書寫「陽
　　　上子孫奉祀」，額首從左至右附題
　　　堂號或祖籍地。

資料來源：筆者自攝，民國 95 年。

圖 5-25 客籍神主牌位

圖說：以新竹新埔林家之神主牌位
　　　為例，中央題「堂上林氏歷
　　　代始太高曾祖考妣之神
　　　位」，額首題堂號，從十三
　　　世來台始祖開始，依昭穆順
　　　序提世數及名諱於兩旁。

資料來源：筆者自攝，民國 95 年。

（二）家　祭

自明清以來，台灣漢人家祭之時間並沒有太大變化，在家中正廳公媽牌前，隨歲時節慶，以及先人之忌日、生辰日舉行祭拜（供奉三牲、菜碗、水果等，容後述），另外每逢初一、十五，亦會準備供品祭拜先人，但是內容較為樸素在。通常祭拜都是在當日十一點到十二點左右進行，即不超過十二點，亦不再晚上祭拜。較講究之家庭，早晚還會行上香禮，與更換敬茶。

另外對於先人忌日之祭拜，對於年代較遠之先人，如祖父以上，在祭拜若干年以後（按筆者訪問結果，有三、五年之說，而按實際情形，多為祭拜十、二十年後），會以擲筊方式詢問先人是否還要「作忌」，若先人同意不需要，則從明年開始，不在個別祭拜該位先人之祭日，而於「重陽節」祭拜所有祖先時共同祭拜。

再者，筆者於台北萬華地區訪問之結果，閩籍之同安籍人，其過年祭祖會祭拜兩次，中午與晚上各一次，依其理由，乃過年為大節，故要祭拜兩次，請祖先享用供品。

（三）墓　祭

普遍而言清明節是現在多數人上墳掃墓之日子，當日一早，家家戶戶便前往會先在佛堂，或是祠堂，告祭先人清明掃墓時節到來，即將前往先人墳墓祭拜等事宜，然後才前往墓祭。一般閩籍人士之墓，以個人葬或夫妻葬或家族墓為多，在清掃墳墓周圍環境整潔之後，將五色墓紙壓於墓碑上方、墳頭、與墓身左右共七處；然後再開始行祭祀禮儀。將所備祭品陳列於墓和土地公祠之案上，講究之人家仍尋傳統習俗以三牲、菜碗、水果、金銀紙等祭拜；而許多人家因為路途遙遠，攜帶不便，而改以罐頭、餅乾、飲料等為供品。然後家族成員依序上香，待焚香過半後，擲筊請示先人是否用餐完畢，如得「聖盃」，則取金銀紙燒化於金爐（先燒金後燒銀）。隨後收拾返家

目前台灣地區之客籍人士對於掃墓之祭拜習俗，仍保持相當豐富的客家文化特色，其安葬先人，通常合葬於家族墓或是祖塔，氏族來台以後，從開台祖開始，即宗族合葬於祖塔，隨著派下子孫繁衍，許多祖塔逢清明節，就會出現大量人潮，甚至可達上千人，有些地方因為地方偏遠，空間有限，還會以輪流或值年方式前往祖塔祭拜。祖塔進位也是十分慎重，每隔一定年數才會擇吉日吉時開塔，將這些年去世之族人骨灰進塔位安放，在進塔或進家族墓之前，通常會將先人骨灰安放於墓旁的暫時墓室，每逢清明掃墓時，該

臨時墓室之墓門會暫時開啟，供子孫祭拜，拜後闔門。（圖 5-26）

圖 5-26 客籍墓室旁的暫時墓室

圖說：此為客籍人士之習俗，將未進祖塔或家族墓之先人骨灰，安放於此墓室，每逢清明節會該墓室門會開啟，供子孫祭拜，拜後闔扉。

資料來源：龍潭陳氏家族，民國 95 年。

　　清明墓祭時，除了祭拜家墓（圖 5-30），還要祭拜土地公，故閩籍人士在墓之左設「后土」；客籍人士除了於墓之左邊設土地公（又稱福神）外（圖 5-27），有些墓的右邊還設「龍神」（圖 5-28），其祭拜禮儀與祭拜土地公一樣。

圖 5-27　福　神

圖說：客家喪葬習俗墓室左右各有代表土地公的「福神」與「龍神」，右邊為「福神」。

資料來源：龍潭陳氏家族，民國 95 年。

圖 5-28　龍　神

圖說：龍潭陳氏家族圖說：客家喪
　　　葬習俗墓室左右各有代表土
　　　地公的「福神」與「龍神」，
　　　左邊為「龍神」。

資料來源：筆者自攝，民國95年。

　　客家人墓祭習俗與閩籍人士不盡相同，例如其清掃墳墓週遭環境後，於墓身灑放黃紙，燒金與燒銀嚴格區隔於不同之兩處，最後放鞭炮（以長串之連珠炮環於墓上燃放），以示禮成（圖5-29）。

圖 5-29　客俗祭畢灑黃紙

圖說：客籍人士喪葬習俗，
　　　清明掃墓時會灑黃紙
　　　於墳上，並於祭畢後
　　　燃放鞭炮，故從墓上
　　　有無黃紙即可知該墓
　　　今年後人是否已前往
　　　祭拜。

資料來源：筆者自攝於新
　　　　　竹平頂公墓，
　　　　　民國95年。

圖 5-30　客家合族掃墓祭拜習俗

圖說：客家人喪葬掃墓，除了上
　　　墳祭拜，還有以祖塔合葬
　　　的方式多，所以掃墓時，
　　　往往各家聚集，人數可達
　　　上千人，原則上是由各家
　　　會各自準備供品，一般來
　　　說，一定會準備三牲，可
　　　以說算雞有幾隻，就知道
　　　今年有幾房。

圖片來源：筆者自攝於新竹平
　　　　　頂公墓，民國95
　　　　　年。

（四）祠　祭

　　有祠堂之家庭，在歲時節慶都會前往祭拜，通常由各家自備祭品前往祭
拜（圖 5-31），有祭祀公業者則隨當年輪值者或管理人之安排。客家地區祠祭
之風氣較閩籍地區更為盛重，其祭拜必由宗長主持，請神，爾後才由家人成
員行禮上香。從客籍人士的祭拜情形，許多小細節都能讓人感受到家族凝聚
力之堅固與對祖先之尊敬，此良美之風俗十分值得維護。

圖 5-31　新竹新埔地區林氏西河堂祠祭實景

資料來源：筆者自攝，民國 95 年。

（五）供品的內容與意義

1. 菜　碗

祭祖多用家中一般的熟菜餚等，從供品的祭拜方式，可見在敬仰中隱含對祖先的親暱之情，表示與人的關係更密切，祭祀時，菜飯的內容與家常菜餚相同而較豐盛。一般均用雞、鴨、豬肉、魚（以上用切盤），加上烹調的菜餚，合成十或十二道，在供上主食米飯或麵條均可。

2. 三　牲

依習慣來看，閩南人拜祖時必用雞豬魚爲三牲（雞和肉烹調方式爲水煮，切塊，魚則爲油炸）；客家人所準備的三牲則以雞豬豆干，雞一定要全雞不可剁，豆干象徵種子，拜魚的比較少，有的以魷魚或花枝當第三牲，並且會準備雞蛋，象徵多子多孫（圖 5-32）。不過基於現代人工作繁忙，或是不殺生之宗教信仰，祭品之準備不列三牲，改以方便準備的餅乾、水果爲主。

圖 5-32　祭祖用三牲

圖說：客籍人士所備之三
　　　牲，以全雞形式祭
　　　拜，其他爲豬肉和
　　　豆干或花枝或魚。
圖片來源：筆者自攝，
　　　　　民國 95 年。

3. 水　果

而祭祀祖先供奉水果時，以單數爲限，以種類而言，以一、三、五種爲多；顆數亦以一、三、五之奇數爲宜。常用的水果有：蘋果、桃、橘子、柳丁、哈密瓜、木瓜、枇杷、蓮霧、西瓜、葡萄、奇異果等。而習俗上對於幾種水果認爲不宜作爲祭祀祖先用，筆者茲就其種類與理由整理如下：

（1）芭樂、番茄：此類水果食後，籽不易消化，往往隨糞便排出，故不適合用於祭拜祖先。

（2）香蕉：香蕉之台語發音與「緊招」（台語）相近四，意思如同「趕快再招來」，彷彿家中有人會死去陪伴祖先，基於對死亡的忌諱，故不予用。

（3）鳳梨、水梨：「梨」的台語發音同「來」，避諱原因與上述對香蕉之理由相同。

一般而言，今日祭祖習俗許多人不加忌諱，凡時令果物均加以祭拜，但是數目上一般還是以單數為習慣。

4. 粿類與發糕

如《新竹縣志・風俗・閩粵俗》所云：「祭畢，給牧童以粿品，曰『給墓粿』。」〔註10〕清明掃墓拜粿的習俗一直延續到今日。

通常祭祖時會準備「發粿」、「草仔粿」與「紅粿」（圖 5-33），而「丁仔粿」（圖 5-34）是閩南人在清明節掃墓時特別準備的祭品，尤其是家中有年輕夫婦者，目的是求子。

另外過年拜祖先一定會準備紅龜粿、發粿、菜頭粿，取「好彩頭」等吉祥象徵，祈求祖先保佑家運發達、有好彩頭。

圖 5-33　草　粿

圖說：客家人清明祭祖一
　　　定會準備艾草製成
　　　的草粿，而且習慣上
　　　以疊放的方式陳設。

資料來源：龍潭陳姓家族
　　　　　提供，民國 95
　　　　　年。

〔註10〕《新竹縣志・風俗・閩粵俗》，台灣文獻叢刊，第 61 號，卷五，頁 175。

圖 5-34　丁仔粿與紅龜粿

圖説：閩籍家庭清明祭祖會準備
　　　如圖中右上的青仔粿、右
　　　下方之紅龜粿以及左邊
　　　的丁仔粿。

資料來源：筆者自攝，民國 94 年。

（六）金銀紙、鞭炮

閩南人拜祖先用的金紙是刈金（圖 5-35），少用銀；而客家人祭祖不用金，拜大銀和小銀（圖 5-36），和拜神的金紙嚴格區分。

圖 5-35　刈　金　　　　　　　圖 5-36　大銀小銀

二、墓祭型態的轉變——靈骨塔的祭拜方式

筆者在訪問台北縣市的林姓宗親會，以及陳姓宗親會成員之際，發現許多家庭逐漸以靈骨塔爲先人的墓葬地，在訪問北部地區幾家喪葬業者後，筆者發現祭祖習俗在今日，面臨一種重大的改變，即是以靈骨塔或納骨塔的塔葬取代傳統土葬。轉變的主要原因係土地不斷開發，導致獲取土葬所需之土

地不容易，再加以山林水土保持等環保因素，政府亦大力提倡以塔葬取代土葬之方式，這種新的喪葬方式因為簡便，而且設有專人維護，可以免去墓葬年久失修、或是先人墓地分散等種種不便利，有逐漸成為主流的趨勢。再者，目前社會面臨小家庭主義、夫婦少子化或是單身不婚者的人口比例增加，在新的保險觀念倡導下，許多人不再將死事視為一種忌諱，而主張提前為自己打理，購買「生前契約」成為許多人人生規劃的必要項目之一。

　　納骨於塔的方式行之有年，依台灣喪葬習俗，凡人死土葬後五至七年，子孫須擇吉開墓，洗拾遺骨，曝乾後裝入圓形陶甕「黃金甕」。然後有些人家再擇吉安葬；有些則將此甕存放在納骨堂（圖 5-37）。而以現況而言，人死後多施以火葬，將骨灰收於骨灰罈或骨灰罐中，擇吉日吉時行「進塔」儀式。

圖 5-37　納骨堂

圖說：依台灣喪葬習俗，凡人死土葬後五至七年，子孫須擇吉開墓，洗拾遺骨，曝乾後裝入圓形陶甕「黃金甕」。然後有些人家再擇吉安葬；有些則將此甕存放在納骨堂。

圖片來源：關山情主編，《台灣三百年》，戶外生活雜誌，西元 1981

　　靈骨塔的設置，不僅僅改變墓葬方式，其內容亦包含祭祀空間及祭祀方式的設計；以祭祀空間而言，傳統的墓葬空間，通常地處偏遠的郊區，而且墓與墓之間缺乏一致規劃，略顯雜亂，給人難以親近的感受，彷彿象徵人間

與靈界之隔閡，除了傳統掃墓以外之時間，幾乎人跡罕至；但是目前越來越多靈骨塔的設計，力求打破傳統這層隔閡，除了納骨空間明亮寬敞，還規劃爲往生者誦經祈福的莊嚴佛堂，另外還規劃家屬追思空間、以及景觀園地，而且前往祭拜方便，可以慰藉在世者對亡者的思念。再者，基於家族合葬習俗等觀念之引導，納骨的空間規劃亦隨俗分爲個人式、夫妻式、家族式、宗族式四類（圖5-38）。

圖5-38　靈骨塔塔位

圖說：一般靈骨塔塔位的設計可分爲三
　　　種，由左到右分別爲個人式塔
　　　位、夫妻式與家族式塔位。

資料來源：筆者自攝於三芝龍巖，
　　　　　民國94年。

　　筆者須強調的是，基於現代社會以小家庭爲主要結構，許多家庭並未設置神龕放置神主牌位，缺乏傳統家祭的空間，再者，因爲工商業社會的工作制度，許多從業人員無法配合傳統的祭祀時間實施祭拜，故改爲在靈骨塔統一訂定的祭祖時間或先人之忌日前往祭拜。而以祭拜方式來看，以傳統祭祖習慣爲出發點，並配合空間而有所調整的祭祖儀式，正在對今日之台灣人祭祀的觀念潛移默化中，筆者將所觀察之心得以條列方式整理如下。

1. 祭祀時間

　　今日一般人前往祭祖之時間，除了先人忌日時前往追思外，主要集中在清明節、中元節、重陽節和歲末，故靈骨塔之管理單位亦配合在這四個節日舉行法會，分別為：

（1）清明祭祖追思法會

（2）中元普渡追思法會

（3）重陽追思祭祖法會

（4）年終祈福消災法會

靈骨塔之祭拜大廳為供奉三寶佛之禮佛場所（圖 5-39），每逢法會舉行時間，管理者統一邀請法師於靈骨塔之祭拜大廳，主持誦經儀式，每逢法會時間會將納骨於塔者之名，書於小型的臨時神主牌位上，供於大廳之左右，以示先人蒞臨法會聽聞佛法（圖 5-40）。

圖 5-39　靈骨塔大廳供奉三寶佛

圖說：靈骨塔大廳供奉著三寶
　　　佛，前來之民眾在禮佛
　　　後，再前往祭拜祖先。

資料來源：筆者自攝於三芝龍巖，
　　　　　民國 95 年。

圖 5-40　進塔神主牌位

圖說：大廳旁放置進塔者之神主
　　　牌位，象徵祖先跟隨於佛
　　　旁聽聞佛法。

資料來源：筆者自攝於三芝龍巖，
　　　　　民國 95 年。

2. 祭祀方式

依照今日靈骨塔的空間設計，祭祀的基本流程可分為五個步驟：

（1）三寶佛前獻花禮佛

（2）至祭拜區拜祖先

（3）塔位區探視親人

（4）收取祭品

（5）燒金銀紙

一般時間（如先人忌日時）各家前往靈骨塔祭祀時，首先至大廳禮佛，並同時表明子孫何人今日前來探望之先人名諱；爾後至祭拜區〔註11〕，放置祭品，並書寫祖先之名於臨時設置的牌位中央，左邊書寫祭拜子孫之名，放置於神案上，然後由家中長者代表焚香祭拜，請祖降臨祭拜區享用菜飯，並藉由擲筊（或兩枚十元硬幣）與祖先溝通，詢問祖先是否已降臨祭拜場所，如筊呈「聖盃」（即一正一反）表示「是」，反則否，需繼續請祖至「有盃」，然後家人依序上香請安，請祖先享用供品，焚香過半後，由家長擲筊請示先人是否用餐完畢，若得「聖盃」，則撤供品；然後前往塔位區探示親人（圖5-48），完畢後至金爐燒化金銀紙。有些靈骨塔還有土地公祠，則於大廳禮佛後，先至土地公祠祭拜土地公，然後才開始祭祖。

若在靈骨塔舉行法會時間前往，為避免因為人潮眾多而造成混亂，塔內會設置一共同祭拜區，台北縣三芝龍巖「眞龍殿」為例，其於共同祭拜區中央，設置一臨時祭壇（圖5-41），放置「眞龍殿眾姓祖考妣先靈蓮位」之神主牌位，右書「陽上子孫奉祀」，左書「壬午年桐月立」（圖5-42），並為每位進塔者供奉六樣菜碗、一碗白飯及金銀紙或元寶，以黃紙書享祀者之名諱於上以辨別（圖5-43）；各家在大廳禮佛後，便前往共同祭拜區祭拜祖先，通常各家還會依習俗自行準備菜碗或先人生前愛吃之食物及金銀紙前往供奉祭拜（圖5-44～圖5-46）；其餘儀節則如同上段所述。

〔註11〕由於靈骨塔以集中之方式納骨，故各家塔位前並沒有獨立的祭拜空間容家人放置供品祭拜，而是在靈骨塔之共同祭拜區行祭拜之儀。

圖 5-41　靈骨塔祭祖會場

圖說：三芝眞龍殿每逢法會時
　　　間，會設置一臨時祭壇
　　　供民眾前往祭拜，其祭
　　　壇分三層，第一層供奉
　　　三寶佛，第二層供奉佛
　　　前之鮮花素果，第三層
　　　供桌中央設祖先牌位，
　　　祖先牌位前置香爐、四
　　　果與供花。

圖片來源：筆者自攝，
　　　　　民國95年。

圖 5-42　靈骨塔祭祖會場之神主牌位

圖說：爲圖 5-41 中三芝眞龍殿
　　　祭祖會場中央神主牌位
　　　近照，牌位中書寫「眞
　　　龍殿眾姓祖考妣先靈蓮
　　　位」，右書「陽上子孫奉
　　　祀」，左書「壬午年桐月
　　　立」。

圖片來源：筆者自攝，
　　　　　民國95年。

圖 5-43　菜　碗

圖説：靈骨塔管理業者，於祭祀
　　　時節爲每位進塔者供奉
　　　六樣菜碗（蝦仁、豆包、
　　　海帶、蒟蒻、醃肉、甜豆
　　　餡麻糬）、一碗白飯及金
　　　銀紙或元寶，以黃紙書享
　　　祀者名諱於供品上。

圖片來源：筆者自攝，民國95年。

圖 5-44　紙製金銀元寶　　　**圖 5-45　紙製靈屋、車**

圖 5-46　現代紙制財帛（電腦）

圖説：今日祭拜祖先時，除了祭拜、
　　　燒化金銀紙，有些人還會燒化
　　　蓮花，或印有佛號的元寶；除
　　　此之外，也有以紙製之「靈
　　　屋」，近來還有汽車、電腦等
　　　財帛，均燒化與祖先使用。

資料來源：筆者自攝，民國94年。

圖 5-47　祭祖供品

圖說：許多家庭前往靈骨塔祭拜先人
　　　時，仍依循傳統準備十樣菜碗
　　　（發糕、甜豆、菜頭、芋頭、
　　　糯米糕、麵筋等）、水果（木瓜、
　　　香瓜、奇異果、蘋果、火龍果）、
　　　粿類（紅龜粿、草仔粿）、牲禮
　　　（雞、鴨、魚、韭菜、花枝）、
　　　茶，由於路途遙遠，為方便起
　　　見，乃將供品以盒裝或碗裝之
　　　方式，並以市面上的茶飲供奉。

資料來源：筆者自攝，民國 94 年。

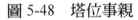

圖 5-48　塔位事親

圖說：圖說：於祭拜完畢後，家
　　　人紛紛前往塔位區，探視
　　　先人。

圖片來源：筆者自攝，民國 95 年。

第四節　陳林二姓宗親團體在現代社會的功能與貢獻

　　今日台灣社會之宗親團體，對於宗族成員的約束力和影響力，雖然不若
過去明清時期般直接，但是其仍默默的發揮宗族教化族人與敦睦族親之功

能，筆者以陳林二姓之宗親團體為例，來探討宗親組織對現代社會之貢獻。

一、端正社會風氣

　　傳統中國社會中，家族是一切人倫之根本，以孝為教，建立起長幼有序、敬天法祖的人生觀，今日雖然大家族主義以不再盛行，但是透過宗親團體的一些活動，傳遞為人處世該有的禮儀道德，啓發正面的價值觀。例如全國林氏宗廟，宗廟中之建築裝飾多以忠孝節義之故事為主題（如圖 5-49～5-51），讓參與祭拜者身處其中，觸目所及，皆受啓發。

圖 5-49　林姓宗廟內「孝感動天」彩繪

圖 5-50　林姓宗廟內「孟宗哭竹」彩繪

圖 5-51　林姓宗廟內「董永賣身葬父」彩繪

資料來源：筆者自攝，民國 95 年。

　　利用宗親聚會時間，表揚傑出宗親，如特具孝心義行者，將其事績宣揚予族人知曉，以期勉族人效法之。以全國林姓宗親會為例，每年會員大會時間，宗親中有義行或孝行等，以頒發匾額方式，以示對族親表揚與鼓舞（圖5-52）。其他如台北市林氏宗親會，則邀請不論老少宗親，一同祝賀和表揚宗親中金婚夫婦，以及由宗長於眾前行孝親儀式，藉此宣揚夫婦之義與事父母必以敬之精神，引導宗親對家庭生活之重視與關懷。

圖 5-52　表揚族中傑出人士

圖說：全國林姓宗親會對族中有義行、孝行等傑出人士，藉由會員大會
　　　逐一頒發匾額表揚。

資料來源：筆者自攝，民國95年。

二、興學勵學

過去宗族常由族產中抽撥部分作爲義學田，教育族中子弟，鼓勵族中子弟應試等，今日雖然以不復科舉制度，但是許多宗族組織仍保有獎勵族人學習之制，主要表現方式有：

1. 興辦幼稚園

過去民間私設的學校，稱私塾、書房、學堂等。地點大多設於各家祠堂內（圖5-53），學生年齡由七、八歲至十七、八歲不等，這些私塾在日治時期屬行日本教育之環境下，默默爲延續中國教育而努力。今日許多家廟、宗祠延續此傳統，興辦幼兒園或幼稚園等教育，以陳德星堂爲例，其自日治時代開始，便利用堂中左右廂房爲教室，不論是否爲宗親子弟均可申請入學，其對大稻埕地區之幼兒教育貢獻良多，直至今日仍爲台北地區優良幼兒教育學園之一。

圖5-53　宗祠內設私塾

圖說：日治時期宗祠內設私塾，以爲傳遞中國文化之教育場所

圖片來源：關山情主編，《台灣三百年》，戶外生活雜誌，西元1981

2. 獎助學金

以財團法人林東山堂爲例，其於設立章程中即明文，秉持關懷宗族、鼓勵宗族子弟發展之美意，分國小、國中、高中、大專、碩士、博士祖，續優同學達到獎學金申請給付辦法者，發與新台幣貳仟元至五萬元不等獎學金、獎狀及獎牌。另外爲紀念族內宗長林熄灶對宗祠之貢獻，成立「大同大學林熄灶獎學金」十五名，每名新台幣壹萬五仟元。依據筆者調查，宗親團體多數都有以發放獎學金之方式，作爲鼓勵族親向學之制度。

3. 才藝競賽

以民國 94 年世界林氏宗親總會所舉辦之活動爲例，其除了爲保存傳統文化素養，也兼顧現代社會發展之需求，鼓勵宗親自幼培養不同的興趣，分別舉辦繪圖比賽、書法比賽以及電腦繪圖以賽。希望藉由拋磚引玉的手法，對族人在興趣與專長的培養與發展，盡一份心力。

三、社會福利事業

宗親團體在現代社會，不僅以對於族親之照顧爲目標，對於族親內的社會弱勢群體，亦爲所關懷對象；以照顧族親之角度觀察，各縣市宗親會，普遍有發放敬老金之舉，以林氏宗親會爲例，按月發放敬老金予會中 70 歲以上之長者。又如林東山堂，其規定凡持有政府核發低收入戶、中低收入戶證明或殘障手冊之堂親，該堂視當年財務狀況，分級給付金額不等補助金，以每月匯入申請人銀行或郵局帳號之發放之方式，迅速有效的協助族人渡過難關。

林東山堂並置公益基金，採酌量向外佈施之方式，按申請案件之緊急而隨時處理協助。例如西元 2005 年發生之南亞海嘯災難，財團法人林東山堂隨即捐助新台幣十萬元協助災難救援。中華民國林氏宗親會等宗親組織也有即撥款籌備物資協助善後事宜之機制。

其他如就業機會之提供、發行刊物，提供族人保健、旅遊、生活常識等，都是現代宗親組織以不同的方式，發揮關懷族人宗親之手段。

四、政治經濟團體

過去宗族以義學方式，鼓勵族人應試，一旦中舉，除了可爲宗族增添榮

耀，亦可反哺族人，協助改善族人生活。在今日，此種關聯則轉化爲當宗親有人參與選舉時，以宗族之力量協助其宣傳等，例如民國93年總統大選，陳氏宗親會即以北投陳氏宗祠爲集合點，爲陳水扁總統加油助選；在林氏宗親會所發行之刊物上，則有參與競選之宗親名單作爲宣傳，或是當選祝賀等內容。今日許多宗親團體，還會邀集族中有名望、或事業有成之企業家擔任會中董事等職務，仿效舊時義庄制度，由族人中有力人士出資，作爲照顧族人、熱心社會公益之經費來源，同時亦集結眾宗親之力量，對其事業表示支持。

五、海內外華人組織交流

早年華人到各地開墾時，宗親會所發揮的力量，就像當時移民來台灣之漢人，在百廢待舉時，藉由宗親團結之功，在移民地區從事各項建設工作。以林氏宗親會爲例，全球共有十七個國家有此組織，東南亞地區許多國家甚至不只一區有林氏宗親會，以馬來西亞爲例，該地即有彭亨林氏宗親會、永春姚林氏公會、砂勞越西河林氏公會。

今日許多宗親團體，往往藉由前來台灣或返往大陸祖籍地謁祖之方式交流，有些地區還特別前來台灣參加三獻禮之祭祖儀式。在所有宗親團體的活動當中，筆者認爲此種文化交流特別具有國民外交之效果，而且從對中國傳統文化孺慕之情來看，許多地區無能力遵循古禮來祭祀祖先，從台灣仍保留之三獻禮的祭祖儀式，可以獲得慰藉，並基於同宗之儀，更加增添情感之交流，例如世界林氏宗親總會所舉辦之「世界林氏懇親大會」以舉辦十屆以上，以民國93年於屏東所舉辦之第十屆懇親大會爲例，來自各國之林氏宗親會，逾千人參與，在世界林氏宗親會的規劃之下，除了舉行盛大隆重的祭祖儀式外，並安排族人聯誼歡聚，觀光攬勝。民間以愼終追遠之精神而自發性產生的交流，跨越了國界，其意義之深遠，筆者認爲十分值得當局多加重視，並鼓勵此種國際間之來往。

第六章 結 論

　　在人類傳承的文化遺產中，最能體現一個民族精神世界的，就是信仰。每個民族都建構了自己獨特的精神世界，以及與之共處的祭祀禮儀。從文化角度來看，祭禮是人類獨特的精神寶藏，各民族在祭禮中，展現了豐富的聯想力與智慧，而且藉由祭祀團結族群人心，形成各種共識，並在世世代代中，透過各式各樣的管道，綿延至今日。

　　漢人祭祀祖先的基本精神內涵，乃出於大報本反始之觀念，根據《禮記‧郊特牲》:「萬物本乎天，人本乎祖。」沒有祖先即沒有後人，人得以生存得感激祖先的保佑，故要以事死如事生的慎重態度祭祀祖先，藉由定時向先人供奉食物，財帛等方式，以孝事之，期使祖先因此感到愉悅，同時亦祈求祖先保佑，來獲取心靈上之安慰。由於祖先與後人的關係密切，祭祀除了可以展現敬心外，同時亦可抒發對先人懷念之情。

　　從祭祖之儀節觀察，是中國人幾千年來的傳統禮俗，從最初巫術主導之表現，隨著時代演進與經驗之累積，人們對於透過祭祖想要表達的目的越來越清楚，於是便制定出一套套詳細的儀節來表達。但是作為習俗之禮儀，往往會隨時代之改變，而有所變動，以文公家禮為例，朱熹對於各時節以及冠昏喪葬該用禮，加以詳細規定，在明清時期，曾起相當大之作用，從而影響來台漢人對祭祖習俗之認知，從今日台灣民間之祭祀時間來看，大部分家庭仍謹守朱子提出之晨謁、外出告祖、朔望祭祀、四時祭祀等習俗，但是從執行祭祀之儀節過程來看，則有相當大的改變。

　　以三獻禮來看，今日北部地區所採用之儀式，係以祭孔儀式為藍圖，加以刪減儀節而成。就祭祀目的而言，祭孔儀式係以祭祀聖賢和規廣教化為根本，與祭祖為享祀先人之立意並不相符。而且今日祭祀過程幾乎全為男性成

員參與，與文公家禮中，主人主婦同時擔任祭祀職務之規劃顯有違背，以祖先孕育後人之角度而言，夫婦關係乃是合兩姓之好，上以事宗廟而下以繼後世也，所以祭祖時擔任獻祭之重要角色；今所持之禮節，並未兼顧此深層之象徵意義，殊爲遺憾。再者，今日倡導男女社會地位平等，女性與男性同可爲宗族光耀門楣祭祀祖先。筆者認爲，不宜再以男性爲祭祀重心，應該尋求回復文公家禮之祭祖儀式，並酌實情調整爲宜。

與祭祀息息相關之祭祀公業，其設立是以對祖先永久祭祀的爲主旨，但是由於產權不清、容易造成派下子孫爲利益引起糾紛，所以日治時代即禁止設立，而建議以財團法人或社團法人之制度取代，原有之祭祀公業，以設立管理人之方式打點公業所需；但是筆者發現，由於管理人之制度導致祭祀公業部分原本存在的良好成分逐漸消失。以追求法律關係穩定之角度而言，管理人的存在十分必要，由其代表祭祀公業處理各項事宜，例如公業收租與支出等，以改善過去各房輪值制度，容易造成誤會糾紛之問題，例如輪值者無權處分買賣公業財產，而處分時與第三人之間之交易糾紛；設立管理人統一管理後，對於祭祀公業之整體改況可以獲得較清楚的掌握。但是筆者發現，由於各房不必輪值，遂與祭祀公業祭祀事宜逐漸脫離，轉變爲交由管理人打點之方式，導致祭祀祖先之主要用意趨於薄弱，流於形式，房與房之間情感亦趨於疏遠，對於公業之利用易起爭執。

過去內政部及臺灣省政府雖分別訂定「祭祀公業土地清理要點」及「臺灣省祭祀公業土地清理辦法」，作爲行政機關清理祭祀公業土地之依據，規定重點於條理清楚公業產權之歸屬，惟法規位階不夠高，涉及繼承等民法問題時，容易產生適用法規之糾紛，對於祭祀公業成立的目的與運作，法規規範礙難涵括。爲顧及傳統制度之美意，給予派下員更多之參與空間，以使祭祀公業之存在不至淪爲不合時宜的制度，令祭祀公業的組織與運作更加順利，立法者在各方建議聲浪下，制定「祭祀公業條例」，期使該項歷史產物可以在未來的社會有更大的發揮。

以族產爲根基，並透過祭祖聯繫宗族情感與相屬意識，基於對共同祖先之認同與尊敬，使族親之間產生向心力，進而化作關懷之力量，不論親疏遠近，將族親視如血濃於水的手足兄弟互相扶持，秉持「老吾老以及人之老、幼吾幼以及之幼」之心態，以「日有食，歲有衣，嫁娶婚葬，皆有贍」爲目標，這是中國文化裡早就有的社會福利制度，每個宗族若皆能發揮這種力量，

以族人之安定生活為己任，喚起台灣社會的宗族意識，透過這樣的方式，將比透過政府組織實施各項社會福利政策來得直接與實際，果真如此，則古人嘗言「齊家、國治、平天下」之理想，便有實現之可能。

　　雖然台灣地區有許多宗親組織，但是發展上均面臨成員老化年邁之現象，大多數年輕子弟無法了解宗族組織之重要性，而拒絕參與，筆者認為十分可惜，並認為政府單位應該針對宗親團體之發展，以落實社會福利關懷的角度加以輔導其運作，使現代人重新認識宗族組織存在之意義。並透過敬天法祖的思想薰陶，必可收改善風俗，端正社會風氣之效。

　　相較於傳統族產多元的功能，筆者對於今日宗親組織，從祭祖儀式與功能上，有以下幾點想法，在此提供作為分享：

　　筆者認為在祭祖時，「宣讀祖訓」之儀式可以做若干調整，由於在筆者訪談過程當中，許多人對於宣讀祖訓時反應冷淡，聽不懂的情形十分普遍。筆者認為，祖訓乃先人智慧之傳承，以及對祖先之期望，往往從祖訓當中即傳遞了人立身處世該有的修養，筆者認為流於形式相當可惜，若可以改變宣讀方式，將祖訓重新撰稿，以較平易近人之白話文之言詞發表；又如許多高僧在講解佛經深奧之義理時，往往伴隨著小故事來作為啟發，可以更為深入人心。而且未避免該儀式過於冗長，可以根據祖訓或是家規等先人遺訓，分為幾個要點，作為每年之主題，例如「孝親年」、「節約年」、「義行年」、「忠勇年」……等，隨年由族長發表相關之演說。筆者認為透過這類簡單明瞭的溝通方式，將可使族親對於先人之訓誡有更多的體會。

　　除此之外，根據當年主題，向族人徵稿，或是收集族人相關之感人事蹟與優異表現，藉由祭祖典禮時，向族人宣揚。由於都是出自於身邊的實人實事，由此傳遞忠孝節義之觀念，更可感召人心，激發學習效法之熱情；再者，從對族人真實事蹟之介紹，除了期望得到風行草偃之效果外，亦可以增加族人之間的互相了解，進而互助合作，透過親人的關懷，使照顧族親之使命得以貼切的實現。

　　同時宗親組織亦可配合主題年，來規劃相關之活動，發動宗族之力量來實現「老吾老以及人之老，幼吾幼以及人之幼」之精神，例如安排一些家庭關懷活動，像是照顧獨居老人、重陽節敬老健行活動、資源回收等。基於同宗情感，如此還可增強對自身家族之認同，引以為傲，凝聚宗族之共識，使宗族社會的精神價值，重新體現於今日社會。

　　除此之外，筆者認爲對於族中之青年子弟，除了對課業上有獎學金鼓勵以外，對於青少年之興趣也可從旁協助、指導。以大學中普遍存在的服務性社團而言，這類社團組織多係以服務老人、幼兒、偏遠地區學童爲主旨設立。若族中子弟有參與其中者，宗親組織可以對於其經費或任何技術或是困難處提供幫助，使得宗親組織可以透過族人之舉動，表達對社會服務的支持。又如藝術表演、或體育方面的支持，例如場地或是經費方面的贊助，讓族人的理想可以實現。或是開設安親班，例如具有教師資格之族人，或是退休之教育工作者，從事主持，並安排年紀較長之學子爲幼童從事課業輔導等工作，這些方式之實施，相信可以提供年輕子弟對於宗親團體之接觸，從而認識與了解，進而將來年長後，思回饋於下一代。

　　另外對於成人年齡層的族親，筆者認爲宗親團體亦可扮演社會大學之角色，由於族人中有許多學有專精、事業有成之人士，邀請其開設相關之專業進修課程，如法律與生活、稅法、電腦操作、理財、保險等知識教育；或是開設家事課程，由於目前小家庭制度普及，男女對於家事都應該有相當之處理能力，以合作創造美滿的家庭生活。宗親組織具有改善幫助族人生活之領導地位，由其開設學習管道，邀請族人，不分男女老幼人士共同參加，除了可以使傳承年長者對於家事工作之經驗外，亦可輔導新型社會價值觀之順利運行。宗親團體若可以從社會大學的功能加以發揮，除了可以提升族人工作上的競爭力、家庭財務管理知識之增長，對於家庭生活水準之提升，必然會有相當大的幫助。

　　要之，民俗不僅只是存在於傳統社會，更不是過時的行爲，在今日的社會生活當中，仍然多有保留，爲人所遵守，例如祭祖這樣的民俗活動，不僅僅是儀式，更是家庭存在之重要象徵。敬天法祖就是教育人要飲水思源的重要觀點，祖厝宗祠的存在，就是在族人共同愼重心意之表現，由族人協力而保存下來，作爲宗族的向心力所在，徹底地支撐每一個家庭得以穩健的成長。不管從事祭祀祖先的人們，內心期望從中得到怎樣的回應，或許是期望先人庇祐後人，讓在世人生活美好，或是畏懼鬼神，或是追思，理由可能有很多種，但是讓筆者深深感受到，由敬祖而衍伸出的家族禮法，很多層面的施行，打造知禮秉善的人心，從而讓社會也呈現出祥和的一面，這是很有意義的美事，不論時代如何變遷，傳承的力量，讓人有依靠的對象，不會迷失方面。祭祖的價值，在這時代，依然重要，依然值得致力守護。

參考書目

一、專　書

1. 《尚書》，十三經注疏本，台北：藝文印書館，1985，十版。

2. 《易經》，十三經注疏本，台北：藝文印書館，1985，十版。

3. 《周禮》，十三經注疏本，台北：藝文印書館，1985，十版。

4. 《儀禮》，十三經注疏本，台北：藝文印書館，1985，十版。

5. 《禮記》，十三經注疏本，台北：藝文印書館，1985，十版。

6. 《春秋左傳正義》，十三經注疏本，台北：藝文印書館，1985，十版。

7. 《論語》，十三經注疏本，台北：藝文印書館，1985，十版。

8. 《孝經》，十三經注疏本，台北：藝文印書館，1985，十版。

9. 《爾雅》，十三經注疏本，台北：藝文印書館，1985，十版。

10. 《孟子》，十三經注疏本，台北：藝文印書館，1985，十版。

11. 《國語》，嶄新校注本，台北：里仁書局，1980。

12. 《詩經》，十三經注疏本，台北：藝文印書館，1960，再版。

13. 《荀子集解》，台北：藝文印書館，1994，初版。

14. 王利器校注，《鹽鐵論校注》，北京：中華書局，1992，第一版。

15. 左丘明著，韋昭注，《國語》，台北：宏業，1980。

16. 《晉書》，二十五史，台北：藝文印書館，1962。

17. 《舊唐書》，二十五史，台北：藝文印書館，1962。

18. 《宋史》，二十五史，台北：藝文印書館，1962。

19. 《元史》，二十五史，台北：藝文印書館，1962。

20. 《明史》，二十五史，台北：藝文印書館，1962。

21. 〔漢〕應劭,《風俗通義校注》,漢京文化事業有限公司,1983。

22. 〔唐〕杜佑,《通典》,二百卷,國學基本叢書,台北:新興書局,1959。

23. 〔宋〕鄭樵,《通志》,二百卷考證三卷,國學基本叢書,台北:新興書局,1959。

24. 〔宋〕孟元老,《東京夢華錄注》,漢京文化事業有限公司,1984。

25. 〔宋〕朱熹注,〔明〕邱濬編,《文公家禮儀節》,八卷,北京大學館藏明正德13年常州府刻本影印。臺南縣柳營鄉:莊嚴文化,1997。

26. 〔宋〕黎靖德編,《朱子語類》,台北:文津書局,1986。

27. 《二程全書》,四部備要,子部,據江寧刻本影印,臺北市:臺灣中華,1966,臺一版。

28. 《朱文公文集》,四部叢刊集部,明嘉靖本元書板,台灣商務印書館,1981。

29. 《范文正公集》,四部叢刊集部,上海涵芬樓借江南圖書館藏明翻元刊本景印,台灣商務印書館,1981。

30. 〔元〕馬端臨,《文獻通考》,三百四十八卷,國學基本叢書,臺北市:新興書局,1958。

31. 〔明〕邱濬重編加註,《丘公家禮儀節》,八卷,乾隆庚寅年重修版,台北:新文豐出版社,1996。

32. 〔明〕王圻撰《續文獻通考》,四庫全書存目叢書,子部,類書類,據中國科學院圖書館藏明萬曆三十一年曹時聘等刻本影印,臺南縣柳營鄉:莊嚴文化,1995。

33. 〔明〕方孝孺,《遜志齋集》,四部備要,集部,明別集,上海市:中華書局,據明刻版校刊,1936。

34. 〔清〕戴翊清撰,《家禮會通》,大立出版社,1985。

35. 〔清〕毛奇齡撰,《家禮辨說》,新文豐出版社,1989。

36. 〔清〕秦蕙田,《五禮通考》,桃園:聖環出版社,1994。

37. 〔清〕劉錦藻,《清朝續文獻通考》,台北:新興書局,1959。

38. 〔清〕吳穎炎,《國學備纂》,台北:文史哲出版社,1989。

39. 〔日〕室直清,《文公家禮通考》,新文豐出版社,1989。

40. 〔日〕中川子信編述,《清記俗聞》,景日本寬正十年(清嘉慶五年,1800年)刊本,臺北市:大立出版社,1982。

41. 《三峽鎮志》,王明義,三峽鎮公所,1993。

42. 《台北縣志稿》,臺北縣文獻委員會,1958。

43. 《安平縣雜記》,臺灣文獻叢刊,第52種,臺北市,臺灣銀行經濟研究室,1959。

44. 《臺灣私法物權編》，臺灣文獻叢刊，第 150 種，臺北市，臺灣銀行經濟研究室，1963。

45. 《鄭氏關係文書》，台灣文獻叢刊，第 69 種，臺北市：臺灣銀行經濟研究室，1960。

46. 丁日健，《治臺必告錄》，臺灣文獻叢刊，第 17 號，臺北市：臺灣銀行經濟研究室，1959。

47. 左倉孫三，《臺風雜記》，臺灣文獻叢刊，第 107 種，臺北市：臺灣銀行經濟研究室，1961。

48. 吳德功，《彰化節孝冊》，臺灣文獻叢刊，第 108 種，臺北市：臺灣銀行經濟研究室，1961。

49. 沈茂蔭，《苗栗縣志》，台灣文獻叢刊，第 159 種，臺北市：臺灣銀行經濟研究室，1962。

50. 周凱，《廈門志》，臺灣文獻叢刊，第 95 種，臺北市：臺灣銀行經濟研究室，1961。

51. 周鍾瑄，《諸羅縣志》，台灣文獻叢刊，第 141 種，臺北市：臺灣銀行經濟研究室，1962。

52. 倪贊元《雲林縣采訪冊》，台灣方志集成，台北：宗青，1995，初版。

53. 連橫，《台灣通史》，臺灣文獻叢刊，第 128 種，臺北市：臺灣銀行經濟研究室，1962。

54. 連橫，《雅堂文集》，臺灣文獻叢刊，第 208 號，臺北市：臺灣銀行經濟研究室，1964。

55. 陳培桂，《淡水廳志》，台灣文獻叢刊，第 172 種，臺北市：臺灣銀行經濟研究室，1963。

56. 蔡振豐，《苑裡志》，中國方志叢書，台灣地區，第 28 號，臺北市：成文，1984，臺一版。

57. 鄭鵬雲、曾逢辰，《新竹縣志初稿》，台灣文獻叢刊，第 61 種，臺北市：臺灣銀行經濟研究室，1959。

58. 《世林》，世林雜誌編輯委員會，世界林氏宗親總會發行，2005 年 11 月，第 29 期。

59. 《世界陳氏宗親總會成立週年紀念特刊》，世界陳氏宗親總會編印，1975。

60. 《全國林姓祖廟重建落成二週年紀念特刊》，財團法人全國林姓宗廟編輯委員會，1981。

61. 《姓氏書》編輯部編著，《姓氏書·陳氏》，花山文藝出版社，2004。

62. 《德星堂重建五十週年慶祝紀念特刊》，世界陳氏宗親總會編印，1961。

63. 《德星堂陳氏大宗祠　奉祀一百參拾/重建九十週年紀念特刊》，財團法人

陳德星堂、台北市政府文化局，2003。

64. 尤重道，《祭祀公業財產管理實務》，永然文化出版股份有限公司，1997。

65. 方光華，《俎豆馨香：中國祭祀禮俗探索》，陝西人民教育出版社，2000。

66. 片岡巖，《臺灣風俗誌》，眾文圖書公司，1990，二版。

67. 王暉，《商周文化比較》，北京，人民出版社，2000。

68. 王爾敏，《明清時代庶民文化生活》，岳麓書社，2002。

69. 王澤鑑，《民法總則》，台北：三民書局，2003。

70. 王麗福，《實用家禮全書》，世一出版社，2002。

71. 弗雷澤（J. G. Frazer），《金枝：巫術與宗教之研究》，桂冠圖書公司，台北，1991。

72. 何聯奎，《中國禮俗研究》，臺灣中華，1978，三版。

73. 吳十洲，《兩周禮器制度研究》，五南出版社，2004。

74. 吳自甦，《中國家庭制度》，台灣商務印書館，1968。

75. 吳密察，〈唐山過海的故事——台灣通史〉，中國歷代經典寶庫，台北，時報文化出版企業股份有限公司，2000，四版二刷。

76. 吳瀛濤，《台灣民俗》，眾文圖書公司，2000。

77. 呂振羽，《殷周時代的中國社會》，北京，三聯書店，1962。

78. 宋蜀華、白振聲，《民俗學理論與方法》，中央民族大學出版社，1998。

79. 李小燕，《客家祖先崇拜文化——以粵東梅州爲重點分析》，民族出版社，2005。

80. 李文治、江太新，《中國宗法宗族制和族田義莊》，社會科學文獻出版社，2000 年 4 月。

81. 李玉福，《秦漢制度史論》，山東大學出版社，2004。

82. 李志鴻、陳芹芳，《從唐山祖到開台祖——台灣移民與家族社會》，九州出版社，2002。

83. 李宗侗，《中國古代社會史》，中華文化出版事業委員會，1954。

84. 李阿成、陳運棟、彭富欽，《客家禮俗之研究》，文復會苗栗縣總支會，1989。

85. 李乾朗，《台北市三級古蹟陳德星堂調查研究與修護計畫》，財團法人陳德星堂、台北市政府文化局，2003。

86. 李乾朗，《台灣古建築圖解事典》，遠流出版社，2003。

87. 李曉東，《中國封建家禮》，文津出版社，1989。

88. 杜希宙、黃濤，《中國歷代祭禮》，北京圖書館出版社，1998。

89. 杜婉言，《中華姓氏譜·陳姓卷》，北京，現代出版社，2002，一版。

90. 肖群忠，《中國孝文化研究》，五南出版社，2002。

91. 阮昌銳，《中國民間宗教之研究》，台北市，臺灣省立博物館，1990。

92. 阮昌銳，《中國婚姻習俗之研究》，臺北市：臺灣省立博物館，1989。

93. 阮昌銳，《台北市傳統儀禮‧生命禮俗篇》，臺北市：臺北市文獻委員會，1994。

94. 阮昌銳，《台北市傳統儀禮‧歲時節慶篇》，臺北市：臺北市文獻委員會，1994。

95. 周何，《古禮今談》，國文天地發行，1992。

96. 周何，《春秋吉禮考辨》，嘉新水泥公司文化基金會，1970。

97. 周何，《禮學概論》，三民書局，1998。

98. 周金水，《客家民風禮俗全書》，文大圖書，2003。

99. 周金水，《禮俗通識──客家禮俗全書》，文大圖書公司，2003。

100. 東方孝義，《台灣習俗》，南天書局，1942。

101. 東方望，《家禮集成》，滿庭芳出版社，1992。

102. 林安弘，《儒家禮樂之道德思想》，文津出版社，1988。

103. 林明義，《臺灣冠婚葬祭家禮全書》，武陵，1988，再版。

104. 林衡道，《臺灣歷史民俗》，黎明文化出版，2001，三版。

105. 姊齒松平原著，《日據時期祭祀公業及在台灣特殊法律之研究》，台灣省文獻委員會，1983。

106. 侯迺慧，《淮南子》，三民書局，2002。

107. 洪麗完，《台灣社會生活文書專輯》，台北市，中央研究院台灣史研究所籌備處，2002。

108. 姬秀珠，《儀禮飲食禮器研究》，里仁出版社，2005。

109. 孫作雲，《詩經與周代社會研究》，北京，中華書局，1966。

110. 容庚，《商周彝器通考及圖錄》，台北，文史哲出版社，1985。

111. 徐良高，《中國民族文化源新探》，北京，社會科學文獻出版社，2002。

112. 徐福全，《台灣民間祭祀禮儀》，台灣省立新竹社會教育館，1996。

113. 晁福林，《先秦民俗史》，上海，人民出版社，2001。

114. 烏丙安，《中國民間信仰》，上海人民出版社，1996。

115. 秦照芬，《商周時期的祖先崇拜》，蘭臺出版社，2003 年 3 月，初版。

116. 馬持盈，《史記今注》，台北：台灣商務，1983。

117. 高丙中，《民俗文化與民俗》，中國社會科學出版社，2000。

118. 高達觀，《中國家族社會之演變》，台北：里仁書局，1982。

119. 崔光宙,《先秦儒家禮樂教化思想在現代教育上的涵意與實施》,東吳大學中國學術著作委員會,1985。

120. 常玉芝,《商代周祭制度》,中國社會科學出版社,1987。

121. 常金倉,《周代禮俗研究》,文津出版社,1993。

122. 張光直,《中國青銅時代》,台北,聯經出版社,1983。

123. 張岩,《從部落文明到禮樂制度》,上海三聯書店,2004。

124. 張炎憲、曾品滄,《楊雲萍藏台灣古文書》,台北:國史館,2003。

125. 張祖基,《客家舊禮俗》,眾文圖書公司,2000。

126. 張紫晨,《中國民俗與民俗學》,南天書局,1995。

127. 張鶴泉,《周代祭祀研究》,文津出版社,1993。

128. 曹毓英,《井田制研究》,華中師範大學出版社,2005 年 2 月。

129. 清水盛光,《中國族產制度考》,中華文化出版事業委員會,1956。

130. 盛清沂、王詩琅、高樹藩,《台灣史》,台灣省文獻委員會,1994,三版。

131. 莫里斯·傅利德曼,《中國的東南組織》,上海市,上海人民出版社,2000。

132. 莊英章,《家族與婚姻——台灣北部兩個閩客村落之研究》,中央研究院民族學研究所,1994。

133. 許倬雲,《西周史》,聯經出版社,1984。

134. 許進雄,《殷卜辭中五種祭祀的研究》,國立台灣大學文學院,1968。

135. 許詩琅,《祖蔭下——中國鄉村的親屬、人格與社會流動》

136. 郭沫若,《中國古代社會研究》,上海,聯合書店,1930。

137. 郭寶鈞,《商周銅器群綜合研究》,北京,文物出版社,1981。

138. 陳井星,《台灣祭祀公業新論》,台北:文笙書局,1982。

139. 陳支平,《五百年來福建的家族與社會》,揚智文化事業股份有限公司,2004,初版。

140. 陳桂興,《家族診斷:釐清祖源與祖先牌位的謄錄俸祀》,玄門真宗,2003。

141. 陳烈,《中國祭天文化》,宗教文化出版社,2000。

142. 陳紹馨,《台灣的人口變遷與社會變遷》,台北:聯經出版社,1979。

143. 陳照銘,《臺灣祭祀公業十三篇》,協成土地事務研究室出版,2000。

144. 陳運棟,《台灣的客家禮俗》,臺原出版社,1991。

145. 陸炳文,《台灣各姓祠堂巡禮》,台灣省政府新聞處,1988。

146. 傅亞述,《中國上古祭祀文化》,東北師範大學出版社,1999。

147. 彭美玲,《家禮源流群書述略考異》,行政院國家科學委員會補助專題研究計畫成果報告,2001。

148. 曾玲、莊英章,《新加坡華人的祖先崇拜與宗鄉社群整合:以戰後三十年廣惠肇碧山亭爲例》,唐山出版社,2000。

149. 費成康,《中國家族傳統禮儀》,上海社會科學院出版社,2003。

150. 馮爾康,《中國古代宗族與祠堂》,臺灣商務印書館,2002,二版。

151. 馮爾康,《中國宗族社會》,浙江人民出版社,1994。

152. 黃然偉,《殷禮考實》,台北,台大文史叢刊,1967。

153. 楊志剛《中國禮儀制度研究》,上海:華東師範大學出版社,2000。

154. 楊秀宮,《孔孟荀禮法思想的演變與發展》,文史哲出版社,2000。

155. 楊朝明,《魯文化史》,濟南,齊魯書社,2001。

156. 楊緒賢,《台灣區姓氏堂號考》,台北市,台灣省文獻委員會,1997。

157. 楊緒賢,《台灣區姓氏堂號考》,臺北市,臺灣省文獻委員會,1997,再版。

158. 楊寬,《戰國史》,台灣商務印書館,2001。

159. 楊樹達,《漢代婚喪禮俗考》,上海古籍出版社,2000。

160. 楊炯山,《結婚禮儀》,竹林出版社,2001,再版。

161. 賈福林,《太廟探幽》,文物出版社,2005。

162. 鈴木清一郎,《臺灣舊慣習俗信仰》,眾文圖書公司,2000。

163. 雷紹鋒、張俊超,《漢族喪葬祭儀舊俗談》,武漢出版社,1998。

164. 聞一多,《詩經研究》,巴蜀書社,2002。

165. 趙沛霖,《興的源起》,中國社會科學出版社,1987。

166. 趙容俊,《殷商甲骨卜辭所見之巫術》,文津出版社,2003。

167. 劉善群,《客家禮俗》,福建教育出版社,1995。

168. 劉黎明《祠堂、靈牌、家譜》,四川人民出版社,1993。

169. 劉曄原、鄭惠堅,《中國古代祭祀》,臺灣商務印書館,2001,二版。

170. 潘英,《台灣人的祖籍與姓氏分布》,台北市:台原出版社,1991。

171. 滕志賢,《詩經讀本》,三民書局,2004。

172. 鄭振滿,《明清福建家族組織與社會變遷》,湖南教育出版社,1992 年 6 月。

173. 錢宗範,《周代宗法制度研究》,廣西師大出版,1985。

174. 戴炎輝、戴東雄,《中國親屬法》,台北:三民書局,2000。

175. 謝維揚,《周代家庭型態》,北京:中國社會科學出版社,1990。

176. 謝謙,《中國古代宗教與禮樂文化》,四川人民出版社,1996。

177. 瞿同祖,《中國封建社會》,上海人民出版社,2003。

178. 關山情主編，《台灣三百年》，戶外生活雜誌，1981。

179. 饒宗頤，《新出土文獻論證》，上海古籍出版社，2005。

180. 梶原通好，《台灣農民的生活節俗》，台原出版社，1989。

二、期刊論文

1. 《世林》，世林雜誌編輯委員會，世界林氏宗親總會發行，2005 年 11 月，第 29 期。

2. 方文圖，〈潁川陳氏福建和臺灣──概述陳氏宗族對閩臺歷史文化深遠的影響（上）〉，《臺灣源流》，1997 年 6 月，頁 4～10。

3. 方文圖，〈潁川陳氏與福建和臺灣──概述陳氏宗族對閩臺歷史文化深遠的影響（下）〉，《臺灣源流》，1997 年 9 月，頁 4～15。

4. 王日根，〈明清福建與江南義田的比較〉，《學術月刊》，1996，第 1 期，頁 66～70。

5. 王立文，〈祭祖儀式意涵之探索〉，《佛學與科學》，2005 年 7 月，頁 52～58。

6. 王廷信，〈四時祭祀及蠟祭中的尸與扮演〉，《文學遺產》，2002，第 3 期，頁 83～144。。

7. 王怡茹，〈臺灣日治時期漢人生命禮俗之米食研究〉，《台灣民俗藝術彙刊》，2005 年 9 月，第 2 期，頁 88～107。

8. 王建成，〈金門祠廟的祭祖活動與儀式〉，《金門宗族文化》，2004 年 12 月，頁 77～89。

9. 王祥齡，〈中國古代祖先崇拜的起源與進展〉，《鵝湖》，1991 年 5 月，第 16 卷第 11 期，頁 13～25。

10. 王爾敏，〈傳統中國庶民日常生活情節〉，《中央研究院近代史研究所集刊》，台北，1992 年 6 月，第 21 期，頁 147～176。

11. 李文獻，〈臺灣傳統婚禮中祀神祭祖儀式之研究〉，《國立僑生大學先修班學報》，1999 年 7 月，第 7 期，頁 33～74。

12. 李江、曹國慶〈明清時期中國鄉村社會中宗族義田的發展〉，《農業考古》，2004 年 3 月，頁 198～220。

13. 李恒全，〈從家族公社私有制到個體家庭私有制的嬗變〉，《學海》，2005 年 4 月，頁 88～92。

14. 李進億，〈清代蘆洲區域發展史初探──以李氏宗族的開墾及建廟活動爲探討中心〉，《史匯》，2001 年 8 月，第 5 期，頁 35～51。

15. 沙旭升，〈台灣陳李吳蔡四大姓與開封的歷史淵源〉，《台灣源流》，1997 年 6 月，頁 11～13。

16. 林瑤棋,〈從台灣漢人習俗看台灣文化之特質〉,《台灣源流》,2003 年 12 月,頁 95～110。

17. 侯瑞琪,〈從宗法制度看臺灣漢人宗族社會〉,《國立臺灣師範大學國文研究所集刊》,1998 年 6 月,第 42 期,頁 443～531。

18. 凌純聲,〈中國祖廟的起源〉,《中央研究院民族學研究所集刊》,1959,第 7 期,頁 141～175。

19. 孫英龍,〈福建東山一些鄉村祠堂姓氏移民臺灣史實〉,《臺灣源流》,2003 年 12 月,第 25 期,頁 57～77。

20. 秦照芬,〈論殷周祭祖禮之異同〉,《臺北市立師範學院學報》,2000 年 4 月,第 31 期,頁 269～284。

21. 高聿占,〈宗祠是兩岸血緣的橋樑〉(下),《台灣源流》,2001 年 9 月,頁 90～95。

22. 高聿占,〈宗祠是兩岸血緣的橋樑〉(上),《台灣源流》,2001 年 6 月,頁 91～105。

23. 高銘貴,〈高姓宗族臺北移民史述〉,《臺灣源流》,2001 年 9 月,第 23 期,頁 37～49。

24. 常建華,〈明代宗族祠廟祭祖禮制及其演變〉,《南開學報》,2001,第 3 期,頁 60～67。

25. 康格溫,〈高臺祭祀習俗與供桌之研究〉,《台灣民俗藝術彙刊》,2005 年 9 月,第 2 期,頁 62～87。

26. 張興國,〈新埔市街祠堂建築之空間分佈的意義〉,《新竹文獻》,2001 年 8 月,第 6 期,頁 66～78。

27. 張艷萍,〈燕飲詩中所見的周人祭祖禮〉,《蘭州交通大學學報》,2005 年 4 月,第 24 卷第 2 期,頁 19～22。

28. 梅新林,〈《詩經》中的祭祖樂歌與周代宗廟文化〉,《浙江師大學報》,1999,第 5 期,頁 1～6。

29. 郭恩秀,〈八〇年代以來宋代宗族史中文論著研究回顧〉,《新史學》,2005 年 3 月,第 16 卷第 1 期,頁 125～157。

30. 陳在正,〈平和埔坪林氏宗族的發展及向臺灣移民〉,《臺灣源流》,2003 年 12 月,第 25 期,頁 4～16。

31. 陳在正,〈平和坂仔心田賴氏宗族發展及向臺灣移民〉,《臺灣源流》,2001 年 6 月,第 22 期,頁 30～41。

32. 陳志英,〈宋代民間物權關係的家族主義特徵〉,《河北法學》,2006 年 3 月,第 24 卷第 3 期,頁 81～86。

33. 陳炎正,〈社口林家大夫第〉,《台灣源流》,2001 年 9 月,頁 87～89。

34. 陳重成，〈中國農村的變與常：村落社會中的宗族組織〉，《遠景基金會季刊》，2005 年 4 月，第 6 卷第 2 期，頁 83～129。

35. 陳啓鐘，〈明清時期宗族教育對功利的崇拜——以閩南地區爲例〉，《暨南史學》，2002 年 7 月，第 4 卷第 5 期，頁 45～77。

36. 陳啓鐘，〈族譜中宗族意識的建構——以陳埭丁氏回族爲例〉，《大陸雜誌》，2001 年 7 月，第 103 卷第 1 期，頁 26～43。

37. 陳富志，〈《詩經》中周王祭祖初探〉，《平頂山師專學報》，1998 年 10 月，第 13 卷第 5 期，頁 36～42。

38. 陳智勇，〈商代宗教的世俗化特徵及其禮制作用〉，《許昌師專學報》，2000，第 1 期，頁 26～30。

39. 陳照銘，〈正廳與祠堂——祭祀公業的祭場〉，《土地事務月刊》，1998 年 5 月，第 323 期，，頁 6～7。

40. 陳照銘，〈試論祭祀公業的名稱〉，《現代地政》，2000 年 12 月，第 234 期，頁 27～28。

41. 陳照銘〈祭祀公業派下之身分證明〉，《現代地政》，1998 年 6 月，頁 48～53。

42. 喬健，〈說祖示〉，《大陸雜誌》，1960，第 20 卷 7 期，頁 216～221。

43. 湯志傑，〈從聚落到「城邦」——從系統分化的觀點重構上古社會結構轉變的嘗試〉，《新史學》，2001 年 3 月，第 12 卷第 1 期，頁 1～52。

44. 馮爾康，〈擬制血親與宗族〉，《中央研究院歷史語言研究所集刊》，1997 年 12 月，第 68 卷第 4 期，頁 943～986。

45. 黃秀政，〈日治時期林氏宗族在臺灣中部的發展——以臺中林氏宗廟相關衍派爲中心〉，《興大人文學報》，2004 年 6 月，第 34 期，，頁 871～927。

46. 黃振良，〈冬至祭祖在傳統習俗上的意義〉，《金門宗族文化》，2005 年 9 月，頁 29～31。

47. 楊彥杰，〈東坑陳氏的宗族組織與神明崇拜（下）〉，《臺灣源流》，2001 年 9 月，頁 97～110。

48. 楊彥杰，〈東坑陳氏的宗族組織與神明崇拜（上）〉，《臺灣源流》，2001 年 6 月，頁 81～90。

49. 萬齊洲、柳春新，〈南北朝時期的宗族、婚姻、信仰研究〉，《荊門職業技術學院學報》，1999 年 9 月，第 14 卷第 5 期，頁 45～51。

50. 廖經庭，〈新竹縣北埔鄉——彭家祠春季祭祖〉，《臺灣文獻》，2005 年 12 月，頁 40～48。

51. 廖慶六，〈金門家廟巡禮〉，《臺灣源流》，2004 年 12 月，頁 4～19。

52. 趙文榮，〈試論清代臺南地區宗族組織的發展（1683～1895）〉，《南瀛文

獻》，2002 年 1 月，頁 198～212。

53. 趙林，〈商代的宗廟與宗族制度〉，《政大歷史學報》，1983。

54. 劉秀美，〈六堆地區祠堂建築營建行為初探〉，《屏東文獻》，2002 年 5 月，頁 23～50。

55. 劉秀美，〈以六堆地區公嘗運作論祠堂形成之意義〉，《文化與建築研究集刊》，2002 年 12 月，頁 61～76。

56. 劉雨亭，〈從農耕信仰到祖先崇拜〉，《河北師範大學學報》，1999，第 22 卷第 2 期，頁 56～62。

57. 劉蘭肖，〈清代宗族研究概述〉，《歷史教學》，1998，第 9 期，頁 51～54。

58. 鄧河，〈論近代社會宗族組織的存留與演變〉，《山西師大學報》，1995 年 4 月，第 22 卷第 2 期，頁 48～50。

59. 蕭放，〈清明——中國人的祭祖節〉，《歷史月刊》，2000，4 月號，頁 94～98。

60. 顏鸝慧，〈《文公家禮·昏禮》與「台俗閩南婚禮」的比較〉，《中國文化月刊》，2002 年 8 月，第 269 期，頁 75～92。

三、碩博士論文

1. 王祥齡，《中國古代崇祖敬天思想研究》，中國文化大學，哲學研究所，博士論文，1990。

2. 林建銘，《台灣金銀紙文化與圖像藝術研究》，國立台北大學，民俗藝術研究所，碩士論文，2005。

3. 林春梅，《宋代家禮、家訓的研究》，輔仁大學，中國文學研究所，碩士論文，1991。

4. 金經一，《甲文所見殷人崇祖意識型態之研究》，中國文化大學，中國文學研究所，博士論文，1990。

5. 洪千惠，《東漢郊祀與宗廟祭祀制度研究》，國立中興大學，中國文學系，碩士論文，1997。

6. 師瓊珮，《朱子家禮對家的理解——以祠堂為探討中心》，中國文化大學，史學研究所，碩士論文，2002。

7. 高松根，《臺灣公寓住宅中祭祀場所的探討》，中原大學，室內設計學系，碩士論文，1995。

8. 許雅惠，《金門家廟建築營造技術之研究》，國立雲林科技大學，空間設計研究所，碩士論文，2003。

9. 黃炳鈞，《台灣北部客家祠堂之研究》，中華大學，建築與都市計畫學系，碩士論文，1998。

10. 黃漢雄，《公寓式住宅祭祀空間之研究：以臺北地區為例》，國立成功大學，建築研究所，碩士論文，1994。

11. 盧仁淑，《文公家禮及其對韓國禮學之影響》，師範大學國文研究所，博士論文，1983。

附錄一 《文公家禮儀節》八項祭祖儀節與祝文

　　由於台灣地區，目前仍十分普遍的早日行上香禮、家中有人出遠門、初一十五、歲時節慶、家有子學業有成、生子等祭祀觀念，係受到《文公家禮》之影響，但是今日所見之祭祀儀節已與文公家禮有相當大的差異，故筆者將《文公家禮》中，以下七項祭祀儀節：

　　一、主人晨謁

　　二、出入必告

　　三、正旦冬至即每月朔望祭祖儀節

　　四、俗節獻時食祭祖

　　五、有事則告

　　六、生子見廟

　　七、四時之祭

併同祝文內容整理條列於下，供有心人士作為參考之用。

　　由於民間祠堂或族譜上，常見「追贈」先人官爵名稱之字樣，後人咸以為榮，為了更進一步了解追贈之意義，筆者亦將《文公家禮》對於「追贈」之儀節與祝文，一同收錄本附錄之第八項，作為佐證。

　　本附錄關於《文公家禮》儀節之內容，乃整理自《文公家禮儀節》，〔宋〕朱熹注，〔明〕邱濬編，北京大學館藏明正德 13 年常州府刻本影印之版本。

一、主人晨謁之儀節

朱子曰：「主人晨謁於大門之內」。其儀節如表一：

表一　主人晨謁之儀

順　序	儀　節　內　容
1	每日夙興，先命子弟洗手焚香，主人具衣冠至門內
2	詣香案前
3	跪
4	焚香
5	俯伏 興、拜、興、拜、興、平身

二、「出入必告」之儀節

按《文公家禮》之規定：主人主婦近出入大門瞻禮而行，（男子唱喏、婦人立拜），婦亦如之，經宿則晨謁之儀，經旬以上則先命子弟開中門行禮。餘人出入皆如此儀，但不出中門。其儀節如表二：

表二　出入必告之儀

順　序	儀　節　內　容
1	主人立階下 鞠躬 拜、興、拜、興、平身
2	詣香案前 跪 焚香 告辭 曰：孝孫（某）將遠出（某所）敢告。 婦則云：歸自（某所）敢見。
3	俯伏 興、拜、興、拜、興、平身
4	禮畢

三、正旦冬至及每月朔望祭祖儀節

正旦冬至及每月朔望前一日，灑掃齋宿；其日，夙興開門、捲簾、陳設，每龕前以盤盛新果於桌上，殽菜之類隨宜，每位設茶盞、托酒盞各一於櫝前，設設茅沙於香案前，別設一桌於阼階上，置酒注盤盞一於其上，酒一瓶於其西，盥盆帨巾各二，於阼階下，有臺架者，在西為主人親屬所盥，無者在東為執事者所盥，巾皆在北（止用一亦可）。儀節如表三：

表三　正旦冬至即每月朔日祭祖儀節

順　序	儀　節　內　容
1	主人以下各具盛服 序立 男列於左、女列於右，每一世列為一行
2	盥洗 立定，主人主婦及子婦將出主者，皆洗拭訖
3	啓櫝
4	出主 主人出考主、主婦出妣主，其餘子婦出祔主，各置正位之左，皆畢
5	復位 主婦以下先降復位。
6	降神 執事者洗手上階、開瓶實酒於注、一人奉注詣主人右、一人執盞盤詣主人左。
7	主人詣香案前 跪 焚香 主人焚香畢、左執事者跪進酒注、右執事者跪以盞盤向主人，主人受注斟酒於盞反注於左執事者、取盤盞自捧之、二執事者皆起。
8	酹酒 主人左手執盞盡酹茅沙上、畢置盞香案上
9	俯伏、興 稍退 鞠躬「拜、興、拜、興、平身」
10	復位

11	**參神** 　　主人以下凡在位者皆拜 **鞠躬**「拜、興、拜、興、拜、興、拜、興、平身」
12	**主人斟酒** 　　主人升、自執酒注斟酒於逐位神主前空盞中，先正位、次祔位、次命長子斟諸祔位之卑者，畢，主人稍後立。
13	**主婦點茶**〔註1〕 　　主婦執瓶斟茶於各正祔位前空盞中，命長婦、長女斟諸祔位之卑者，畢，主婦退與主人並立，拜（或命子弟捧茶托、主婦捧盞逐位以獻亦可）。 **鞠躬**「拜、興、拜、興、平身」
14	**復位** 　　主人主婦各復其位
15	**辭神** 　　眾拜 **鞠躬**「拜、興、拜、興、拜、興、拜、興、平身」
16	**奉主入櫝**
17	**禮畢**

　　凡主婦謂主人之妻。且不論何種祭儀，凡升降惟主人由阼階、主婦及餘人雖尊長亦由西階。

　　按清代出版之《丘公家禮儀節》，在步驟14.**復位**與15.**辭神**之前，增加了「**讀祝文**」之儀式，祝執版立主人之左跪讀之，無祝則曰告辭，故在步驟16.**奉主入櫝**之後，增加**焚祝文**之儀（告辭、無祝文時則否）〔註2〕。祝文內容參考圖一

〔註1〕　按明代丘濬注：主婦執茶筅，執事者執湯瓶隨之點茶，蓋以神主櫝前先設盞托，至是乃注湯於盞，用茶筅點之耳，古人飲茶用米，所謂點茶者，先至米茶於器中，然後投以滾湯、點以冷水而用茶筅調之。茶顯之製不見於書傳，惟〔元〕謝宗司有詠茶筅詩，位其所謂：「此君一節瑩無瑕，夜聽松風漱玉華，萬縷引風歸蟹眼，半瓶飛雪起龍牙」之句，則其形狀亦可彷彿見矣，今人燒湯煎葉茶而此猶云點茶者存舊也，或謂茶筅即蔡氏茶錄所謂茶匙非是。

〔註2〕　《丘公家禮儀節》，邱濬編，卷一，頁128～129，乾隆庚寅年重修版，台北：新文豐出版社，1996。

圖一　正至朔望祭祖祝文

維
某年歲次某正月　朔　嗣孫某等謹具香燭敢
昭告於
家廟歷代尊靈曰茲唯三陽交泰萬象更新撫此
履端之初敢伸拜賀之忱尊靈在上伏乞昭歆啓
我後人謹告

望日不出主，不設酒、惟點茶。儀節略有不同，如表四：

表四　望日祭祖儀節

順　序	儀　節　內　容
1	序立
2	盥洗
3	啓櫝
4	主人詣香案前 跪 焚香
5	俯伏 拜、興、拜、興、平身
6	主人點茶 　長子助之
7	復位
8	參神 　眾拜 鞠躬「拜、興、拜、興、拜、興、拜、興、平身」
9	禮畢

　　每月朔、望等日在家祠中參拜祖先時，家祠中應如圖三陳設茶、酒以及水果等祭品，家眾分男左女右排列行祭祀禮儀，在四世八位神主前設茶、酒，以及水果，阼階即東階上要陳放茶瓶、酒注、盞盤、酒瓶等，阼階下置放盥盆。由主人斟酒、主婦點茶後，位於香案與茅沙後祭拜。參考圖二「祠堂時祭陳設圖」與圖三「家眾敘立之圖」

圖二　祠堂時祭陳設圖

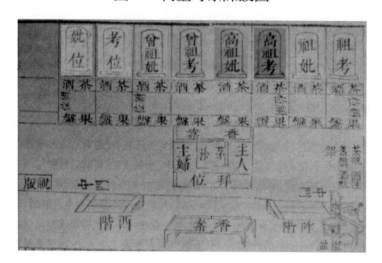

圖三　家眾敘立之圖

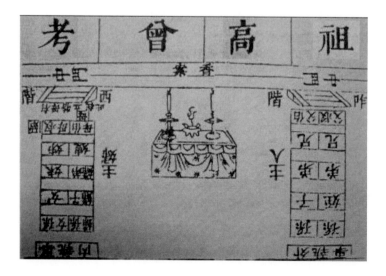

　　主人北面於東階下，主婦北面於西階下，主人有母則特立於主婦之前，主人有諸父兄則特立於主人之右稍前、諸弟在主人之右稍退、子孫、外執事在主人之後；有諸母姑嫂姐則侍立於主婦之左稍前，弟婦及諸妹在主婦之左稍後，子孫婦女及內執事在主婦之後。

四、俗節則獻以時食

　　遇俗節：元夕、清明、重午、中元、重陽、十月朔、臘日、除夕，歲熟獻新，取凡鄉俗所尚，並所有薦之陳設如正至朔日之儀。其儀節同每月朔時祭儀表四。

五、有事則告之儀節與祝文

　　前一日齋宿，其日夙興陳設並如正至朔日之儀。其儀節如表五：

表五　有事則告之儀節

順　序	儀　節　內　容
1	序立 　男列於左、女列於右，每一世列為一行
2	盥洗 　立定，主人主婦及子婦將出主者，皆洗拭訖
3	啟櫝
4	出主 　主人出考主、主婦出妣主，其餘子婦出祔主，各置正位之左，皆畢
5	復位 　主婦以下先降復位。
6	降神 　執事者洗手上階、開瓶實酒於注、一人奉注詣主人右、一人執盞盤詣主人左。
7	主人詣香案前 跪 焚香
8	酹酒 　盡傾茅沙上

9	俯伏 興、拜、興、拜、興、平身
10	復位
11	參神 　眾拜 鞠躬 拜、興、拜、興、拜、興、拜、興、平身
12	主人斟酒 　畢，稍後立。
13	主婦點茶 　畢與主人二人並拜 鞠躬 拜、興、拜、興、平身
14	主婦復位 　主人不動 跪 　主人以下皆跪
15	讀祝 　祝執版立主人之左，跪讀之 俯伏 興、拜、興、拜、興、平身
16	復位
17	辭神 　眾拜 鞠躬 拜、興、拜、興、拜、興、拜、興、平身
18	奉主入櫝 　（不出主不用此）
19	焚祝文 　揭祝文焚之，留版（無祝則否）
20	禮畢

　　另外在清代的《丘公家禮儀節中》還增補了一些常用之祝文例式，前文「維某年月至尊靈日同前式」，本文秉告內容則依主題而改變：

（1）遣子入學祝文

今云德積前修慶延後嗣某之長（或次）子（某名），粗習經書青雲有志俾肄業於芹宮其不忝於　先世上冀　仁靈明垂擁庇願科甲以早登庶簪纓之□繼慶澤弘敷引之勿替謹告

（2）應試祝文

其猥慚庸謭肄業邑庠茲當大比較藝文場仰冀先靈昭垂佑相道與時亨文隨身旺顯點頭於未衣期名登於虎榜菲禮將忱靈其格響謹告

（3）中舉祝文

某備員庠校問學初成今秋就棘□而較藝揭曉幸虎榜以標名深感　恩靈之賜佑叨承世德之隆興用伸祭告伏乞　昭歆行將會試願中春官之選進敷庭對期登甲第之容薦階顯要世襲芳聲謹告

六、生子見廟

朱子曰：主人生嫡長子則滿月而見，嫡孫亦如之，生餘子則殺其儀。可之生子見廟分為「嫡子見廟」；與「餘子見廟」二種不同之儀節，餘子見廟之儀，與嫡子見廟之儀相較，則不設茶酒，只啟櫝不出主。分述如下：

嫡子見廟之儀節如表六：

表六　嫡子見廟之儀節

順　序	儀　節　內　容
1	序立 　男列於左、女列於右，每一世列為一行
2	盥洗 　立定，主人主婦及子婦將出主者，皆洗拭訖
3	啟櫝
4	出主
5	復位
6	降神
7	主人詣香案前 跪 焚香
8	酹酒

9	俯伏 興、拜、興、拜、興、平身
10	復位
11	參神 　眾敗 鞠躬 拜、興、拜、興、拜、興、拜、興、平身
12	主人斟酒 　畢、稍退、立
13	祭酒 　少傾茅沙上
14	主婦點茶 　畢、二人並拜 鞠躬 拜、興、拜、興、平身
15	主婦復位 　主人不動
16	跪 　主人跪
17	告辭 　曰：（某）之婦（某）氏（註：子則云某之子某婦某氏，弟姪孫同） 　以（某）年（某）月（某）日（某）時生（第幾）子名（某）敢見 俯伏興 　立於香案東南西向
18	主婦抱孫見 　主婦抱子立兩階間（若子弟婦或姪孫婦則立其後） 拜、興、拜、興、拜、興、拜、興、
19	復位 　主人主婦俱復位，以子授乳母
20	辭神 　眾拜 鞠躬 拜、興、拜、興、拜、興、拜、興、平身
21	奉主入櫝
22	禮畢

餘子見廟之儀節如表七：

表七　餘子見廟之儀節

順　序	儀　節　內　容
1	就位
2	盥洗
3	啓櫝
4	詣香案前 跪 焚香
5	告辭 　日：（某）之婦（某）氏 　　以（某）年（某）月（某）日（某）時生（第幾）子名（某）敢見 俯伏興、拜、興、拜、興、平身
6	主婦抱孫見 拜、興、拜、興、拜、興、拜、興、
7	復位 　眾拜 鞠躬 拜、興、拜、興、平身
8	禮畢

七、四時祭

（一）時祭用仲月前旬卜日

孟月下旬之首擇仲月三旬各一日或丁或亥，是日設香案於祠堂中門外向西設香爐、香盒、環玦及盞盤

祭祀儀節如表八：

表八　四時祭卜日之儀節

順　序	儀　節　內　容
1	主人盛服，立祠堂中門外，西向 序立 　兄弟立其南少退，子孫立其後，重行西向北上，主人立香案前。

2	焚香
	薰珓於其上
3	祝辭
	曰：「（某）以來月（某）日諏此歲事適其祖考尚饗。」
4	卜珓
	擲珓於盤，以一俯一仰為吉，反此不吉，則卜中旬之日，又不吉，則不復卜，而用下旬之日。既得日，則開中門，主人以下皆轉北向立，如朔望之位。（若不用卜法可去，以上儀節只留序立）
	鞠躬「拜、興、拜、興、平身」
5	主人詣香案前
	跪
	焚香
	俯伏「興、拜、興、拜、興、平身」
	用子弟一人為祝，執辭跪於主人之左
6	告祭
	曰：「孝孫（某）將以來月（某）日，祗薦歲事於祖考，既得日，敢告。」
7	**俯伏**「興、拜、興、拜、興、平身」
8	復位
	主人以下
	鞠躬「拜、興、拜、興、平身」
	祝闔門畢，主人以下復西向立，執事者立於門西東面北上
9	執事者受訓戒
	祝立主人之右命之
	曰：「孝孫（某）將以來月（某）日祗薦歲事於祖考，有司具脩」
	執事齊應：曰「諾」
	乃退
	（按朱子曰：卜日無定慮，有不處，司馬溫公云，只用分至亦可，今擬若止用分至宜先於前一月主人詣祠堂告祭期。）

（二）具　脩

　　今人家貧富不同，不能皆立祠堂、置祭田、備祭器、具牲禮粢盛等物，臨時措辦實難，況禮文廢行者頗少，不能人人能也，苟非先事備物致用，講明演習，則其臨時失誤也必多矣，今擬合用之器、合備之物、合用之人於後，使行禮之家先期置辦貸借免請庶不至失誤。

（三）合用之器

● 椅正位，每位兩張，祔位隨用亦可，桌子正面共四張，祔位用兩張。其餘雜用者隨備。	● 茶甌
● 碟子每桌二十個，又量用少者以盛塩醋之類。	● 牲盤有大牲則用之
● 湯碗量多少用	● 火爐
● 爵每主三個，無則以鍾子代之。	● 湯瓶
● 盞兩祔位用	● 托盤
● 酒注	● 盥盤
● 酒樽	● 帨巾二付一有臺架
● 玄酒樽	● 幙（無門則用之）
● 受胙盤	● 香案
● 饌盛用以盛饌者	● 香爐並匙
● 匙	● 香盒燭臺
● 筯	● 毫盤
	● 茅沙（束茅聚沙，每位及香案前共五付）
	● 祝版

（四）合備之物

● 牲或羊或豕或雞鵝鴨	● 麵
● 醴酒無則用酒代之	● 米粉
● 果	● 茶
● 荣	● 柴
● 醬	● 魚
● 醋	● 脯
● 塩	● 醢
	● 楮錢

（五）合用之人

● 禮生（按書儀祭禮註，引開元禮有設贊唱者位西南面西面之文，況今禮廢之後，儀文曲折行者不無參差，今擬用引贊一人、通贊一人，擇子弟或親朋子弟為之先期演習庶禮，行禮之際不至差矣。）

● 祝（讀祝與致嘏辭）

● 執事者

（六）前期三日齋戒

主人帥眾丈夫致齋於外，主婦帥眾婦女致齋於內，沐浴更衣、不飲酒、不茹葷、不弔喪問病聽樂，凡□穢之事皆不得與。

（七）前一日設位

主人帥眾丈夫及執事者灑掃正寢、洗拭椅桌，設高祖考妣位一於堂之西，考西妣東，次曾祖考妣，次祖考妣，次考妣，以次而東，世各爲位不相連屬，每位用二椅一桌而合之，桌下置茅沙衬位兩序相向，尊者居西。（比較清代版本：「主人帥眾丈夫及執事者灑掃正寢、洗拭椅桌，設高祖考妣位於堂之中東，曾祖考妣位於堂之中西，祖考妣位於高祖東，考妣位於曾祖西，俱考左妣右，世各爲位不相連屬，每位則二椅一桌而合之，桌下置茅沙衬位，兩序相向尊居東。」）

（八）陳　器

於堂中間用一桌爲香案，上置香爐、香合、燭臺，下置茅沙，又於香案之東南階上，設玄酒架、次設酒架，別設桌子於酒架東，上盛酒注、盤盞、受胙盤；又於香案之西南階上，置火爐、湯瓶、香匙、火筋，又設桌子於火爐西，上盛祝版，又於東階上設盥洗帨巾二，一有架一無架，又設陳饌大桌於其東。

（九）省　牲

其儀節如下：

1. 主人帥眾丈夫

　　詣省牲所

　　　告殺

2. 省牲

3. 省牲畢

（十）滌　器

主婦帥眾婦女洗濯祭器、潔釜鼎

（十一）具　饌

主婦帥眾婦女具祭饌，每位果六品、茱蔬、脯、塩，每位各三品，肉、魚、饅頭、糕，每位各一樣，羹飯，每位各一碗，肉，每位各兩串，務令精

潔，未祭之前勿令人先食及爲貓犬蟲鼠所污。（如天道炎熱，可半夜起具之。按禮事死如事生、事亡如事存，家禮所具之饌亦非三代以前之禮，只是當時所用耳，今世俗宴會用桌，而且吾先祖平生所用者，若欲從簡用之亦可，今擬每桌用按酒楪五茶食果菜楪各五，椒塩醋楪匙筯各一，每一奠之先進饌一次，如羹、米、飯麵食之類皆預爲之備臨祭時用。）

（十二）厥明夙興設蔬果酒饌

主人以下及執事者具詣祭所□楪，每桌分爲四行，近主邊一行中置匙、筯、塩、醋楪列其東空其西，以俟奠酒爵，爵之東設飯醋楪之西設羹，次二行空以俟行禮時進饌，列炙、肝、魚、肉、米、麵食之類，次三行設脯、塩、蔬菜相間，而陳次四行設果品，有牲又於桌前置一桌子，以盛牲俎，無則否。取井花水爲玄酒盛以小瓶、及酒瓶具安架上，熾炭於爐以炙肝肉實水於瓶，以點茶，主婦帥眾婦炊煖祭饌，皆令極熱，各用合子盛出置東階下大桌上，其酒亦令溫熱。（若用桌面如時俗儀，是早預先□楪擺桌炊蒸飯食條羹溫酒，每一獻進羹飯一次，如世俗宴會之禮似亦庶幾事死如事生之意。）

（十三）質明奉主就位之儀節

如表九：

表九　質明奉主就位之儀節

順　　序	儀　　節　　內　　容
1	是日，主人主婦詣祠堂前 盥洗
2	啓櫝 　執事者起櫝
3	出主
4	詣香案前 跪 焚香 　告辭曰：「孝孫（某）今仲（某）之月有事於高曾祖考妣，敢請神主出就正寢恭伸奠獻」 俯伏興、平身 　執事者以盤盛主，主人前導、諸親從之至正寢
5	奉主就位 　主人奉考主、主婦奉妣主、子弟奉祔食主

（十四）參神降神進饌初獻亞獻終獻侑食闔門啟門受胙辭神
　　　納主（表十）

儀節如下：

表十　參神降神進饌初獻亞獻終獻侑食闔門啟門受胙
　　　辭神納主之儀節

順　序	儀　節　內　容
1	序立 　主人以下序立如圖位
2	參神 鞠躬「拜、興、拜、興、拜、興、拜、興、平身」
3	降神 　執事者開酒取巾拭瓶口
4	（引贊） 盥洗 詣香案前 跪 上香
5	酹酒 　子弟一人跪於主人之左進盞盤，主人受之，一人跪於主人之右執注斟酒 　於盞（斟畢，二人俱起），主人左手執盤右手執盞，盡傾於茅沙上 俯伏「興、拜、興、拜、興、平身」
6	復位
7	（通贊） 進饌 　主人升、主婦從，執事者一人以盤盛魚肉，一人以盤奉米、麵食、一人 　以盤奉羹飯，主人主婦逐位自進，子弟進祔位，畢
8	初獻禮 　主人升，執事者注酒於盞，每位各一人捧盞從之（引贊） （亞獻、終獻同）
8-1	詣高祖考妣神位前 跪 祭酒 　傾少許於茅砂上
	奠酒 　執事者受之置高祖考主前

	祭酒 　又傾少許於茅沙上
	奠酒 　執事者受之置高祖妣主前 俯伏、興、平身
8-2	詣曾祖考妣神位前 跪 祭酒
	奠酒
	祭酒
	奠酒 俯伏、興、平身 　（如高祖考妣儀）
	詣祖考妣神位前 跪 祭酒
	奠酒
	祭酒
	奠酒 俯伏、興、平身 　（如曾祖考妣儀）
8-3	詣考妣神位前 跪 祭酒
	奠酒
	祭酒
	奠酒 俯伏、興、平身 　（如祖考妣儀）
9	（引贊） 詣讀祝位 跪（通贊） 主人以下皆跪
10	讀祝 　祝取版跪主人之左讀之，畢起 俯伏、興 鞠躬「拜、興、拜、興、平身」

11	（引贊） 復位
12	（通贊） **分獻** 　兄弟之長者分獻祔位
13	**奉饌** 　執事者以盤盛肝，兄弟之長者每位奠之卑幼進祔位 　（每一獻畢，執事者以他器徹酒及饌置盞故處）
14	**亞獻禮** （引贊） **盥洗** 　主人再行則不用此
14-1	詣高祖考妣神位前 跪 祭酒
	奠酒
	祭酒
	奠酒 俯伏、興、平身
14-2	詣曾祖考妣神位前 跪 祭酒
	奠酒
	祭酒
	奠酒 俯伏、興、平身
14-3	詣祖考妣神位前 跪 祭酒
	奠酒
	祭酒
	奠酒 俯伏、興、平身
14-4	詣考妣神位前 跪 祭酒

	奠酒
	祭酒
	奠酒 俯伏、興、平身
15	（引贊） 復位
16	（通贊） 分獻 　獻酒於祔位
17	奉饌 　主婦亞獻，則諸婦之長者逐位進炙肉，若主人或兄弟之長行，則次長者 　進之
18	終獻禮 盥洗
18-1	詣高祖考妣神位前 跪 祭酒
	奠酒
	祭酒
	奠酒 俯伏、興、平身
18-2	詣曾祖考妣神位前 跪 祭酒
	奠酒
	祭酒
	奠酒 俯伏、興、平身
18-3	詣祖考妣神位前 跪 祭酒
	奠酒
	祭酒
	奠酒 俯伏、興、平身

18-4	詣考妣神位前 跪 祭酒
	奠酒
	祭酒
	奠酒 俯伏、興、平身
19	復位
20	（通贊） 分獻
21	奉饌（如亞獻儀） 　主婦亞獻，則諸婦之長者逐位進炙肉，若主人或兄弟之長行，則次長者進之
22	（引贊） 侑食 　主人執注，遍斟諸位前俱備，主婦便插匙飯中，俱退，分立香案前 鞠躬「拜、興、拜、興、平身」
23	復位
24	（通贊） 主人以下皆出
25	闔門 　無門則垂簾幕，男左女右各具少休、食頃
26	祝噫歆 　祝當門北向作劾聲音三
27	啓門
28	主人以下各復位
29	獻茶 　主人主婦進茶於四代考妣前，子弟婦女分袝位
30	飲福受胙 （引贊） 詣飲福位 　執事者設席於香案前，主人就席北面立 跪 　祝取酒盞於高祖前詣主人之右跪，主人亦跪

31	受酒 　祝以盞受主人
32	祭酒 　頃少許餘地
33	啐酒 　略嘗少許，祝取兩匙抄諸位之飯各少許，以盤子盛諸主人左 　（通贊）嘏辭曰：「祖考命工祝承致多福無疆於汝孝孫來汝孝孫使汝受 　祿於天，宜稼於田，眉壽永年勿替引之」 　主人置酒席前地上 　（引贊） 俯伏「興、拜、興、拜、興、平身」
34	跪 受胙 　祝以胙受主人，主人受飯嘗之實於左袂掛袂於季指
35	卒飲 　取所置酒卒飲之，以盞及飯受執事者 俯伏「興、拜、興、拜、興、平身」 　主人退立於東階上西向，祝立於西階上東向
36	（通贊） 告利成 　祝曰：「利成」 　在位者皆拜 鞠躬「拜、興、拜、興、平身」 　主人不拜
37	（引贊） 復位
38	（通贊） 辭神 鞠躬「拜、興、拜、興、拜、興、拜、興、平身」
39	焚祝文
40	送主 　主人主婦皆升奉主歸祠堂，如來儀納之
41	徹饌
42	禮畢

（十五）祝文內容

維
　年歲次　　月朔　日辰孝玄孫（某）　（官）（姓名）敢昭于
顯高祖考（某官）　　府君
顯高祖妣（某封某）　　氏
顯曾祖考（某官）　　府君
顯曾祖妣（某封某）　　氏
顯祖考（某官）　　府君
顯祖妣（某封某）　　氏
顯考（某官）　　府君
顯妣（某封某）　　氏
歲序流易時維仲春（或夏、秋、冬）為歲率將更
追感歲時不勝永慕
謹以潔牲粢盛庶品祗薦歲事以
（某親某官）祔食
尚
饗

（十六）徹

主婦還監徹酒之在盞注他器中者，皆入於瓶緘封之，所謂福酒果蔬內食，並傳於燕器，主婦監滌祭器而藏之。

（十七）餕

是日，主人監分祭胙，以遣人分胙於親友，一以餕禮生（子弟爲之則否），胙餘不足則盛以他酒肉。

（十八）凡祭主於盡愛敬之誠而已，貧則稱家之有無疾則量筋力而行之，財力可及者自當如儀。

八、追　贈

前一日齋宿，其日夙興、惟啓所贈之主櫝，陳設茶酒盞果脯於其前，別於本龕前設香案、前置茅沙，又設一桌子於其東，置淨水刷子粉盞筆墨於上，其酒注瓶盞盥盤帨巾桌子並設如前。先日命善書者，以黃紙錄製書一通，以盤盛置香案上正東。追贈儀節依序列於表十一：

表十一　追贈之祭祀儀式

順　序	儀　節　內　容
1	序立 　男列於左、女列於右，每一世列為一行
2	盥洗 　立定，主人主婦及子婦將出主者，皆洗拭訖
3	啓櫝 　惟啓所贈之櫝
4	出主 　主人出考主、主婦出妣主
5	復位
6	詣香案前 跪 焚香
7	告辭 　主人自告 　日：孝男（某）袛奉制書追贈 　　顯考（某官）府君為（某官） 　　妣（某封某）氏為（某封） 　　敢請神主改題奉祀
8	俯伏 **興、拜、興、拜、興、平身**
9	請主 　主人進奉主置於桌子上，執事者洗去舊字、別塗以粉俟乾
10	題主 　命善書者改題所贈官封，題畢，以所洗之水，灑四壁之上
11	奉主 　主人奉考主、主婦奉妣主置於櫝前

12	復位
13	降神 執事者洗手上階、開瓶實酒於注、一人奉注詣主人右、一人執盞盤詣主人左。
14	主人詣香案前 跪 焚香
15	酹酒
16	俯伏 興、拜、興、拜、興、平身
17	復位
18	參神 主人以下皆拜 鞠躬 拜、興、拜、興、拜、興、拜、興、平身
19	主人詣神位前 （如贈二代或三代則如時祭儀詣某考妣神位前） 跪 執事者以盞授主人
20	祭酒 少傾茅沙上
21	奠酒 執事者接盞置考主前
22	祭酒 少傾茅沙上
23	奠酒 執事者置妣主前
24	俯伏 興、拜、興、拜、興、平身 少後立
25	主婦點茶 點訖復位
26	跪 主人以下皆跪
27	讀祝 祝執版立主人之左，跪讀之（祝文內容參考表 2-9-2） 俯伏 興、拜、興、拜、興、平身

28	主人復位
29	跪 　主人以下皆跪
30	宣制辭 　祝東面立宣之畢 俯伏 興、平身
31	焚黃 　執事者捧所錄制書黃紙，即香案前併祝文焚之
32	辭神 　眾拜 鞠躬 拜、興、拜、興、拜、興、拜、興、平身
33	奉主入櫝
34	禮畢

追贈祝文

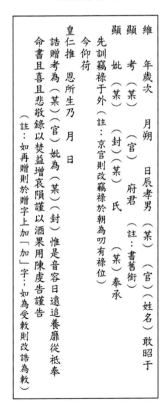

附錄二 台灣祭祀公業現行法規

　　拙著原爲碩士論文，完成於民國 96 年 1 月，該時祭祀公業係以台灣省祭祀公業土地清理辦法及內政部訂定之祭祀公業土地清理要點爲主要法規依據，祭祀公業條例尙處草案階段，立法院尙未三讀通過；本著作於民國 102 年整理出版之際，上述法規動態已有重大異動，有鑑於本著作係以工具書爲撰寫目標，爰配合現行法規重新編輯附錄二，並附記法規動態如下：

一、台灣省祭祀公業土地清理辦法

　　中華民國 87 年 4 月 30 日臺灣省政府（87）府法四字第 20774 號令訂定發布全文 19 條；並自發布日起施行；中華民國 95 年 12 月 12 日臺灣省政府府法二字第 0951800098A 號令發布廢止。

二、祭祀公業土地清理要點

　　內政部民國 97 年 7 月 1 日內授中辦地字第 0970723646 號函廢止。

三、祭祀公業條例

　　中華民國 96 年 12 月 12 日總統華總一義字第 09600167571 號令制定公布全文 60 條；中華民國 97 年 5 月 19 日行政院院臺秘字第 0970018139 號令發布定自 97 年 7 月 1 日施行。

條　號	條　　文	立　法　理　由
第一章　總　則		
第 1 條	爲祭祀祖先發揚孝道，延續宗族傳統及健全祭祀公業土地地籍管理，促進土地利用，增進公共利益，特制定本條例。	本條例之制定宗旨。

第2條	本條例所稱主管機關：在中央爲內政部；在直轄市爲直轄市政府；在縣（市）爲縣（市）政府；在鄉（鎮、市）爲鄉（鎮、市）公所。 主管機關之權責劃分如下： 一、中央主管機關： （一）祭祀公業制度之規劃與相關法令之研擬及解釋。 （二）對地方主管機關祭祀公業業務之監督及輔導。 二、直轄市、縣（市）主管機關： （一）祭祀公業法人登記事項之審查。 （二）祭祀公業法人業務之監督及輔導。 三、鄉（鎮、市）主管機關：本條例施行前已存在之祭祀公業，其申報事項之處理、派下全員證明書之核發及變動事項之處理。 前項第三款之權責於直轄市或市，由直轄市或市主管機關主管。 本條例規定由鄉（鎮、市）公所辦理之業務，於直轄市或市，由直轄市或市之區公所辦理。 第二項未列舉之權責遇有爭議時，除本條例或其他法律另有規定者外，由中央主管機關會商直轄市、縣（市）主管機關決定之。	祭祀公業之主管機關及遇有權責爭議時之處理方式。
第3條	本條例用詞定義如下： 一、祭祀公業：由設立人捐助財產，以祭祀祖先或其他享祀人爲目的之團體。 二、設立人：捐助財產設立祭祀公業之自然人或團體。 三、享祀人：受祭祀公業所奉祀之人。 四、派下員：祭祀公業之設立人及繼承其派下權之人；其分類如下： （一）派下全員：祭祀公業或祭祀公業法人自設立起至目前止之全體派下員。 （二）派下現員：祭祀公業或祭祀公業法人目前仍存在之派下員。	本條例用詞定義。

	五、派下權：祭祀公業或祭祀公業法人所屬派下員之權利。 六、派下員大會：由祭祀公業或祭祀公業法人派下現員組成，以議決規約、業務計畫、預算、決算、財產處分、設定負擔及選任管理人、監察人。	
第4條	本條例施行前已存在之祭祀公業，其派下員依規約定之。無規約或規約未規定者，派下員為設立人及其男系子孫（含養子）。 派下員無男系子孫，其女子未出嫁者，得為派下員。該女子招贅夫或未招贅生有男子或收養男子冠母姓者，該男子亦得為派下員。 派下之女子、養女、贅婿等有下列情形之一者，亦得為派下員： 一、經派下現員三分之二以上書面同意。 二、經派下員大會派下現員過半數出席，出席人數三分之二以上同意通過。	一、本條例施行前已存在之祭祀公業多設立於民國以前，且祭祀公祀產並非自然人之遺產，其派下權之繼承不同於一般遺產之繼承，其派下員之資格係依照宗祧繼承之舊慣所約定。另依據臺灣民事習慣調查報告記載有關養子對於養家之親屬關係，均與親生子女相同，如以繼嗣為目的而收養者，並承繼養家之宗祧。臺灣之養子分為同姓有血緣關係之過房子與異姓無血緣關係之螟蛉子二種，日據時期之戶籍簿上曾分別予以載明，惟光復後戶籍上對於過房子與螟蛉子已不加區別，一律載為養子。 二、基於尊重傳統習俗及法律不溯既往之原則，對於已存在之祭祀公業明定其派下員依規約定之，無規約或規約未規定者，派下員為設立人及其男系子孫（含養子）。派下員無男系子孫，其女子未出嫁者，得為派下員。該女子招贅夫或未招贅生有男子或收養男子冠母姓者，該男子亦得為派下員。除上揭臺灣傳統習慣當然取得派下員資格外，其餘派下之女子、養女、贅婿等例外情形取得派下員資格應經派下現員三分之二以上書面同意或經派下員大會派下現員過半數出席，出席人數三分之二以上同意通過。

第5條	本條例施行後，祭祀公業及祭祀公業法人之派下員發生繼承事實時，其繼承人應以共同承擔祭祀者列為派下員。	基於民法規定男女繼承權平等，本條例施行後之祭祀公業即不宜再依宗祧繼承之習俗排除女性繼承派下之權利，爰規定本條例施行後，祭祀公業及祭祀公業法人之派下員發生繼承事實時，其繼承人應以共同承擔祭祀者列為派下員。
	第二章　祭祀公業之申報	
第6條	本條例施行前已存在，而未依祭祀公業土地清理要點或臺灣省祭祀公業土地清理辦法之規定申報並核發派下全員證明書之祭祀公業，其管理人應向該祭祀公業不動產所在地之鄉（鎮、市）公所（以下簡稱公所）辦理申報。 前項祭祀公業無管理人、管理人行方不明或管理人拒不申報者，得由派下現員過半數推舉派下現員一人辦理申報。	一、按祭祀祖先慎終追遠為我固有之禮儀，祭祀公業之設立則為臺灣早期社會之民俗，依地方制度法第二十條第四款第四目規定禮儀民俗及文獻亦為鄉（鎮、市）自治事項之一，爰於第一項明定本條例施行前已存在，而未曾依祭祀公業土地清理要點或臺灣省祭祀公業土地清理辦法規定申報，並核發派下全員證明書之祭祀公業，其管理人應向該祭祀公業不動產所在地之鄉（鎮、市）公所辦理申報。 二、第二項規定祭祀公業無管理人、管理人行方不明或管理人拒不申報者，得由派下員過半數推舉派下員一人辦理申報。
第7條	直轄市、縣（市）地政機關應自本條例施行之日起一年內清查祭祀公業土地並造冊，送公所公告九十日，並通知尚未申報之祭祀公業，應自公告之日起三年內辦理申報。	為盡速清理祭祀公業，爰規定直轄市、縣（市）地政機關應於本條例施行一年內清查祭祀公業土地造冊，送公所公告九十日並通知尚未申報之祭祀公業，應於公告之日起三年內辦理申報。
第8條	第六條之祭祀公業，其管理人或派下員申報時應填具申請書，並檢附下列文件： 一、推舉書。但管理人申報者，免附。 二、沿革。 三、不動產清冊及其證明文件。 四、派下全員系統表。 五、派下全員戶籍謄本。 六、派下現員名冊。 七、原始規約。但無原始規約者，免附。 前項第五款派下全員戶籍謄本，指戶籍登記開始實施後，至申報時全體派下員	祭祀公業申報時應檢具之文件。

	之戶籍謄本。但經戶政機關查明無該派下員戶籍資料者,免附。	
第 9 條	祭祀公業土地分屬不同直轄市、縣(市)、鄉(鎮、市)者,應向面積最大土地所在之公所申報;受理申報之公所應通知祭祀公業其他土地所在之公所會同審查。	祭祀公業土地常分布於不同行政區域內,為明確規範受理祭祀公業申報之機關,爰訂定本條。
第 10 條	公所受理祭祀公業申報後,應就其所附文件予以書面審查;其有不符者,應通知申報人於三十日內補正;屆期不補正或經補正仍不符者,駁回其申報。 同一祭祀公業有二人以上申報者,公所應通知當事人於三個月內協調以一人申報,屆期協調不成者,由公所通知當事人於一個月內向法院提起確認之訴並陳報公所,公所應依法院確定判決辦理;屆期未起訴者,均予駁回。	一、第一項規定祭祀公業申報案件審查係以書面審查及其不符者之補正程序。 二、第二項規定同一祭祀公業有二人以上申報之處理方式。
第 11 條	公所於受理祭祀公業申報後,應於公所、祭祀公業土地所在地之村(里)辦公處公告、陳列派下現員名冊、派下全員系統表、不動產清冊,期間為三十日,並將公告文副本及派下現員名冊、派下全員系統表、不動產清冊交由申報人於公告之日起刊登當地通行之一種新聞紙連續三日,並於直轄市、縣(市)主管機關及公所電腦網站刊登公告文三十日。	祭祀公業之派下員往往分散各地,為達公告周知減少誤漏,俾利相關權利人主張其權利,爰訂定本條。
第 12 條	祭祀公業派下現員或利害關係人對前條公告事項有異議者,應於公告期間內,以書面向公所提出。 公所應於異議期間屆滿後,將異議書轉知申報人自收受之日起三十日內申復;申報人未於期限內提出申復書者,駁回其申報。 申報人之申復書繕本,公所應即轉知異議人;異議人仍有異議者,得自收受申復書之次日起三十日內,向法院提起確認派下權、不動產所有權之訴,並將起訴狀副本連同起訴證明送公所備查。 申報人接受異議者,應於第二項所定三十日內更正申報事項,再報請公所公告三十日徵求異議。	祭祀公業派下員或利害關係人對公告事項有異議者,應提出異議之期限,及異議處理與駁回之程序。

第 13 條	異議期間屆滿後，無人異議或異議人收受申復書屆期未向公所提出法院受理訴訟之證明者，公所應核發派下全員證明書；其經向法院起訴者，俟各法院均判決後，依確定判決辦理。 前項派下全員證明書，包括派下現員名冊、派下全員系統表及不動產清冊。	經申報且無爭議之祭祀公業，公所應核發派下全員證明書，俾利該祭祀公業之管理及運作。
第 14 條	祭祀公業無原始規約者，應自派下全員證明書核發之日起一年內，訂定其規約。 祭祀公業原始規約內容不完備者，應自派下全員證明書核發之日起一年內，變更其規約。 規約之訂定及變更應有派下現員三分之二以上之出席，出席人數四分之三以上之同意或經派下現員三分之二以上之書面同意，並報公所備查。	一、本條規定，祭祀公業應於派下全員證明書核發後一年內，訂定規約及其訂定或變更之同意人數。 二、按規約之性質，與人民團或法人之章程，及公寓大廈住戶規約類似，參照民法第五十條、五十三條，及人民團體法第二十七條、公司法第三十一條、四十七條、公寓大廈管理條例第五十六條等規定，宜將規約「訂立」修正為「訂定」；規約之「修正」亦宜修正為「變更」，俾與其他立法例一致。
第 15 條	祭祀公業規約應記載下列事項： 一、名稱、目的及所在地。 二、派下權之取得及喪失。 三、管理人人數、權限、任期、選任及解任方式。 四、規約之訂定及變更程序。 五、財產管理、處分及設定負擔之方式。 六、解散後財產分配之方式。	一、祭祀公業之規約係祭祀公業未完成法人登記前之運作規範，爰明定祭祀公業其規約應記載之事項，俾利實務需要。 二、配合第十四條統一規約訂定及變更之用語。
第 16 條	祭祀公業申報時無管理人者，應自派下全員證明書核發之日起一年內選任管理人，並報公所備查。 祭祀公業設有監察人者，應自派下全員證明書核發之日起一年內選任監察人，並報公所備查。 祭祀公業管理人、監察人之選任及備查事項，有異議者，應逕向法院提起確認之訴。 祭祀公業管理人、監察人之選任及解任，除規約另有規定或經派下員大會議決通過者外，應經派下現員過半數之同意。	第一項及第二項規定祭祀公業無管理人者及設有監察人者，應於派下全員證明書核發後一年內選任，並報公所備查。第三項及第四項規定異議之處理程序及選任之門檻。

第 17 條	祭祀公業派下全員證明書核發後,管理人、派下員或利害關係人發現有漏列、誤列派下員者,得檢具派下現員過半數之同意書,並敘明理由,報經公所公告三十日無人異議後,更正派下全員證明書;有異議者,應向法院提起確認派下權之訴,公所應依法院確定判決辦理。	漏列、誤列祭祀公業派下現員,申請更正派下全員證明書之程序。
第 18 條	祭祀公業派下全員證明書核發後,派下員有變動者,管理人、派下員或利害關係人應檢具下列文件,向公所申請公告三十日,無人異議後准予備查;有異議者,依第十二條、第十三條規定之程序辦理: 一、派下全員證明書。 二、變動部分之戶籍謄本。 三、變動前後之系統表。 四、拋棄書(無人拋棄者,免附)。 五、派下員變動前後之名冊。 六、規約(無規約者,免附)。	祭祀公業派下全員證明書核發後,派下員變動之申辦、異議。
第 19 條	祭祀公業管理人之變動,應由新管理人檢具下列證明文件,向公所申請備查,無需公告: 一、派下全員證明書。 二、規約(無規約者,免附)。 三、選任之證明文件。	祭祀公業管理人變動之申辦規定。
第 20 條	祭祀公業申報時所檢附之文件,有虛偽不實經法院判決確定者,公所應駁回其申報或撤銷已核發之派下全員證明書。	祭祀公業申報時所檢附之文件,如有虛偽不實,雖可循經刑事判決確定其屬偽造,但亦可循民事法院為文件「虛偽不實」之確認訴訟。故文字宜修正為「有虛偽不實經法院判決確定者……」,以資周妥。
	第三章　祭祀公業法人之登記	
第 21 條	本條例施行前已存在之祭祀公業,其依本條例申報,並向直轄市、縣(市)主管機關登記後,為祭祀公業法人。 本條例施行前已核發派下全員證明書之祭祀公業,視為已依本條例申報之祭祀公業,得逕依第二十五條第一項規定申請登記為祭祀公業法人。 祭祀公業法人有享受權利及負擔義務	祭祀公業之性質特殊,其以獨立財產為基礎,而由全體派下員所組成,同時兼具財團及社團之特徵,既需以派下員大會為最高意思機關,而其專為祭祀所設立之財產既非以營利為目的,又非盡屬公益性質,不宜逕以法律單純將其歸類為財團法人或社團法

	之能力。 祭祀公業申請登記為祭祀公業法人後，應於祭祀公業名稱之上冠以法人名義。	人，基於維護並延續其固有宗族傳統特性，解決其與現行法律體系未盡契合之問題，爰明定依本條例申報並完成登記之祭祀公業為特殊性質法人，名稱為祭祀公業法人，俾使其具有當事人能力成為權利義務之主體，以有別於財團法人及社團法人。
第 22 條	祭祀公業法人應設管理人，執行祭祀公業法人事務，管理祭祀公業法人財產，並對外代表祭祀公業法人。管理人有數人者，其人數應為單數，並由管理人互選一人為代表人；管理事務之執行，取決於全體管理人過半數之同意。	祭祀公業法人應設管理人以執行祭祀公業之事務，管理祭祀公業財產，並對外代表祭祀公業法人。並明定管理人有數人者，其代表人之產生方式及管理事務之執行取決於全體管理人過半數之同意。
第 23 條	祭祀公業法人得設監察人，由派下現員中選任，監察祭祀公業法人事務之執行。	祭祀公業法人得設監察人及其產生方式與職責。
第 24 條	祭祀公業法人章程，應記載下列事項： 一、名稱。 二、目的。 三、主事務所之所在地。 四、財產總額。 五、派下權之取得及喪失。 六、派下員之權利及義務。 七、派下員大會之召集、權限及議決規定。 八、管理人之人數、權限、任期、選任及解任方式。 九、設有監察人者，其人數、權限、任期、選任及解任方式。 十、祭祀事務。 十一、章程之訂定及變更程序。 十二、財產管理、處分及設定負擔之方式。 十三、定有存立期間者，其期間。 十四、解散之規定。 十五、解散後財產分配之方式。	一、祭祀公業法人之章程係其內部組織之規範及事務運作程序之依據，必須訂定完備之內容，其事務方得順暢運作，爰明定章程應記載之事項。 二、配合第十四條之修正，將章程「訂立及修正」修正為章程「訂定及變更」。

第 25 條	祭祀公業得填具申請書，並檢附下列文件，報請公所轉報直轄市、縣（市）主管機關申請登記為祭祀公業法人： 一、派下現員過半數之同意書。 二、沿革。 三、章程。 四、載明主事務所所在地之文件；設有分事務所者，亦同。 五、管理人備查公文影本；申報前已有管理人者，並附管理人名冊。 六、監察人備查公文影本；申報前已有監察人者，並附監察人名冊；無監察人者，免附。 七、派下全員證明書。 八、祭祀公業法人圖記及管理人印鑑。 前項祭祀公業法人圖記之樣式及規格，由中央主管機關定之。	第一項規定祭祀公業得辦理登記為祭祀公業法人，及其登記時應檢具之文件，第二項規定祭祀公業法人圖記之樣式及規格，由中央主管機關定之。
第 26 條	直轄市、縣（市）主管機關受理祭祀公業法人登記之申請，經審查符合本條例規定者，發給祭祀公業法人登記證書。 前項法人登記證書應於祭祀公業名稱之上冠以法人名義。 祭祀公業法人登記證書之格式，由中央主管機關定之。	一、第一項規定祭祀公業法人登記證書發給程序。 二、第二項規定於其名稱之上冠以法人名義，以示與現存尚未登記為法人之祭祀公業有所區別。 三、第三項規定祭祀公業法人登記證書格式，由中央主管機關定之。
第 27 條	直轄市、縣（市）主管機關辦理祭祀公業法人登記，應備置法人登記簿，並記載下列事項： 一、祭祀公業法人設立之目的、名稱、所在地。 二、財產總額。 三、派下現員名冊。 四、管理人之姓名及住所；定有代表法人之管理人者，其姓名。 五、設有監察人者，其姓名及住所。 六、定有存立期間者，其期間。 七、祭祀公業法人登記證書核發之日期。 八、祭祀公業法人圖記及管理人印鑑。 祭祀公業法人登記簿之格式，由中央主管機關定之。	一、第一項規定直轄市、縣（市）主管機關辦理祭祀公業法人登記時應備置法人登記簿及應記載事項。 二、第二項規定祭祀公業法人登記簿之格式由中央主管機關定之。

第 28 條	管理人應自取得祭祀公業法人登記證書之日起九十日內，檢附登記證書及不動產清冊，向土地登記機關申請，將其不動產所有權更名登記為法人所有；逾期得展延一次。 未依前項規定期限辦理者，依第五十條第三項規定辦理。	一、第一項規定直轄市、縣（市）主管機關辦理祭祀公業法人登記時應備置法人登記簿及應記載事項。 二、第二項規定祭祀公業法人登記簿之格式由中央主管機關定之。
第 29 條	祭祀公業法人登記後，有應登記之事項而不登記，或已登記之事項有變更而不為變更之登記者，不得以其事項對抗第三人。	祭祀公業法人登記之效力規定。
第四章　祭祀公業法人之監督		
第 30 條	祭祀公業法人派下員大會每年至少定期召開一次，議決下列事項： 一、章程之訂定及變更。 二、選任管理人、監察人。 三、管理人、監察人之工作報告。 四、管理人所擬訂之年度預算書、決算書、業務計畫書及業務執行書。 五、財產處分及設定負擔。 六、其他與派下員權利義務有關之事項。 祭祀公業法人應將派下員大會會議紀錄於會議後三十日內，報請公所轉報直轄市、縣（市）主管機關備查。	一、祭祀公業法人派下員大會召開次數及其權限。 二、配合第十四條之修正，將第一款章程「訂立及修正」修正為章程「訂定及變更」。
第 31 條	祭祀公業法人派下員大會，由代表法人之管理人召集，並應有派下現員過半數之出席；派下現員有變動時，應於召開前辦理派下員變更登記。 管理人認為必要或經派下現員五分之一以上書面請求，得召集臨時派下員大會。 依前二項召集之派下員大會，由代表法人之管理人擔任主席。 管理人未依章程或第一項及第三項規定召集會議，得由第二項請求之派下現員推舉代表召集之，並互推一人擔任主席。	祭祀公業法人重要管理事項，應經派下員大會之決議，故明定祭祀公業法人派下員大會召集之時機及條件，俾健全其管理。

第 32 條	為執行祭祀公業事務，依章程或本條例規定應由派下員大會議決事項時，祭祀公業法人派下員大會出席人數因故未達定額者，得由代表法人之管理人取得第三十三條所定比例派下現員簽章之同意書為之。	一、祭祀公業法人派下員人數眾多分散各地時，經常因出席人數不足而「無法成會」，為免影響祭祀公業事務之運作，爰規定不能成會時得由代表法人之管理人以取得派下現員簽章之同意書為之。 二、又「因故無法成會」語意欠明，爰建議修正為「出席人數因故未達定額者……」且因派下員大會議決事項，性質可能會因普通事項或特別事項而有不同之決議門檻，故應取得「法定比例之」派下現員簽章之同意書為之。
第 33 條	祭祀公業法人派下員大會之決議，應有派下現員過半數之出席，出席人數過半數之同意行之；依前條規定取得同意書者，應取得派下現員二分之一以上書面之同意。但下列事項之決議，應有派下現員三分之二以上之出席，出席人數超過四分之三之同意；依前條規定取得同意書者，應取得派下現員三分之二以上書面之同意： 一、章程之訂定及變更。 二、財產之處分及設定負擔。 三、解散。 祭祀公業法人之章程定有高於前項規定之決數者，從其章程之規定。	一、祭祀公業法人派下員大會一般決議與特別決議通過之決數。 二、配合第十四條之修正，將第一款章程之「訂立及修正」修正為章程之「訂定及變更」。
第 34 條	祭祀公業法人為訂定及變更章程召開派下員大會時，應報請直轄市、縣（市）主管機關派員列席。	一、為使祭祀公業法人之章程周延，確保無窒礙難行之處，爰規定其為修訂章程召開派下員大會時，應報請直轄市、縣（市）主管機關派員列席。 二、配合第十四條之修正，將「訂立及修正」章程，修正為「訂定及變更」。
第 35 條	祭祀公業法人管理人、監察人之選任及解任，除章程另有規定或經派下員大會議決通過者外，應經派下現員過半數之同意。	祭祀公業法人管理人之產生方式。

第 36 條	管理人就祭祀公業法人財產之管理，除章程另有規定外，僅得爲保全及以利用或改良爲目的之行爲。	管理人職權之限制。
第 37 條	祭祀公業法人之派下現員變動者，應檢具下列文件，報請公所轉報直轄市、縣（市）主管機關辦理派下員變更登記： 一、派下全員證明書。 二、派下員變動部分之系統表。 三、變動部分派下員之戶籍謄本。 四、派下員變動前名冊及變動後現員名冊。 五、派下權拋棄書；無拋棄派下權者，免附。 六、章程。 前項祭祀公業法人之派下現員之變動，經直轄市、縣（市）主管機關公告三十日，無人異議者，予以備查；有異議者，依第十二條、第十三條規定之程序辦理。	祭祀公業法人派下現員有變動者，應函請公所轉報直轄市、縣（市）主管機關辦理派下現員變更登記、應檢具之文件及公告異議程序。
第 38 條	祭祀公業法人管理人或監察人變動者，應檢具選任管理人或監察人證明文件，報請公所轉報直轄市、縣（市）主管機關辦理管理人或監察人變更登記。 祭祀公業法人之管理人、監察人之選任及變更登記，有異議者，應逕向法院提起民事確認之訴。	祭祀公業法人之管理人、監察人之變動，應檢具選任之證明文件，函請公所轉報直轄市、縣（市）主管機關辦理變更登記，俾健全其管理，及有異議之處理方式。
第 39 條	祭祀公業法人之不動產變動者，應檢具土地、建物變動證明文件及變動後不動產清冊，報請公所轉報直轄市、縣（市）主管機關辦理變更登記。	祭祀公業法人之不動產有變動時，應檢具土地、建物變動證明文件及變動後不動產清冊，函請公所轉報直轄市、縣（市）主管機關辦理變更登記，俾主管機關更新該祭祀公業法人之財產資料。
第 40 條	祭祀公業法人圖記或管理人印鑑變動者，應檢具新圖記、印鑑及有關資料，報請公所轉報直轄市、縣（市）主管機關辦理變更登記。	祭祀公業法人圖記及管理人印鑑變動者，應檢具新圖記、印鑑及有關資料，函請公所轉報直轄市、縣（市）主管機關辦理變更登記。
第 41 條	祭祀公業法人應設置帳簿，詳細記錄有關會計事項，按期編造收支報告。 祭祀公業法人應自取得法人登記證書之日起三個月內及每年度開始前三個月，檢具年度預算書及業務計畫書，年度終了後三個月內，檢具年度決算及業	祭祀公業法人之業務應受直轄市、縣（市）主管機關之監督，爰訂定其預決算及業務執行應函請公所轉報直轄市、縣（市）主管機關備查。

	務執行書，報請公所轉報直轄市、縣（市）主管機關備查。	
第 42 條	祭祀公業法人設有監察人者，監察人得隨時查核業務執行情形及財務簿冊文件，並對管理人提出之各種表冊、計畫，向派下員大會報告監察意見。	監察人之職責。
第 43 條	祭祀公業法人有下列情形之一者，直轄市、縣（市）主管機關應予糾正，並通知限期改善： 一、違反法令或章程規定。 二、管理運作與設立目的不符。 三、財務收支未取具合法憑證或未有完備之會計紀錄。 四、財產總額已無法達成設立目的。 祭祀公業法人未於前項期限內改善者，直轄市、縣（市）主管機關得解除其管理人之職務，令其重新選任管理人或廢止其登記。	直轄市、縣（市）主管機關對祭祀公業法人違法或不當運作時之處理。
第 44 條	祭祀公業法人之目的或其行為，有違反法律、公共秩序或善良風俗者，法院得因主管機關、檢察官或利害關係人之請求，宣告解散。	祭祀公業法人之目的或其行為，有違反法律、公共秩序或善良風俗時，法院得因主管機關、檢察官或利害關係人之請求，宣告解散之規定。
第 45 條	祭祀公業法人發生章程所定解散之事由或經直轄市、縣（市）主管機關廢止其登記時，解散之。 祭祀公業法人解散時，應由清算人檢具證明文件及財產清算計畫書，報請直轄市、縣（市）主管機關備查。	祭祀公業法人解散之程序。
第 46 條	祭祀公業法人解散後，其財產之清算由管理人為之。但章程有特別規定或派下員大會另有決議者，不在此限。	祭祀公業法人解散後財產之清算人。
第 47 條	不能依前條規定定其清算人時，法院得因直轄市、縣（市）主管機關、檢察官或利害關係人之聲請，或依職權選任清算人。	祭祀公業法人不能依規定定其清算人時，法院得因直轄市、縣（市）主管機關、檢察官或利害關係人之聲請，或依職權選任清算人。
第 48 條	清算人之職務如下： 一、了結現務。 二、收取債權、清償債務。 三、移交分配賸餘財產。 祭祀公業法人至清算終結止，在清算之必要範圍內，視為存續。	清算人之職務及清算終結前仍視為存續。

第五章　祭祀公業土地之處理		
第49條	祭祀公業派下全員證明書核發後，管理人、派下現員或利害關係人發現不動產清冊內有漏列、誤列建物或土地者，得檢具派下現員過半數之同意書及土地或建物所有權狀影本或土地登記（簿）謄本，報經公所公告三十日無人異議後，更正不動產清冊。有異議者，應向法院提起確認不動產所有權之訴，由公所依法院確定判決辦理。	祭祀公業發現漏列、誤列建物或土地時，申請更正不動產清冊之程序。
第50條	祭祀公業派下全員證明書核發，經選任管理人並報公所備查後，應於三年內依下列方式之一，處理其土地或建物： 一、經派下現員過半數書面同意依本條例規定登記爲祭祀公業法人，並申辦所有權更名登記爲祭祀公業法人所有。 二、經派下現員過半數書面同意依民法規定成立財團法人，並申辦所有權更名登記爲財團法人所有。 三、依規約規定申辦所有權變更登記爲派下員分別共有或個別所有。 本條例施行前已核發派下全員證明書之祭祀公業，應自本條例施行之日起三年內，依前項各款規定辦理。 未依前二項規定辦理者，由直轄市、縣（市）主管機關依派下全員證明書之派下現員名冊，囑託該管土地登記機關均分登記爲派下員分別共有。	祭祀公業於本條例施行前已核發派下全員證明書或依本條例申報後核發派下全員證明書者，經選任管理人並報公所備查後，應於三年內由其自行選擇存續之方式或解散，以達土地利用及管理之目的。
第51條	祭祀公業土地於第七條規定公告之日屆滿三年，有下列情形之一者，除公共設施用地外，由直轄市或縣（市）主管機關代爲標售： 一、期滿三年無人申報。 二、經申報被駁回，屆期未提起訴願或訴請法院裁判。 三、經訴願決定或法院裁判駁回確定。 前項情形，祭祀公業及利害關係人有正當理由者，得申請暫緩代爲標售。 前二項代爲標售之程序、暫緩代爲標售之要件及期限、底價訂定及其他應遵行事項之辦法，由中央主管機關定之。	本條例祭祀公業土地代爲標售之標的，大部分爲登記主體不明、產權認定不易之情形，難以找到眞正之權利人，無法藉由司法途徑解決。至於祭祀公業可檢具證明文件申報或申請登記者，自可依本條例規定辦理登記，而不必以公權力介入，代爲標售。又本條性質上係藉非常之手段，以解決長久以來地籍管理之問題，不僅可以促進土地有效利用，增進公共利益，增加政府稅收，並有助於政策之推行及人民財產權利之行使。

第 52 條	依前條規定代為標售之土地，其優先購買權人及優先順序如下： 一、地上權人、典權人、永佃權人。 二、基地或耕地承租人。 三、共有土地之他共有人。 四、本條例施行前已占有達十年以上，至標售時仍繼續為該土地之占有人。 前項第一款優先購買權之順序，以登記之先後定之。	一、參照土地法第一百零四條、第一百零七條、耕地三七五減租條例第十五條及土地法第三十四條之一第四項之規定，爰於第一項第一款、第二款規定地上權人、典權人、永佃權人、基地或耕地承租人及共有土地之他共有人得於直轄市或縣（市）主管機關代為標售該土地時主張優先購買權。 二、依前條規定代為標售之土地，因所有權人不明，土地被占用或供他人使用之情形普遍，為解決問題，爰於第一項第四款規定合乎一定期間要件之占有人得主張優先購買權。 三、第二項規定地上權人、典權人、永佃權人之優先購買權發生競合時，以登記在前優先於登記在後原則，定其優先順序。
第 53 條	直轄市或縣（市）主管機關代為標售土地前，應公告三個月。 前項公告，應載明前條之優先購買權意旨，並以公告代替對優先購買權人之通知。優先購買權人未於決標後十日內以書面為承買之意思表示者，視為放棄其優先購買權。 直轄市或縣（市）主管機關於代為標售公告清理之土地前，應向稅捐、戶政、民政、地政等機關查詢；其能查明祭祀公業土地之派下現員或利害關係人者，應於公告時一併通知。	一、第一項規定代為標售土地之主管機關於標售前應公告三個月。 二、第二項明定由主管機關以公告代替對優先購買權人之通知，無須查明是否有優先購買權人，以簡化作業程序，並便利執行，並規定行使優先購買權之期間及方式。又該項公告應揭示於土地所在地，以便於優先購買權人獲悉標售之訊息。 三、第三項規定為保障真正祭祀公業土地派下現員之權益，在清查土地權利時，對於日據時期以祭祀公業名義登記者及土地總登記時或離島地區實施戰地政務終止前登記名義人姓名或住址記載不全或不符者，主管機關應主動與相關之稅捐、戶政、民政、地政等機關聯繫查詢，如能查出祭祀公業土地派下現員或利害關係人，並於公告時一併通知。

| 第 54 條 | 直轄市或縣（市）主管機關應於國庫設立地籍清理土地權利價金保管款專戶，保管代為標售土地之價金。
直轄市或縣（市）主管機關應將代為標售土地價金，扣除百分之五行政處理費用、千分之五地籍清理獎金及應納稅賦後，以其餘額儲存於前項保管款專戶。
祭祀公業自專戶儲存之保管款儲存之日起十年內，得檢附證明文件向直轄市或縣（市）主管機關申請發給土地價金；經審查無誤，公告三個月，期滿無人異議時，按代為標售土地之價金扣除應納稅賦後之餘額，並加計儲存於保管款專戶之實收利息發給之。
前項期間屆滿後，專戶儲存之保管款經結算如有賸餘，歸屬國庫。
地籍清理土地權利價金保管款之儲存、保管、繳庫等事項及地籍清理獎金之分配、核發等事項之辦法，由中央主管機關定之。 | 一、為保障祭祀公業之財產權益，並使依第五十一條規定代為標售土地價金之處理，符合簡政便民宗旨，爰於第一項規定設立專戶保管待領。又鑑於地籍清理事宜，皆由直轄市或縣（市）主管機關辦理，故規定由其於國庫設立價金保管款專戶，以收事權劃一之效果，並落實地方自治法制化精神。
二、本條例之施行須各級政府地政、民政、財政單位配合辦理；且地籍清理屬階段性、政策性業務，必然增加有關單位工作負擔，爰規定代為標售土地價金應扣除一定比例之行政處理費用及地籍清理獎金撥交土地所在地之直轄市或縣（市）政府。
三、參照民法第三百三十條規定，於第三項規定專戶儲存之地籍清理土地權利價金保管款，祭祀公業得自儲存之日起十年內檢附證明文件申請發給土地價金。並參照提存法第十一條規定，按實收之利息給付利息。
四、第四項規定保管款賸餘額之歸屬。
五、第五項規定地籍清理土地權利價金保管款保管辦法及地籍清理獎金管理分配辦法之訂定機關。 |
| 第 55 條 | 依第五十一條規定代為標售之土地，經二次標售而未完成標售者，由直轄市或縣（市）主管機關囑託登記為國有。
前項登記為國有之土地，自登記完畢之日起十年內，祭祀公業得檢附證明文件，向直轄市或縣（市）主管機關申請發給土地價金；經審查無誤，公告三個月，期滿無人異議時，依該土地第二次標售底價扣除應納稅賦後之餘額，並加計儲存於保管款專戶之應收利息發 | 一、依第五十一條規定代為標售之土地經二次標售而未完成標售者，為保障祭祀公業之財產權益，不宜再減價標售；又為免影響清理作業，亦不宜懸而不決，爰於第一項規定登記為國有，依國有財產法第十二條規定，以財政部國有財產局為管理機關，承財政部之命，直接管理之。至該項登記為國有之登記規費，則由地籍清 |

	給。所需價金，由地籍清理土地權利價金保管款支應；不足者，由國庫支應。	理土地權利價金保管款專戶支付。 二、第二項規定第一項登記為國有之土地，祭祀公業得於十年內申請發給土地價金，該等土地之價金先由地籍清理土地權利價金保管款挹注。 三、第五十四條第四項規定專戶儲存之保管款經結算有賸餘者，歸屬國庫，又本條規定未標售出去之土地係登記為國有，故專戶儲存之保管款支付祭祀公業請領價金不足者，應由國庫支應。
	第六章　附　則	
第 56 條	本條例施行前以祭祀公業以外名義登記之不動產，具有祭祀公業之性質及事實，經申報人出具已知過半數派下員願意以祭祀公業案件辦理之同意書或其他證明文件足以認定者，準用本條例申報及登記之規定；財團法人祭祀公業，亦同。 前項不動產為耕地時，得申請更名為祭祀公業法人或以財團法人社團法人成立之祭祀公業所有，不受農業發展條例之限制。	一、第一項所規定已知過半數之派下員即為申報人所提出之派下現員名冊尚未依法公告確定者而言。 二、祭祀公業並無統一之名稱，故規定本條例施行前以祭祀公業以外名義登記並以祭祀祖先為目的而設立之獨立財產，具有祭祀公業之性質與事實，經申報人舉證者，例如土地登記簿以公業、祖嘗、嘗、祖公烝、百世祀業、公田、大公田、公山等名義登記者準用本條例申報及登記之規定。
第 57 條	管理人、派下員或利害關係人對祭祀公業申報、祭祀公業法人登記、變更及備查之事項或土地登記事項，有異議者，除依本條例規定之程序辦理外，得逕向法院起訴。	祭祀公業向主管關機申報登記或經主管機關備查之事項已經公告周知，為保障利害關係人之權益，爰規定管理人、派下員或利害關係人對祭祀公業申報、祭祀公業法人登記、變更及備查之事項或土地登記事項，有異議者除依本條例規定之程序辦理外，得逕向法院起訴。
第 58 條	中央主管機關得訂定獎勵措施，鼓勵祭祀公業運用其財產孳息興辦公益慈善及社會教化事務。	祭祀公業之主要目的在於崇祖睦親，但如其財產豐厚，在其主要目的達成後仍有餘力，自應鼓勵其興辦公益慈善及社會教化事務，並為使祭祀公業之存續發展更具意義，明定中央主管機關得訂定獎勵措施。

| 第 59 條 | 新設立之祭祀公業應依民法規定成立社團法人或財團法人。
本條例施行前，已成立之財團法人祭祀公業，得依本條例規定，於三年內辦理變更登記為祭祀公業法人，完成登記後，祭祀公業法人主管機關應函請法院廢止財團法人之登記。 | 本條例立法目的在於解決既存之祭祀公業所面臨之問題，故以申報清理之方式確定其派下員再由派下員決定其是否存續，需存續者可經登記成為祭祀公業法人，仍保有祭祀公業之傳統型態；不需存續者則將其財產捐出成立財團法人或登記為派下員分別共有或個別所有。是以祭祀公業法人係為保存傳統所為之特別規範，如有需新設立祭祀公業實不宜再以舊制組織存在，以免繼續衍生男系繼承及公同共有財產處分困難之問題，故明定新設立者視其設立之型態以人（宗親）為主則成立社團法人，以財產為主則成立財團法人。 |
| 第 60 條 | 本條例施行日期，由行政院定之。 | 本條例之施行日期。 |

資料來源：筆者整理自立法院法律系統網站

附件 1、申請祭祀公業派下全員證明書應備表件及格式

以下資料整理自：內政部/民政司/下載專區，檔案名稱：101 年度祭祀公業及神明會解釋函令彙編。

壹、申請祭祀公業派下全員證明書應備表件

項別	表件名稱	法 令 依 據	取得方式	份數	備 註
一	申請書	祭祀公業條例 第 8 條、第 56 條	自行檢附	1	
二	推舉書	祭祀公業條例 第 8 條、第 56 條	自行檢附	4	管理人申報者免附
三	沿革	祭祀公業條例 第 8 條、第 56 條	自行檢附	4	
四	不動產清冊	祭祀公業條例 第 8 條、第 56 條	自行檢附	4	
五	派下全員系統表	祭祀公業條例 第 8 條、第 56 條	自行檢附	4	
六	派下全員戶籍謄本	祭祀公業條例 第 8 條、第 56 條	自行檢附	2	

七	派下現員名冊	祭祀公業條例第 8 條、第 56 條	自行檢附	4	
八	原始規約	祭祀公業條例第 8 條、第 56 條	自行檢附	4	無者免附
九	不動產證明文件	祭祀公業條例第 8 條、第 56 條	自行檢附	2	不動產權狀影本或土地、建物登記謄本
十	其他	祭祀公業條例第 8 條、第 56 條	自行檢附	4	無者免附

貳、申請祭祀公業派下全員證明書應備表件格式

一、申請書

祭祀公業派下全員證明書申請書

中華民國　年　月　日

受理機關：	縣市　　　鄉（鎮、市、區）公所			
申請法令依據	依祭祀公業條例	□ 第八條 □ 第五十六條	申請核發派下全員證明書	
申請人	姓　　名		□ 管理人 □ 派下員	簽章
	國民身分證字　　號			
	住　　址	縣　　鄉鎮　　路　　段　　巷　　號 市　　市區　　街		
	電　　話			
附件	□ 1.推舉書（管理人申報者免附）　　份		□ 7.原始規約（無者免附）　　份	
	□ 2.沿革　　　　　　　　　　　　份		□ 8.不動產證明文件　　　　　　份	
	□ 3.不動產清冊　　　　　　　　　份		□ 9.其他（無者免附）　　　　　份	
	□ 4.派下全員系統表　　　　　　　份			
	□ 5.派下全員戶籍謄本　　　　　　份			
	□ 6.派下現員名冊　　　　　　　　份			
備註				

註：1.申請人應由祭祀公業管理人或由派下現員過半數推舉派下現員一人，依規定提出申報，並敘明派下證明之用途、該公業供奉及土地所在地、附件名稱、件數及申報人（或派下員）姓名、住址、日期等。

2.戶籍謄本及土地登記謄本或建物登記謄本應分別依序裝訂成冊。

3.本表以白色 A4 紙張自行印製。

二、推舉書

祭祀公業無管理人、管理人行方不明或管理人拒不申報者，得由派下現員過半數推舉派下現員一人辦理申報，加附推舉書爲之。推舉書範例：

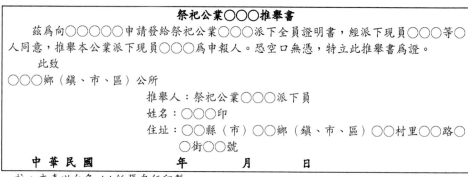

祭祀公業〇〇〇推舉書

　　茲爲向〇〇〇〇〇申請發給祭祀公業〇〇〇派下全員證明書，經派下現員〇〇〇等〇人同意，推舉本公業派下現員〇〇〇爲申報人。恐空口無憑，特立此推舉書爲證。
　　此致
〇〇〇鄉（鎮、市、區）公所
　　　　　　　　　　　　推舉人：祭祀公業〇〇〇派下員
　　　　　　　　　　　　姓　名：〇〇〇印
　　　　　　　　　　　　住　址：〇〇縣（市）〇〇鄉（鎮、市、區）〇〇村里〇〇路〇
　　　　　　　　　　　　　　　　〇街〇〇號
　中　華　民　國　　　　　　　　年　　　　　　月　　　　　　日

　　註：本表以白色 A4 紙張自行印製。

三、沿　革

沿革應敘明創立年代、宗旨、淵源來歷，設立者姓名，祭祀地點、土地所在地、歷年管理與祭祀情況，以及經過動態或演變事實等。沿革範例：

祭祀公業〇〇〇沿革

1.敘明創立年代、宗旨、淵源來歷，設立者姓名。
2.祭祀地點（供奉所在地）、土地所在地、歷年管理與祭祀情況、經過動態或演變事實。
3.其他

　　　　　　　　　　　　申請人姓名：〇　〇　〇印
　　　　　　　　　　　　住　址：〇〇縣（市）〇〇鄉（鎮、市、區）〇〇村里〇〇路〇
　　　　　　　　　　　　　　　　〇街〇〇號
　中　華　民　國　　　　　　　　年　　　　　　月　　　　　　日

　　註：本沿革以白色 A4 紙張自行印製。

四、派下全員系統表

派下全員系統表，自設立者至現在派下各房男系子孫及依照祭祀公業條例第 4、5 條規定具有派下權者，以全部登列爲原則，間或有父在不列其子，或父在列其子，亦應採各房一致，俾免影響管理人之選任與無謂之爭議。對登列之派下子孫應註明出生別(如長男、次男等)，絕嗣或亡故者亦應加註，以資證明。派下全員系統表範例：

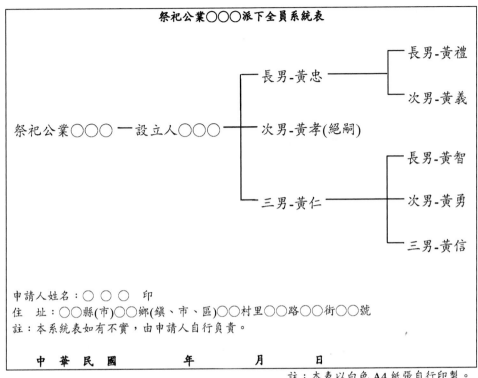

祭祀公業○○○派下全員系統表

祭祀公業○○○ ─ 設立人○○○

長男-黃忠
　長男-黃禮
　次男-黃義

次男-黃孝(絕嗣)

三男-黃仁
　長男-黃智
　次男-黃勇
　三男-黃信

申請人姓名：○　○　○　印
住　　址：○○縣(市)○○鄉(鎮、市、區)○○村里○○路○○街○○號
註：本系統表如有不實，由申請人自行負責。

中　華　民　國　　　　年　　　　月　　　　日

註：本表以白色 A4 紙張自行印製。

五、派下現員名冊

　　派下現員名冊應包括姓名、性別、出生年月日、出生地、住址及備考等欄，其所列名冊應與派下全員系統表與戶籍謄本相符，並以系統表分房順序編造，俾利核對，派下現員人數並予合計。派下現員名冊範例：

（一）祭祀公業○○○派下現員名冊（公告時）

申　請　人：○　○　○　印
申請日期：○　年○　月○日

姓　名	性別	出生年月日	出生地	住　址	備註
○○○	男	民　國 15.16.25	臺灣省 ○○縣	○○縣○○鄉中正里中興路10號	

以上合計○○○名
註：本表以白色 A4 模造紙自行印製，其大小視實際情況決定之。

（二）祭祀公業○○○派下現員名冊（核發時）

申　請　人：○　○　○　印
申請日期：○　年○　月○　日

姓　　名	性別	出生年月日	國民身分證字號	出生地	住　　址	備註
○○○	男	民　國 15.16.25	○○○○○	臺灣省 ○○縣	○○縣○○鄉中正里 中興路 10 號	

以上合計○○○名
註：本表以白色 A4 模造紙自行印製，其大小視實際情況決定之。

六、不動產清冊及其證明文件（範例）

祭祀公業○○○不動產清冊

申　請　人：○　○　○　印
申請日期：○年○月○日

種類	土　　地　　/　　建　　物　　標　　示					證明文件名稱	所有權登記名義	備註
	鄉鎮市區	段	小段	地/建號	面積(平方公尺)			
土地1. 土地2.						土地登記謄本	○○○	
房屋						建物登記謄本	○○○	

以上合計○○筆
註：本表以白色 A4 模造紙自行印製，其大小視實際情況決定之。

七、派下全員戶籍謄本

戶籍謄本向戶籍所在地戶政事務所申請發給。自戶籍登記開始（即民前 6 年）實施後至申報時全體派下員之戶籍謄本。但經戶政機關查明無該派下員戶籍資料者，免附。

八、土地或建物所有權狀影本或土地、建物登記謄本。

土地或建物所有權狀影印本，自行檢附。土地、建物登記謄本，向當地地政事務所申請發給。

九、原始規約

原始規約，自行檢附，無者免附。

十、其他參考資料範例：

（一）規約範例：

祭祀公業○○○管理暨組織規約

1. 本公業定名爲「祭祀公業○○○」以下簡稱爲本公業。
2. 本公業爲紀念○○○公，祭祀歷代祖先，以飲水思源，慎終追遠，並秉承創業德意，敦睦派下員，繼續宗祠爲目的。
3. 本公業供奉所在地設於○○縣（市）○○鄉（鎮、市、區）○○村里○○路○○街○○號。
4. 本公業土地所在地，座落於○○縣（市）○○鄉（鎮、市、區）○○段○○地號。
5. 本公業派下現員，已經○○○○○○公告確定，核發派下現員名冊內所列人員，爲基本派下現員。
6. 本公業設派下現員大會，由全體派下現員組成之。
7. 本公業置管理人1人，由派下現員過半數之同意行之。管理公業財產及召開派下現員大會。
8. 本公業管理人每屆任期爲4年，均得連任，並爲無給職，但因公務上所必須之費用，得核實開支。
9. 本公業管理人，如有違法失職，得由派下現員十分之一以上之連署，提經派下現員大會決議通過罷免之。
10. 本公業派下現員大會，每年召開定期大會1次，必要時得召開臨時大會，均由管理人召集並主持之，管理人因故不能出席會議，得由派下現員過半數推舉主持之。
11. 本公業財產之處分，應經派下現員三分之二以上出席，出席人數四分之三以上之同意，或經派下現員三分之二以上之書面之同意。
12. 本規約經派下現員三分之二以上出席，出席人數四分之三以上同意或經派下現員三分之二以上書面同意，並報經民政機關備案後施行，修改時亦同。
13. 本公業解散後，對財產之分配以各房房份均等原則處理之。
14. 本規約如有未盡事宜，悉依政府有關法令規定辦理。

註：本表以白色4A紙張自行印製。

（二）選任管理人同意書範例：

祭祀公業○○○管理人選任同意書

　　立同意人完全同意○○○君爲祭祀公業○○○管理人，恐空口無憑，特立此同意書爲證。

　　　　　　立同意書人姓名：　○　○　○　　印
　　　　　　住址：○○縣（市）○○鄉（鎮、市、區）○○村里○○路○○街○○號

中　華　民　國　　　年　　　月　　　日

註：本表以白色4A紙張自行印製。

（三）異議書範例：

異議書

受文者:○○○○○○公所

主　旨:祭祀公業○○○派下現員名冊（系統表、不動產清冊）前經　貴所○○年○月○日
○字第○○號公告有案，經查其派下現員名冊（系統表、不動產清冊）漏列（錯誤）
○○○等○名，特提出異議，請惠予查明處理。

說　明:檢送漏列（錯誤）派下現員名冊或有關資料各一份。

　　　　　　　　　　　異議人姓名：○　○　○　　印

　　　　　住址：○○縣（市）○○鄉（鎮、市、區）○○村里○○路○○街○○號

註：本表以白色A4紙張自行印製。

徵求異議公告-以祭祀公業名義登記者或具有祭祀
公業之性質及事實者　　　　　　　　　　　　　　　（參考範例）

　　　　　　　○○縣○○鄉（鎮、市、區）公所　公告

發文日期：

發文字號：

附件：如公告事項

主旨：公告祭祀公業○○○派下現員名冊、派下全員系統表及不動產清冊徵求異議。

依據：

　一、祭祀公業條例（以下簡稱本條例）第11條。

　二、祭祀公業○○○管理人○○○或申請人○○○先生　年　月　日申請書及附件。

公告事項：

　一、本公告係依申請人之申請代爲公告，內容如有不實情事，概由申請人負責。

　二、茲將祭祀公業○○○派下現員名冊、派下全員系統表及不動產清冊陳列於後（張
　　　貼公告欄用）或業經張貼於○○鄉（鎮、市、區）公所及○○村（里）辦公處
　　　公告欄（登報紙用），並於本縣（市）政府及本公所電腦網站刊登公告文30日。

　三、利害關係人對於是項公告資料，如認有錯誤或遺漏，應於公告之日起30日內以
　　　書面向本所提出異議，屆期後如無人提出異議，則由本所發給祭祀公業派下全
　　　員證明書。嗣後如有任何枝節發生，本所概不負責。

鄉（鎮、市、區）長　　　○○○

附件2、申請登記爲祭祀公業法人相關文書表件

　　以下資料整理自：內政部/民政司/下載專區，檔案名稱：101年度祭祀公
業及神明會解釋函令彙編。

壹、申請登記為祭祀公業法人應備表件

　　一、同意書

　　二、沿革

　　三、章程

　　四、管理人（監察人）名冊

五、派下現員名冊

六、派下全員系統表

七、不動產清冊

八、年度經費預算書（登記後使用）

九、年度業務計畫書（登記後使用）

十、年度經費決算書（登記後使用）

十一、年度業務執行報告書（登記後使用）

十二、祭祀公業法人圖記

十三、其他

貳、申請登記為祭祀公業法人應備表件格式

一、同意書（範例）

同　意　書

　　本人等同意○○縣（市）祭祀公業○○○依祭祀公業條例規定，登記為祭祀公業法人，並申辦所有權更名登記為祭祀公業法人所有。恐空口無憑，特立此同意書為證。

　　　　　　　立具同意書人
　　　　　　　祭祀公業○○○派下現員
　　　　　　　姓名：
　　　　　　　住址：
　　　　　　　姓名：
　　　　　　　住址：

中　華　民　國　○○　年　○　月　○　日

二、沿革（範例）

祭祀公業法人○○縣（市）○○○沿革

1.敘明創立年代、宗旨、淵源來歷，設立者姓名。

2.祭祀地點（供奉所在地）、土地所在地、歷年管理與祭祀情況、經過動態或演變事實。

3.其他

　　　　　　　申請人姓名：○　○　○印
　　　　　　　住址：○○縣（市）○○鄉（鎮、市、區）○○村里○○路○○
　　　　　　　　　　街○○號

中　華　民　國　　　　年　　　　月　　　　日

　　註：本沿革以白色A4紙張自行印製。

三、章程（範例）

祭祀公業法人○○縣（市）○○○章程

條　　　文
第一條（名稱） 本法人定名為祭祀公業法人○○縣（市）○○○（以下簡稱本法人）。
第二條（宗旨） 本法人本於祭祀祖先，闡揚祖德，敦睦宗誼，弘揚孝道，增進宗親福利，並維護善良風俗，安定社會為宗旨。
第三條（辦理之目的事業） 本法人為達成前條所定之宗旨，依據相關法令辦理下列目的事業。 一、辦理祭祀祖先之事務 二、修建宗祠墳墓，編纂族譜。 三、………………………。 四、………………………。
第四條（設立財產） 本法人之設立財產（包括動產、不動產及其他產權）由祭祀公業○○○之財產更名為本法人所有，總額為新台幣○○元整（如財產清冊）。 本法人得繼續接受個人或有關單位之捐贈（獻）。
第五條（主事務所） 本法人主事務所設於○○○○○○號，並視業務需要經主管機關核准，得分別在直轄市、縣（市）設立分事務所。
第六條（派下權） 本法人派下權之繼承規定如下： 一、於 97 年 7 月 1 日以後，其派下員死亡，其直系血親卑親屬有共同承擔祭祀者，得享有本法人之派下權。 二、經受理機關○○○○公所公告確定，核發派下現員名冊內所列人員，為本法人派下現員，享有本法人之派下權。
第七條（組織） 本法人設管理人○人（應為單數），其中一人為本法人之代表。另置監察人○人，為無給職，任期○年，均得連任。
第八條（派下員大會職權） 本法人派下員大會為最高意思機構，每年至少召開派下員大會一次，由管理人召集並擔任主席，管理人拒不召開時，得經五分之一以上派下員推舉一人自行召開之。 派下員大會之職權如下： 一、議決章程之訂定及變更。 二、選舉及罷免管理人、監察人。 三、議決管理人、監察人之工作報告。

四、議決管理人擬訂之年度預算書、決算書、業務計畫書及業務執行報告書。

五、議決財產處分及設定負擔。

六、其他與派下員權利義務有關事項。

第九條（管理人之職權）

管理人之職權如下：

一、關於年度業務計畫之擬議事項。

二、關於章程訂定及修訂之擬議事項。

三、關於預算、決算之擬議事項。

三、關於經費之籌措事項。

四、財產之保管、運用及監督事項。

五、其他有關○○○之重大業務事項。

第十條（監察人之職權）

監察人監察本法人業務、財務等一切事務之執行。

第十一條（管理人之產生）

本法人管理人由本法人派下員大會過半數出席，出席人數過半數之決議選任之，出席人數因故未達定額時，得以取得派下現員過半數簽章之同意書為之。

第十二條（代表本法人之管理人選任）

代表本法人管理人由全體管理人以舉手表決或投票互選之，以得全體管理人過半數之票數者為當選，如無人得全體管理人過半數之票數時，就得票比較多數之前二名重行投票，以得較多票數者為當選。

代表本法人之管理人對內綜理法人事務，對外代表本法人。

第十三條（管理人出缺之補選）

管理人因故出缺時，得由本法人派下員大會補選適當人員繼任。其任期以補足原任者任期為限。

第十四條（管理人任期屆滿之改選）

代表本法人之管理人應在該屆管理人任期屆滿前兩個月召開派下員大會選舉下屆管理人，經報請主管機關許可後辦理管理人變更登記。

管理人逾期不召開派下員大會辦理改選時，得經五分之一派下員推舉派下員一人，自行召開之。

第十五條（監察人之產生）

本法人監察人由本法人派下員大會過半數出席，出席人數過半數之決議選任，出席人數因故未達定額時，得以取得派下現員過半數簽章之同意書為之。

第十六條（監察人出缺之補選）

監察人因故出缺時，得由本法人派下員大會補選適當人員繼任。其任期以補足原任者任期為限。

第十七條（監察人任期屆滿之改選）

代表本法人之管理人應在該屆監察人任期屆滿前兩個月召開派下員大會選舉下屆監察人，並報請主管機關許可後辦理監察人變更登記。

第十八條（管理人就職）

新任管理人應於上屆管理人任期屆滿次日就職，並與上屆管理人完成交接。

第十九條（會議之召開）

本法人派下員大會每年至少定期召開一次，如管理人認為必要或派下現員五分之一以上書面請求，得召集臨時派下員大會。

本法人派下員大會，由代表本法人之管理人召集並擔任主席，代表本法人之管理人拒不召開時，得經五分之一派下員推舉派下員一人，自行召開之。

第二十條（開會人數）

本法人派下員大會須有全體派下員過半數之出席，方得開會。

第二十一條（派下員大會決議）

本法人派下員大會之決議，應有派下現員過半數之出席，出席人數過半數之同意行之。若以同意書方式者，應取得派下現員二分之一以上書面之同意。

但下列事項之決議，應有派下現員三分之二以上之出席，出席人數超過四分之三之同意。若以同意書方式者，應取得派下現員三分之二以上書面之同意：

章程之訂定及變更。

財產之處分及設定負擔。

解散。

第二十二條（代理主席）

代表本法人之管理人因故缺席派下員大會，派下員大會或所議決事項與代表本法人之管理人有關聯應迴避時，得由派下員互推一人為主席。

第二十三條（代理人）

管理人或派下員，無法親自出席派下員大會時，得委託其他管理人或派下員代理出席，但受託人僅限接受一人之委託，其委託事項依委託書內容定之。

第二十四條（管理人之罷免）

管理人有違法或失職等情事，得經本法人派下員大會投票罷免之。

前項罷免案之投票，應有全體派下現員二分之一以上出席，以出席人數過半數贊成票通過罷免案。

第二十五條（監察人之罷免）

監察人有違法或失職等情事，得經本法人派下員大會投票罷免之。

前項罷免案之投票，應有全體派下現員二分之一以上出席，以出席人數過半數贊成票通過罷免案。

第二十六條（法人之收入）

本法人各項收入及捐獻除零用金外，均應存放於金融機構或郵局。

第二十七條（會計制度）

本法人會計年度自每年一月一日起至同年十二月三十一日止。

本法人之會計制度採權責發生制，應設置必要之會計帳簿或帳冊，經費收支須取得合法憑證並詳實列帳。

第二十八條（核備文書）

本法人應於年度開始前 3 個月，擬具年度經費預算書及年度業務計畫書，提經本法人派下員大會通過後報請主管機關備查。

本法人應於年度終了後 3 個月內擬具年度經費決算書及年度業務執行報告書，提請本法人派下員大會通過後報請主管機關備查。

第二十九條（剩餘財產之歸屬及分配）

本法人永久存立，如因故解散時，其剩餘財產依照派下員房份平均分配處理之或歸屬地方自治團體所有。

第三十條（規範）

本章程未規定事項悉依有關法令規定辦理。

第三十一條（章程施行）

本章程經本法人派下員大會通過並報經主管機關備查後施行，修改時亦同。

四、管理人（監察人）名冊（範例）

管理人（監察人）名冊

職稱	姓名	性別	出　生 年月日	戶籍住址	電話	備註
代表本 法人之 管理人						
管理人						
管理人						
管理人						
管理人						
監察人						
監察人						
監察人						
監察人						

附註：

1.法人管理人（監察人）如為公務員時應於備註欄予以註明，並檢附任職機關同意函。

2.管理人（監察人）名冊請加蓋法人圖記。

五、派下現員名冊（範例）

祭祀公業法人○○縣（市）○○○派下現員名冊

姓　　名	性別	出生地	出生年月日	住　　　　　　　　址	備註

六、派下全員系統表（範例）

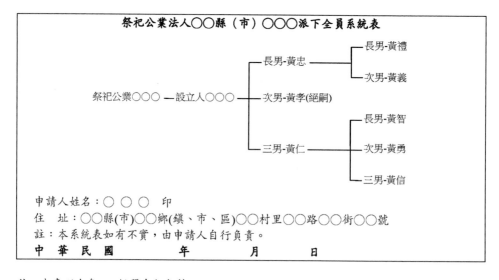

祭祀公業法人○○縣（市）○○○派下全員系統表

祭祀公業○○○ — 設立人○○○
　長男-黃忠
　　長男-黃禮
　　次男-黃義
　次男-黃孝(絕嗣)
　三男-黃仁
　　長男-黃智
　　次男-黃勇
　　三男-黃信

申請人姓名：○　○　○　印
住　　址：○○縣(市)○○鄉(鎮、市、區)○○村里○○路○○街○○號
註：本系統表如有不實，由申請人自行負責。
中　華　民　國　　　　　年　　　　月　　　　日

註：本表以白色 A4 紙張自行印製。

七、不動產清冊（範例）

祭祀公業法人○○縣（市）○○○不動產清冊

造　報　人：○　○　○　簽章
造報日期：○年○月○日

種類	土　地　／　建　物　標　示					證明文件名稱	所有權登記名義	備註
	鄉鎮市區	段	小段	地/建號	面積（平方公尺）			
土地1. 土地2.						土地登記謄本	祭祀公業法人○○○	
建物						建物登記謄本	祭祀公業法人○○○	

以上合計○○筆

註：本表以白色 A4 模造紙自行印製，其大小視實際情況決定之。

八、年度預算書（範例）

祭祀公業法人○○縣（市）○○○
○○年度經費預算書

中華民國　　年　　月　　日至　　年　　月　　日止
製表日期：○○年○○月○○日

科　　　目			預　算　數	說　　　明
款	項　目	名　　稱		
1		本會經費收入		
2		本會經費支出		
3		本期結餘		

負責人：　　　　　　會　計：
出　納：　　　　　　製　表：

本表須經製表、出納、會計及負責人簽章

九、年度業務計畫書（範例）

祭祀公業法人○○縣（市）○○○
○○年度（○年○月○日至○年○月○日）業務計畫書

造報人： ○○○ 簽章

一、依據：

　　本法人捐助章程第○條規定及第○年○月○日第○屆第○次派下員大會決議辦理。

二、目的：

　　本法人係本慎終追遠祭祀祖先之精神，照顧族親促進團結，增進社會福祉，推動公益慈善事業之宗旨，辦理祭祀及端正禮俗活動，推動社會福利事業等，以期完成本法人設立目的與宗旨。

三、業務項目：

（一）發揚仁愛精神、促進國內外禮儀交流、印行各種宣教書，淨化人心，改善社會風氣。

（二）辦理社會公益慈善及社會教化活動。

（三）……………………………………………。

（四）……………………………………………。

（五）……………………………………………。

四、業務計畫完成期限：

（一）每年舉辦祭祖大典一次以上。

（二）視本法人財務狀況，編印派下員動態及連繫資料。

（三）興辦社會公益慈善事業，如救濟貧困、獎助學金，除視本法人財務狀況量力而為外，並採循序漸進方式逐年增加辦理金額。

五、所需經費及來源數額：

（一）財產孳息收入每年約新台幣○○○萬元。

（二）捐助收入預估每年約新台幣○○○萬元。

（三）辦理前述業務全年支出約需新台幣○○○萬元。

（四）不足之數由本法人設法籌措之。

六、預期績效：

（一）達成本法人派下宗親祭祀祖先之目的。

（二）淨化人心、改善社會風氣。

（三）協助政府推動公益慈善事業。

十、年度經費決算書（範例）

祭祀公業法人〇〇縣（市）〇〇〇
〇〇年度經費決算書

中華民國　　年　　月　　日至　　　年　　　月　　　日　止

單位：新台幣元

項　　目	結算金額		說　　明
一、收入			
捐贈收入			
利息收入			
其他收入			
收入合計		（A）	
二、支出			
人事費用			
獎助【捐贈】費用			
辦公【行政】費用			
支出合計		（B）	
本年度結餘（短絀）		（C）＝（A）－（B）	
上期累積餘（短）絀		（D）	
本期累積餘（短）絀		（D）＋（C）	

管理人：　　　　　　　會　計：
出　納：　　　　　　　製　表：

本表須經負責人、會計、出納及製表簽章

— 253 —

十一、年度業務執行報告書（範例）

祭祀公業法人○○縣（市）○○○
○○年度業務執行報告書

造報人：○○○簽章

中華民國○年○月○日第○屆第○次派下員大會會議通過

一、執行概況：

　　本法人依據第○屆第○次派下員會議通過民國○年度業務計畫書內容，執行本法人年度之業務計○項，支出金額○○元，執行情形如左列。

二、辦理業務項目、金額：

　　（一）舉辦祭祀活動○場次，支出金額○萬元。

　　（二）印行連繫刊物，支出金額○○萬元。

　　（三）捐贈○○團體活動經費○○萬元。

　　（四）捐贈○○大學學生○○○等○○名獎學金每人○千元，共計○萬元。

三、完成期限

上述活動總計支出經費新台幣○○萬元，全部於民國○年○月○日執行完竣。

十二、祭祀公業法人圖記之樣式及規格

依據印信條例第 3 條規定，圖記之質料及形式規定如下：

（一）質料：木質。

（二）形式：直柄式長方形。

（三）字體：陽文篆字。

5.2 公分

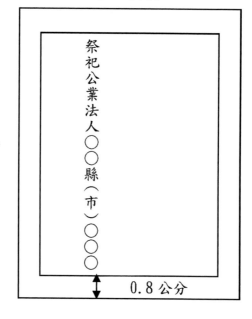

7.6
公分

祭祀公業法人○○縣（市）○○○

0.8 公分